LE POIDS DE L'HISTOIRE

LITTÉRATURE, IDÉOLOGIES, SOCIÉTÉ DU QUÉBEC MODERNE

COLLECTION « ESSAIS CRITIQUES »
DIRIGÉE PAR JACQUES PELLETIER

DU MÊME AUTEUR

Le quatuor d'Alexandrie de Lawrence Durrell, Paris, Hachette, 1975. (Coll. « Poche critique »)

Lecture politique du roman québécois contemporain, Montréal, UQAM, Cahiers du Département d'études littéraires, n° 1, 1984

Le social et le littéraire : anthologie, Montréal, UQAM, Cahiers du Département d'études littéraires, n° 2, 1984

L'avant-garde culturelle et littéraire des années 1970 au Québec, dir., Montréal, UQAM, Cahiers du Département d'études littéraires, n° 5, 1986

Le roman national, Montréal, VLB éditeur, 1991. (Coll. « Essais critiques »)

Littérature et société, (dir., en coll. avec Lucie Robert et Jean-François Chassay), Montréal, VLB éditeur, 1994. (Coll. « Essais critiques »)

Les habits neufs de la droite culturelle, Montréal, VLB éditeur, 1994. (Coll. « Partis pris actuels »)

JACQUES PELLETIER

LE POIDS DE L'HISTOIRE

LITTÉRATURE, IDÉOLOGIES, SOCIÉTÉ DU QUÉBEC MODERNE

NUIT BLANCHE ÉDITEUR

L'auteur et l'éditeur tiennent à remercier le service des publications de l'Université du Québec à Montréal pour sa contribution à la préparation et à l'édition du présent ouvrage.

Nuit blanche éditeur reçoit annuellement du Conseil des arts du Canada et du ministère de la Culture et des Communications du Québec des subventions pour l'ensemble de son programme éditorial.

Diffusion pour le Canada :
DMR Distribution inc.
3700A, boulevard Saint-Laurent, Montréal (Qc), H2X 2V4
Téléphone : (514) 499-0072   Télécopieur : (514) 499-0851

Diffusion pour la Suisse :
Le Parnasse Diffusion
20, rue des Eaux-Vives, Genève, Suisse
Téléphone : 41.22.736.27.26   Télécopieur : 41.22.736.27.53

Révision du manuscrit : Anne Carrier
Composition : Isabelle Tousignant
Conception graphique : Anne-Marie Guérineau

Nuit blanche éditeur
1026, rue Saint-Jean, bureau 405, Québec (Qc), G1R 1R7

Dépôt légal, 4ᵉ trimestre 1995

Bibliothèque nationale du Canada
Bibliothèque nationale du Québec

ISBN 2-921053-43-8

À la mémoire de Jeannette Morency et de Louis-Philippe Pelletier,

pour l'exemple et pour leur sens des appartenances et des filiations.

À Lucie Robert,

pour presque tout, ici, maintenant.

La nouveauté est déjà en elle-même une anachronie : elle court vers sa vieillesse et sa mort irrémédiables. Le renouveau du passé est la seule garantie de modernité...

Carlos FUENTES,
La campagne d'Amérique

AVANT-PROPOS[1]

Comment les rapports entre la littérature et la société s'établissent-ils durant la longue période, allant des années 1930 aux années 1980, qui marque l'entrée du Québec dans ce qu'on a convenu d'appeler la modernité ?

C'est la question centrale à laquelle les études réunies ici tentent d'apporter réponse. Elles portent sur un certain nombre de « moments » forts de cette période décisive : la Crise des années 1930, le duplessisme, la Révolution tranquille, l'éclatement des années 1970.

À l'intérieur de chacun de ces sous-ensembles certaines productions m'apparaissent particulièrement significatives : la revue *La Relève* pour la période de la Crise, le roman sous ses diverses manifestations pour la période du duplessisme et de la Révolution tranquille, l'art et la poésie d'avant-garde pour les années d'effervescence qui caractérisent la décennie 1970-1980.

J'examine ces textes en tant que « productions sociales », trouvant dans une large mesure leur signification dans le cadre global d'énonciation dans lequel ils surgissent. Je les considère également, une fois produits, comme des « facteurs dynamiques » d'une culture vivante dont ils sont devenus une partie constitutive ; ils sont donc tout à la fois des « expressions » et des « maillons » forts du discours social dans lequel ils sont pris et qu'ils « travaillent » de l'intérieur.

Je ne m'attarde pas davantage sur l'orientation théorique de cet ouvrage qui relève, pour l'essentiel, d'une perspective bakhtinienne et qui tente d'intégrer les apports récents d'un Marc Angenot pour ce qui concerne l'analyse du discours social et d'un

1. Je tiens à remercier Chantal Vézina et Maryse Larouche pour leur remarquable travail de saisie du texte et le Comité de publications de l'UQAM qui m'a accordé une subvention, facilitant ainsi l'édition de cet ouvrage.

Pierre Bourdieu pour ce qui regarde l'étude du « champ » littéraire. On trouvera une explication plus élaborée dans la première partie du chapitre consacré au roman de la Révolution tranquille.

Le premier chapitre, d'ordre très général, couvre les années 1960, début « officiel » de la Révolution tranquille, et les années 1970 qui se ferment sur l'échec référendaire de mai 1980. J'essaie de montrer comment les principales tendances littéraires de ces années (roman et poésie du pays, québécitude, formalisme, écriture au féminin, littérature engagée) scandent, chacune à leur manière, les développements significatifs de la conjoncture sociale, politique et culturelle de la période.

Le chapitre suivant revient sur les années antérieures, à l'époque de l'après-guerre, au Québec sous régime duplessiste, société plus complexe incidemment que ce que les représentations courantes en suggèrent. Derrière l'apparente unanimité qui semble caractériser cette société, on trouve des fissures, des lézardes qui, peu à peu, vont miner l'édifice entier et provoquer sa chute. Cela prend forme aussi bien à travers la critique explicite des partis, des syndicats, des intellectuels que dans les expressions artistiques et littéraires qui questionnent implicitement le régime. Je m'attarde ici plus particulièrement à la production romanesque sur laquelle j'opère un prélèvement de quelques échantillons représentatifs se présentant sous la forme du réalisme critique (Pierre Gélinas), du psychologisme d'inspiration existentialiste (André Langevin) ou du romantisme tragique (Hubert Aquin). Ce ne sont là que des exemples, spécialement intéressants, d'un vaste corpus qui devra être analysé plus globalement. L'étude soumise ici constitue donc une première avancée dans une entreprise de portée beaucoup plus générale qu'il importera de compléter ultérieurement.

Le chapitre trois aborde, de manière synthétique, l'œuvre de Victor-Lévy Beaulieu qui s'est imposée, qu'on aime cela ou pas, comme une production majeure, l'une des plus significatives des 25 dernières années. Paraissant, au premier abord, échapper au social, au politique, à l'Histoire, cette œuvre ne cesse pourtant de s'offrir comme un écho et une interrogation lancinante sur la signification de l'écriture en contexte québécois : à quoi rime cette expérience dans le cadre d'une Histoire qui, non seulement, n'aboutit pas mais paraît bien engagée dans la voie d'une inéluctable régression ? À travers diverses modulations et métamorphoses, c'est à cette question de fond que renvoie inlassablement cette œuvre flamboyante et monstrueuse.

Suivent deux courts chapitres concernant un événement particulier et important de l'Histoire contemporaine, la fameuse crise d'Octobre 1970 qui a vivement interpellé les écrivains comme l'ensemble de la société québécoise. J'examine comment les écrivains y ont réagi aussi bien comme acteurs sociaux que comme créateurs : quels effets cette crise a-t-elle eus sur leurs œuvres et, à l'inverse, comment, à travers leurs textes nous la font-ils voir sous un jour neuf ? Le cas de la révision de *La nuit* opérée par Jacques Ferron sous l'impact des événements est, dans cette optique, singulièrement éclairant. Les effets de la crise, au-delà de telles manifestations fort explicites, se sont également fait sentir de manière plus diffuse tant sur le plan politique, infléchissant notamment les stratégies des partis, que sur le plan culturel et littéraire comme l'illustrent les problématiques d'avant-garde très présentes au cours des années 1970.

La question de l'art engagé est étudiée à travers deux cas de figure révélateurs, soit la trajectoire sinueuse de la revue *Stratégie* et le parcours ponctué de rebondissements multiples du poète François Charron. *Stratégie* est au cœur des principaux débats intellectuels et politiques de l'époque dans lesquels s'affrontent les représentants des divers courants – sémiologie, marxisme, féminisme, formalisme, contre-culture, etc. – qui se disputent le contrôle de l'hégémonie discursive et les positions stratégiques d'un champ littéraire dans lequel ils font bruyamment leur entrée. L'exemple du poète François Charron, qui connaît toutes les « tentations » alors éprouvées par les écrivains d'avant-garde, est à ce titre on ne peut plus suggestif : il occupe successivement, en effet, à peu près toutes les « positions » possibles offertes par le sous-champ de la culture politique de gauche de la période.

Enfin je termine ce tour d'horizon par l'évocation de *La Relève* et des *Convergences* de Jean Le Moyne. J'aurais pu et dû, dans une stricte perspective chronologique, commencer par là.

J'ai préféré retenir la séquence proposée ici pour des motifs en partie personnels : ces textes ont été écrits il y a déjà longtemps, il y a près de 25 ans pour l'étude sur *La Relève,* et je tenais à soumettre d'abord des textes faisant état de préoccupations théoriques et de recherches empiriques plus récentes. Au-delà de cette raison personnelle, ce choix se défend sur le plan conceptuel : si le présent peut incontestablement être expliqué par l'Histoire, on peut tout aussi légitimement éclairer et enrichir la lecture du passé par la connaissance de ce qui en est advenu par la suite. Si on peut remonter du passé vers le présent, en somme, on ne voit pas pourquoi on ne pourrait pas, à l'inverse, et dans une perspective complémentaire, procéder du présent pour remonter dans le passé. Cela dit, la lecture de *La Relève* est extrêmement éclairante pour ce que cette revue, en dépit de ses limites, nous révèle de la Crise des années 1930 et pour ce qu'elle met en place sur le plan idéologique : son apport sera en effet repris et prolongé, sur le plan social et politique, par les réformistes de *Cité libre* et, sur le plan culturel et littéraire, par les écrivains à travers leur pratique spiritualiste de la poésie ou psychologique (chrétienne) du roman.

Ces analyses ont été écrites à différents moments au cours des 25 dernières années. Certaines sont très récentes, remontant à quelques mois, d'autres, fort anciennes. Je les reprends sans modifications majeures dans l'ensemble. J'ai, bien sûr, revu certaines formulations et procédé à un travail de resserrement. J'ai abrégé certains textes, en particulier celui consacré à *La Relève,* tentant d'éviter les répétitions inutiles ; malgré tout, il en reste quelques-unes, nécessaires à une meilleure compréhension des analyses.

Je n'ai pas corrigé le tir sur le fond. En relisant ces textes, je me suis retrouvé globalement d'accord avec les interprétations et les critiques qu'ils proposent. Pour le meilleur et pour le pire, je les assume donc pleinement en souhaitant que les lecteurs y trouvent matière à réflexion sur les transformations éprouvées par cette société au cours de son processus de modernisation. Ces transformations expliquent largement les difficultés et les défis auxquels nous sommes collectivement confrontés aujourd'hui, au moment où nous entrons dans un nouveau millénaire gros autant de menaces que d'espoirs tenaces. Il n'est donc pas inutile, je crois, de prendre une nouvelle mesure du chemin parcouru avant de nous engager dans les voies nouvelles qui s'offrent à nous et d'effectuer des choix décisifs.

J.P. 1995

NOTE DE L'AUTEUR

Le premier chapitre consacré à « La transformation des rapports littérature/société depuis la Révolution tranquille » a d'abord été publié dans *Québec Studies,* n° 11, automne 90-hiver 91, p. 45-62. Le second chapitre portant sur « Le roman de la Révolution tranquille » est inédit. Le troisième chapitre sur l'œuvre de Victor-Lévy Beaulieu a d'abord fait l'objet d'une publication dans un ouvrage collectif réunissant des études sur *Le roman contemporain au Québec,* in « Archives des lettres canadiennes », Montréal, Fides, 1992, p. 115-133. Le quatrième chapitre sur « La crise d'octobre 1970 et la littérature québécoise » a d'abord paru dans la revue *Conjoncture,* n° 2, automne 1982, p. 107-124. Le cinquième chapitre consacré à *La nuit* et aux *Confitures de coings* de Jacques Ferron a fait l'objet d'une publication initiale dans la revue *Voix et images,* vol. VIII, n° 3, printemps 1983, p. 407-420. Le sixième chapitre intègre des éléments de quatre études antérieures : « *Stratégie* : de l'analyse des pratiques signifiantes à la lutte idéologique » ; « L'itinéraire de François Charron : des lendemains qui chantent au temps des incertitudes » d'abord publiées dans un ouvrage collectif, *L'avant-garde culturelle et littéraire des années 1970 au Québec* (Jacques Pelletier, directeur), Montréal, UQAM, Cahiers du département d'études littéraires, 1986, p. 41-60 et 99-118 ; « L'art de contestation dans les années 1970 au Québec », in *Canadian Issues/Thèmes canadiens,* vol. VIII, 1987, p. 241-254 ; « Constitution d'une avant-garde littéraire dans les années 1970 au Québec : le moment de migration », in *Études littéraires,* vol. 20, n° 1, printemps-été 1987, p. 111-130. Le septième chapitre consacré à la revue *La Relève* a d'abord été publié dans la revue *Voix et images du pays,* n° 5, hiver 1972, p. 69-140 ; il a été revu et modifié pour le présent ouvrage à l'automne 1993. Le huitième chapitre proposant une relecture des *Convergences* de Jean Le Moyne a d'abord été édité dans un ouvrage collectif sous le titre de « Jean Le Moyne : les pièges de l'idéalisme », in *L'essai et la prose d'idées au Québec,* Montréal, Fides, « Archives des lettres canadiennes », 1985, p. 697-710 ; revu et modifié, il a été publié comme « étude » dans la revue *Voix et images,* n° 54, printemps 1993, p. 563-578.

CHAPITRE I

La transformation des rapports littérature/société depuis la Révolution tranquille

S'interroger sur les rapports entre la littérature et la société durant les années 1960-1990 au Québec, c'est se demander quel statut a été réservé aux productions littéraires durant la période en question et quel rôle ces productions ont exercé sur l'évolution sociale. C'est donc reconnaître que les textes littéraires sont à la fois des « produits » de l'Histoire, en tant que pratiques d'agents – les écrivains – engagés eux-mêmes dans le procès historique, et des « interventions » proposant une image, une lecture de ce procès et par conséquent qu'ils doivent être perçus et analysés sous ce double aspect[1].

Contrairement à une certaine tradition sociologique qui a longtemps considéré les œuvres comme des documents inertes, simples reflets d'une société dont ils seraient des expressions symboliques, il s'agit donc ici de les envisager en tant que facteurs dynamiques de l'évolution sociale, contribuant à leur manière à faire l'Histoire. Bref, je me propose de montrer que les écrivains et leurs productions ont joué un rôle important dans la transformation de la culture et de la société québécoises au cours des dernières décennies. Ceci posé, il faut signaler que les rapports textes littéraires/société s'établissent selon des modalités diverses compte tenu de la nature et de la durée des phénomènes historiques

---

1. Sur ce plan je partage les positions énoncées par Pierre Barbéris dans ses ouvrages et plus particulièrement dans son livre théorique, *Le prince et le marchand,* publié en 1980.

considérés. Dans cette perspective il m'apparaît utile d'établir une distinction entre « processus », « période » et « événement ».

La notion de processus est employée pour désigner les réalités historiques qui se situent dans le long terme et qui impliquent des transformations majeures dans la société. On y recourra notamment pour souligner le passage d'un système social à un autre, par exemple la transition qui conduit du féodalisme au capitalisme ou, dans le cas québécois, l'évolution qui transforme une société agricole et traditionnelle en une société urbaine et moderne.

On parlera de période pour désigner des réalités qui se situent dans le moyen terme, par exemple la Restauration et la monarchie de Juillet en France si bien évoquées par Balzac ou, dans le cas québécois, la Révolution tranquille. Dans les faits la période apparaîtra souvent comme une phase d'un processus plus englobant. À titre d'exemple je songe à la périodisation du développement capitaliste qu'a proposée Lucien Goldmann : périodes de capitalisme libéral, puis monopolistique, enfin d'organisation comme autant de moments scandant l'évolution du féodalisme au capitalisme.

On recourra à la notion d'événement pour signaler une réalité située dans le court terme. L'événement lui-même sera considéré mineur lorsqu'il concerne un groupe, un secteur social durant une période brève, par exemple le samedi de la matraque à l'automne 1964, la manifestation du 24 juin 1968, etc. Il sera qualifié de majeur lorsque, même limité dans le temps, il concerne l'ensemble d'une société et peut par conséquent ouvrir (ou fermer) une période ou un processus. Songeons à la Commune de Paris, à l'affaire Dreyfus, à la révolution d'Octobre, à Mai 68 en France et, dans le cas québécois, à la crise d'Octobre 1970 qui, bien que circonscrite dans le temps, a eu incontestablement une grande signification politique[2].

Les rapports textes littéraires/société s'établissent le plus souvent au niveau du processus. Par exemple, dans *Les paysans,*

---

2. Voir mon article sur « La crise d'Octobre 1970 et la littérature québécoise », paru dans *Conjoncture* à l'automne 1982.

Balzac décrit la transformation radicale de la condition des terriens sous l'impact du capitalisme, les paysans passant du statut de serfs à celui de petits propriétaires agricoles soumis à la domination des usuriers. De même Ringuet, dans *Trente arpents,* montre comment les cultivateurs québécois sont affectés par l'économie de marché qui bouleverse leurs conditions de production et par la suite leur mode de vie. D'autres textes doivent être mis en rapport avec ce qu'on a convenu d'appeler des périodes. Songeons par exemple aux évocations de la Restauration par Balzac, du Second Empire par Zola, de l'Amérique du début du siècle par Dos Passos, ou de la Révolution tranquille par Godbout, exemple sur lequel je reviendrai.

Enfin parfois les écrivains réagissent à des événements et certaines de leurs œuvres peuvent être tenues à juste titre pour des réponses à ceux-ci. Par exemple Zola, dans *Vérité,* manifestant son engagement dans l'affaire Dreyfus par la création romanesque ou donnant, dans *La débâcle,* sa lecture de la Commune de Paris. Dans le cas du Québec, les « retombées » littéraires de la crise d'Octobre 1970 furent nombreuses : j'en signalerai quelques-unes plus loin.

Pour la période retenue ici (1960-1980) on peut proposer en ce qui concerne les rapports littérature/société le découpage historique suivant : 1) apparition du courant néo-nationaliste (1960-1966) ; 2) consolidation du néo-nationalisme et émergence de nouveaux courants : marxisme-léninisme, contre-culture et féminisme (1967-1980). On verra comment les textes littéraires, durant ces moments, accompagnent – en le précédant, en étant à sa remorque ou en synchronie avec lui – le mouvement social.

APPARITION DU COURANT NÉO-NATIONALISTE (1960-1966)

Quelle est la situation dans le champ littéraire au moment où débute la Révolution tranquille ? Rapidement et très schématiquement on peut la décrire de la manière suivante : un discours traditionnel, valorisant le roman régionaliste et la poésie bucolique – célébrations d'une société encore perçue comme rurale et catholique – domine l'institution littéraire. Cependant ce discours a de plus en plus de mal à rendre compte de la réalité. L'univers des représentations traditionnelles est en effet mis en question, tout au moins de manière implicite, par de nouvelles créations qui signalent des transformations majeures dans le champ.

Ainsi le roman traditionnel d'inspiration agricole, mort dans les faits en 1938 avec *Trente arpents* de Ringuet, est concurrencé puis vaincu d'abord par le roman urbain, qui s'impose dans les œuvres de Roger Lemelin et de Gabrielle Roy, ensuite par le roman psychologique qui, dans les œuvres de Robert Charbonneau, Robert Élie, André Giroux, s'engage dans les traces des écrivains catholiques français du « cas de conscience » : Julien Green et François Mauriac. Ce courant connaît son expression la plus radicale, la plus contestataire dans l'œuvre d'André Langevin qui s'inscrit pour sa part dans le sillage des existentialistes, et notamment de Jean-Paul Sartre[3]. Chacune à leur manière ces productions attestent, par leur simple existence, qu'en dépit de ce qu'affirme le discours traditionnel d'autres réalités que celle de la campagne existent : le monde de la ville et ses misères, tant psychologiques que matérielles, l'univers du citadin, être complexe aux prises avec des problèmes qu'ignorait « l'homme carré » de la civilisation agricole évoquée par Antoine Gérin-Lajoie dans *Jean Rivard*.

En poésie, au tournant des années 1950, un nouveau courant, celui des automatistes, qui n'est pas sans affinités avec le surréalisme, s'affirme à la suite de la publication du *Refus global* de Paul-Émile Borduas (1948). Le discours nationaliste, par ailleurs, est profondément renouvelé, tant sur le plan formel que thématique, par les poètes de l'Hexagone qui s'imposent à la fin des années 1950, jetant les bases d'une tradition dans laquelle se rangeront les écrivains de *Parti pris* au milieu des années 1960. Enfin au théâtre un Marcel Dubé, dans des pièces comme *Zone,*

---

3. Jacques Michon (1979) a bien montré que ce courant répondait le mieux aux attentes du public petit-bourgeois, catholique et ouvert du milieu urbain des années 1950, d'où sa domination dans le champ à cette période.

Un simple soldat, bouscule les thèmes dominants de la dramaturgie régnante et en impose de nouveaux.

Ce ne sont là que quelques exemples d'une transformation qui ébranle dans leurs fondements les structures du champ littéraire sans cependant remettre en question, de manière explicite, le discours dominant qui préside à son fonctionnement. Ce renversement n'aura lieu que durant les années 1960, en liaison avec l'apparition du néo-nationalisme sur le terrain politique. Ce phénomène apparaît central : en effet, c'est dans la foulée du néo-nationalisme que se développera le courant qui deviendra dominant au sein de l'institution littéraire à la fin des années 1960 : celui de la québécitude.

On se rappellera que le néo-nationalisme surgit d'abord dans de petites organisations culturelles (l'Alliance laurentienne de Raymond Barbeau) et politiques (l'ASIQ (Action socialiste pour l'indépendance du Québec) de Raoul Roy) avant de donner naissance au RIN (Rassemblement pour l'indépendance nationale) : créée d'abord comme mouvement, instrument de promotion de la cause indépendantiste, cette organisation se transformera en parti en 1963 tout en continuant à préférer les manifestations de rue bruyantes au combat électoral dans lequel elle ne s'engagera qu'en 1966. Dans la mouvance du RIN un courant plus radical, de gauche, apparaît chez la jeunesse et trouve son expression en partie dans le FLQ (Front de libération du Québec), dont les premiers attentats remontent à 1963, et de manière plus large dans la revue *Parti pris,* créée à l'automne 1963, et dans le mouvement auquel elle donnera naissance l'année suivante : le MLP (Mouvement de Libération Populaire).

Pour la compréhension de la culture politique et littéraire de gauche des années 1960 on ne saurait trop insister sur l'importance de *Parti pris* qui proposait rien de moins qu'une transformation radicale, révolutionnaire de la société québécoise inspirée par la « théorie » du socialisme décolonisateur alors très valorisée par les jeunes intellectuels. Le programme de la revue était synthétisé dans le célèbre mot d'ordre : indépendance, socialisme, laïcisme. Dans cette perspective, la lutte pour la libération politique et sociale du Québec constituait la tâche prioritaire à laquelle devaient se consacrer les militants révolutionnaires. Et les intellectuels étaient invités à y participer à leur manière compte tenu que la culture en régime colonial, ainsi que l'écrivait Fanon dans *Les damnés du la terre,* « privée du double support de la nation et de l'État dépérit et agonise. La condition d'existence de la culture est donc la libération nationale, la renaissance de l'État » (Fanon, 1961 : 172).

La problématique de *Parti pris* sera reprise pour l'essentiel par des écrivains importants de la période. J'évoquerai ici rapidement les exemples d'Hubert Aquin et de Jacques Godbout mais on pourrait en dire autant de Jacques Ferron et des écrivains « joualisants » parmi lesquels André Major et Jacques Renaud sont les plus célèbres[4].

Hubert Aquin appartient à la génération de *Liberté* dont il sera un des membres fondateurs en 1959. L'année suivante il participe à la création du RIN. Il aura des responsabilités dans l'organisation, il en sera un temps vice-président pour la région de Montréal et il écrit dans l'*Indépendance.* En 1963, il y a la fondation de *Parti pris,* dont Aquin est sympathisant – comme le seront d'autres « aînés » : Jacques Brault, Jacques Ferron, Jacques Godbout, Pierre Vadeboncœur, etc., mais il ne sera pas de l'aventure du MLP en 1964-1965. Il choisit plutôt l'engagement dans le FLQ, passe à la clandestinité et est finalement arrêté pour port d'armes illégal. C'est durant sa réclusion à l'Institut Albert-Prévost qu'il écrit *Prochain épisode,* expression romanesque des conclusions politiques tirées à la suite de son analyse de la société québécoise effectuée durant les années précédentes et formulée de manière percutante dans deux articles publiés par *Liberté* en 1962 : « L'existence politique » et « La fatigue culturelle du Canada français ».

---

4. Sur la conception de la littérature formulée à *Parti pris,* voir Robert Major, *Parti pris : idéologies et littérature* (1979) ; sur l'attitude de ces écrivains par rapport à la question de la langue, voir le troisième chapitre de l'ouvrage de Lise Gauvin, *Parti pris littéraire* (1975).

Dans « L'existence politique », Aquin écrit que la Confédération est pour les Canadiens français « une sorte de purgatoire
constitutionnel, un cercueil en or pour une minorité pauvre »
([1962a] 1977 : 55) et qu'il faut donc en sortir par l'indépendance
si on veut accéder à la maturité. Cette prise de position
indépendantiste repose sur une analyse de la société canadienne-
française qui serait marquée, caractérisée principalement par ce
qu'Aquin appelle la « fatigue culturelle ». Ainsi ce qui définirait
le minoritaire politique, ce serait « l'auto-punition, le maso-
chisme, l'auto-dévaluation, la « dépression », le manque
d'enthousiasme et de vigueur, autant de sous-attitudes dépossédées
que des anthropologues ont déjà baptisées de « fatigue culturelle » ([1962b] 1977 : 88-89)[5]. Cette caractéristique comporte-
mentale (la fatigue, la déprime) qui trouve ses fondements dans
une condition, celle de minoritaire, l'auteur affirme l'avoir intério-
risée pour sa part en tant qu'individu : « Je suis moi-même cet
homme « typique », errant, exorbité, fatigué de mon identité
atavique et condamné à elle » ([1962b] 1977 : 97).

Cette analyse du phénomène colonial sous-tendra la prise de
position concernant la littérature exprimée dans le texte peut-être
le plus célèbre de l'auteur, « Profession : écrivain », publié dans
Parti pris en janvier 1964. Aquin affirme qu'il ne veut plus
écrire – « Écrire me tue » – tant que le Canada français sera
soumis à la domination coloniale du Canada anglais, la prétendue
supériorité artistique du colonisé renvoyant à, s'expliquant par sa
dépendance politique : « La domination d'un groupe humain sur
un autre survalorise les forces inoffensives du groupe inférieur,
écrit-il : sexe, propension aux arts, talents naturels pour la
musique et la création » et il conclut : « Au fond je refuse
d'écrire des œuvres d'art, après des années de conditionnement dans
ce sens, parce que je refuse la signification que prend l'art dans un
monde équivoque. Artiste, je jouerais le rôle qu'on m'a attribué :
celui du dominé qui a du talent. Or je refuse ce talent,

---

5. Cet article constituait une réponse à l'attaque portée par Trudeau
contre le mouvement indépendantiste dans son célèbre article, « La
nouvelle trahison des clercs », publié dans *Cité libre* en avril 1962.

confusément peut-être, parce que je refuse globalement ma domination » ([1964] 1971 : 52-53).

Le refus de la littérature est donc d'abord un refus politique : on ne saurait être un écrivain « normal » dans une société qui ne l'est pas, qui est dépendante. On sait que cela ne l'empêchera pas de publier l'année suivante *Prochain épisode*. Comment expliquer cette « contradiction » ? La biographie d'Aquin fournit un premier élément d'explication. Militant radical au sein du RIN, il fait le saut dans le FLQ et passe à la clandestinité en 1964. Arrêté, il est détenu à l'Institut Albert-Prévost où il rédige *Prochain épisode,* consacrant le temps mort de la clinique à la pratique de l'écriture : en ce sens son roman est « autobiographique ». Faute d'accomplir la révolution directement par le combat politique, il l'appellera dans son roman. Nous avons là le second élément d'explication : la littérature est « excusable » dans la mesure où elle suscite un dépassement d'elle-même, l'engagement dans l'action révolutionnaire. Comme l'écrit le narrateur-héros de *Prochain épisode* à l'avant-dernière page du roman, « le dernier chapitre manque qui ne me laissera même pas le temps de l'écrire quand il surviendra. Ce jour-là, je n'aurai pas à prendre les minutes du temps perdu. Les pages s'écriront d'elles-mêmes à la mitraillette : les mots siffleront au-dessus de nos têtes, les phrases se fracasseront dans l'air » (1965 : 172-173).

À la lumière de cette problématique, de nombreux passages du roman, autrement obscurs et déconcertants, trouvent leur pleine signification. Ainsi si le personnage poursuivi par le héros de l'intrigue d'espionnage, lui-même double projeté du narrateur enfermé dans une clinique, échappe à toutes les poursuites, s'avère invincible, c'est, nous laisse-t-on entendre, qu'il représente la puissance coloniale et son terrible pouvoir de fascination qui réduit le colonisé à l'impuissance. Il y a donc un lien entre l'impuissance du (des héros) et celle du Canada français qui n'ose pas rompre le lien fédéral, subjugué qu'il est par le colonisateur.

On retrouve une thématique du même genre dans le second roman d'Aquin, *Trou de mémoire*, publié en 1968. Ici encore un héros révolutionnaire est mis en scène et son caractère excessif, désarticulé s'explique par la situation historique : Magnant est (s'éprouve comme) colonisé. Le meurtre de Joan relaie celui projeté de H. de Heutz dans le premier roman et ce crime-assassinat précédé d'un viol apparaît comme une sorte de figure, de parabole de la révolution en tant que réponse du colonisé à la violence du colonisateur. En somme, dans les deux romans d'Aquin, le nationalisme constitue à la fois un thème central et le principe d'intelligibilité des œuvres, l'horizon sur lequel elles se profilent. Pour être pleinement compris, ces deux romans doivent donc être lus, d'une part, à la lumière du phénomène général de la décolonisation à l'époque contemporaine et, d'autre part, à celle de la révolution québécoise en cours au moment de leur rédaction.

Ces observations valent tout autant pour l'œuvre romanesque de Jacques Godbout. Du premier roman, *L'aquarium* (1962), au dernier, *Le temps des Galarneau* (1993), en passant par *Salut Galarneau* ! (1967), on ne peut que constater la forte prégnance de la question nationale comme thème récurrent et central d'une œuvre qui ne cesse de la moduler selon diverses modalités au gré d'une conjoncture politique en évolution rapide. Pour les fins de la présente étude, je me contenterai de rappeler l'itinéraire du Jacques Godbout des années 1960, période durant laquelle son œuvre est particulièrement importante, occupant une place significative dans le courant dominant de la production littéraire québécoise ; après, elle n'est plus au cœur des principales tendances empruntées par les secteurs les plus dynamiques dans le champ qui font plutôt état de préoccupations d'ordre culturel ou féministe.

En 1962, de retour d'Afrique depuis peu, Godbout publie son premier roman, *L'aquarium,* qui, de prime abord, apparaît exotique dans le contexte québécois, en marge des préoccupations centrales d'une littérature repliée sur elle-même, et fort peu encline à accorder place à la mise en forme de thèmes et de réalités perçus comme excentriques. Or le roman de Godbout est pris en charge par un narrateur-héros racontant quelques épisodes d'un séjour sous les tropiques accompli sans doute à titre de coopérant. Ayant fui le Canada, « pays froid... trop vite vieilli parce que les révolutions ne s'y faisaient pas » (Godbout, 1962 : 48), le héros découvre un univers en décomposition, celui des blancs réfugiés à la Casa Occidentale, cet aquarium visqueux dans lequel ils marinent en passant l'essentiel de leur temps à boire pour oublier que l'Empire leur échappe. À cet univers en désintégration des blancs s'oppose la révolte indigène avec laquelle le héros sympathise, qu'il comprend, mais qu'il n'arrive pas à épouser dans toutes ses conséquences. Constatant son impuissance, il décide de rentrer au vieux pays, seul lieu malgré tout où il peut vraisemblablement jouer un véritable rôle historique. Dans ce premier roman donc, on le voit, la thématique nationaliste apparaît, mais abordée en quelque sorte de l'extérieur. Le roman témoigne à sa manière de l'effondrement du système colonial, mais le Québec ne figure pas comme y participant. Ce sera le cas dans le roman suivant, *Le couteau sur la table,* publié en 1965.

Dédicacé aux animateurs de la revue *Liberté,* périodique littéraire de la génération des 30-35 ans de l'époque, partisans de la Révolution tranquille, réformistes nationalises, le roman est présenté par son auteur comme une « approximation littéraire d'un phénomène de réappropriation du monde et d'une culture » (1965 : 9). Cette fois l'action du récit est située au Canada et au Québec à l'époque contemporaine, le moment de la narration coïncidant avec celui de l'action (1962-1963), lui-même contaminé cependant par le temps des souvenirs (1952-1953).

Le roman est centré essentiellement sur les amours du narrateur-héros, Canadien français de condition modeste, et de Patricia, Canadienne anglaise d'origine et de condition supérieures, membre de la classe et de l'ethnie dominantes. Patricia est le « côté faible... le petit catéchisme du vide colorié » (1965 : 28) du héros. Elle symbolise l'*american way of life,* la richesse et l'aisance qu'il permet. Appartenant naturellement à la classe dominante, elle vit à l'aise dans sa peau, dans une joyeuse insouciance qui séduit le narrateur, Québécois de milieu humble plutôt destiné à une femme comme Madeleine, Québécoise de l'Est de Montréal – cette partie pauvre de la métropole –, qu'à une Patricia, fille de l'Ouest et de l'abondance. À la fin du roman celui-ci rompt, à la suite de l'explosion des premières bombes du FLQ qui précipitent sa prise de conscience sociale. Ainsi l'éveil nationaliste, sous sa forme la plus radicale – le terrorisme – trouve son écho dans la vie privée du narrateur. À ce point de vue, on notera un certain parallélisme entre ce geste de rupture et la tentative d'assassinat du narrateur-héros du premier roman d'Aquin, *Prochain épisode,* publié la même année. Dans les deux cas, la prise de conscience ne provoque pas d'abord un engagement dans un parti et dans l'action révolutionnaire, mais un acte de rupture dont la signification est largement individuelle et symbolique : briser une relation, essayer de tuer.

Cependant on ne peut nier que la thématique nationaliste traverse cette fois l'univers romanesque de part en part, correspondant en cela à l'évolution sur le terrain même de l'histoire, à la création et à l'expansion du RIN, à la fondation de *Parti pris,* en 1963, qui marque la prise de conscience des jeunes intellectuels progressistes, à l'apparition d'un mouvement terroriste qui connaîtra plusieurs vagues, depuis la première en 1963 jusqu'à la dernière en 1970.

Salut Galarneau !, publié en 1967, témoigne aussi à sa manière de cette mutation historique. Ce roman est le plus connu de la production romanesque de Godbout et cette popularité trouve ses assises dans un texte savoureux, mettant en scène le personnage de loin le plus coloré du personnel romanesque de l'écrivain. L'anecdote qui supporte le récit est assez simple. François Galarneau, le héros, propriétaire d'un stand de hot-dogs, décide d'écrire en partie sous la dictée de sa petite amie, Marise, qui pense qu'il pourra se faire un nom par la littérature, en partie pour racheter de cette manière sa vie manquée : adolescent, il voulait devenir géographe, anthropologue, ingénieur, mais il n'a pas trouvé le courage de conduire ses études à terme. Il a tout raté, contrairement à ses frères qui, eux, ont réussi : Jacques est scripteur à Radio-Canada et fait beaucoup d'argent, comme Arthur qui a choisi la prêtrise. François écrit, mais tandis qu'il est absorbé par sa nouvelle passion, il se fait cocufier par son frère Jacques ; aigri il renonce à la littérature et décide de faire fortune par le commerce des hot-dogs. Son projet avorte ; désolé, il se réfugie chez lui, construisant un mur autour de sa maison pour être à l'abri du monde. Dans sa prison volontaire, il réalise qu'écrire est un acte solitaire qui détourne de la vie et il se propose, à la fin du récit, de *vécrire* désormais, selon son expression, en clair de surmonter la contradiction entre l'art et la vie. Le récit (son récit), dans cette perspective, peut être lu comme l'histoire du passage de cette conception « instrumentale » de la littérature à une vision plus large de celle-ci comme « mode de connaissance du réel » et de « réappropriation » de soi, comme l'histoire donc d'une conversion et d'une naissance.

Cette naissance, par ailleurs, est représentée comme une allégorie de l'éveil du peuple québécois, le récit de la prise de conscience individuelle (et de la libération) de Galarneau étant une parabole de la prise de conscience collective et de l'éventuelle libération du Québec. En cela ce roman se présente comme une manifestation littéraire positive et optimiste du néo-nationalisme offensif des années 1960 dont le personnage truculent de Galarneau offre une représentation particulièrement savoureuse ; ce héros, en effet, n'est plus un petit-bourgeois intellectuel tourmenté et passif, comme c'était le cas dans les deux premiers romans, mais un « enfant du peuple » qui vit et agit et dont la santé illustre celle de la communauté.

Après un silence de cinq ans, Godbout refait surface en 1972 avec la publication de *D'Amour, P.Q.* Je signale que ce roman paraît après la première campagne électorale du PQ (avril 1970) et surtout après les événements d'octobre de la même année, explicitement évoqués dans le roman qui se situe ainsi dans un contexte politique bien précis. De même la dédicace du livre à Raoul Duguay, alors figure de proue de la nouvelle culture québécoise (américaine et francophone) inscrit ce nouveau roman dans un champ très nettement délimité de l'univers littéraire québécois, à l'intersection de la tradition déjà ancienne du nationalisme et du nouveau courant de la contre-culture.

Sur le plan thématique, *D'Amour, P.Q.* suit les traces de *Salut Galarneau !*, la problématique de l'écriture étant à nouveau au centre du récit. Le héros, cette fois, n'est pas un écrivain « naturel », « populaire » comme Galarneau, mais au contraire un écrivain tout ce qu'il y a de plus traditionnel, style professeur de lettres au département d'études françaises de l'Université de

Montréal. C'est de sa « conversion » en écrivain populaire sous l'influence heureuse de Mireille, secrétaire, qu'est faite, pour l'essentiel, l'histoire, l'anecdote du roman qui est donc à nouveau le récit d'une prise de conscience, d'un passage, d'une « transformation ». Au terme de sa réflexion, Thomas comprend où sont ses racines : « nous, on fait partie de ce *petit peuple* [6], qui a décidé d'habiter ce pays, d'aimer la neige, le froid, la chaleur humide, les saisons inattendues, les volte-face, un petit peuple que l'Histoire, tu sais, celle qu'on nous enseignait à l'école, avait complètement oublié » et il propose à Mireille de former avec lui une « cellule d'amour » (1972 : 127).

C'est de cette manière que sont intégrés dans le récit les événements d'octobre et que l'idéologie contre-culturelle est mise en place (essentiellement dans les communiqués de la cellule amour). Ainsi le roman effectue une avancée en intégrant l'idéologie contre-culturelle d'origine américaine qui prend, dans le contexte québécois, une coloration bien particulière et assure au néo-nationalisme un caractère progressiste et ouvert. Cependant le nationalisme demeure l'idéologie de base du récit : il assimile en l'accommodant le discours contre-culturel[7].

En somme, sur le plan symbolique, les productions littéraires, durant ces années, rendent compte à leur manière du mouvement social. En forçant légèrement les choses, on pourrait avancer que le néo-nationalisme surgit d'abord dans le champ culturel et littéraire, et ensuite seulement dans le champ politique. En effet ce courant domine l'institution littéraire, tout en étant minoritaire sur le terrain politique ; ce n'est que durant la deuxième moitié des années 1970 qu'il triomphera politiquement avec la prise du pouvoir par le PQ, en 1976. J'ai privilégié ici le roman, mais on pourrait faire une démonstration analogue à propos de la poésie (de Chamberland, de Major), du cinéma (de Brault, de Perrault), de la chanson (de Ferland, de Vigneault) : les

---

6. Je souligne cette expression si typiquement « lévesquiste ».
7. Pour une analyse plus élaborée de l'œuvre romanesque de Godbout durant cette période, voir la première partie de mon ouvrage *Le roman national* (1991), p. 21-98.

productions culturelles tout à la fois scandent et appellent les transformations sociales et politiques.

CONSOLIDATION DU NÉO-NATIONALISME ET ÉMERGENCE DE NOUVEAUX COURANTS (1967-1980)

En 1966, les libéraux, promoteurs de la Révolution tranquille, sont battus par l'Union nationale (UN) qui reprend le pouvoir – pour la dernière fois – avec moins de 45 pour cent des suffrages exprimés. Le parti libéral est vaincu notamment grâce à l'effet de « nuisance » créé par la participation des indépendantistes du RIN et du RN (Regroupement national) à la campagne électorale : ensemble ces deux petites formations ont obtenu 10 pour cent des suffrages. Signe des temps, le slogan électoral du l'UN, dirigée par Daniel Johnson, est « Égalité ou indépendance ». En 1970, les élections du mois d'avril sanctionnent l'émergence – devenue irrésistible – du néo-nationalisme désormais canalisé dans le PQ qui obtient 24 pour cent des voix. Un réalignement politique majeur s'amorce : l'UN, à toutes fins utiles, devient une formation politique marginale et le PQ s'impose comme solution de rechange possible – et crédible – au régime libéral.

À l'automne, les événements d'octobre se produisent, entraînant les conséquences que l'on sait, dont, notamment, le ralliement d'une partie de la gauche des années 1960 au PQ (Vallières en témoignera dans *L'urgence de choisir*), la réorganisation de la gauche non intégrée dans les groupes politiques marxistes-léninistes, la démobilisation d'une partie de la jeunesse qui délaisse la politique et verse dans la contre-culture. Dans cette perspective, les événements sont responsables dans une large mesure du développement des deux courants ennemis de la culture révolutionnaire et de la contre-culture ; je donnerai plus loin quelques exemples de leurs retombées, de leurs effets dans le champ littéraire.

Sur le plan électoral, le scrutin d'octobre 1973 confirme la montée invincible du PQ qui obtient 30 pour cent des voix. On connaît la suite : le 15 novembre 1976, ce parti prend le pouvoir en promettant d'être un « bon gouvernement » et en reléguant au second plan son option souverainiste. Cette victoire est alors saluée comme une grande « victoire populaire », puisqu'elle est le fruit d'une alliance objective du PQ et des syndicats, alliés conjoncturels dans la lutte contre le gouvernement de Robert Bourassa.

Sur le plan socioéconomique, le fait majeur de la décennie qui s'ouvre en 1970, c'est bien sûr la crise qui secoue les économies capitalistes occidentales après une longue période d'expansion et de prospérité durant les années 1960. Celle-ci sert de toile de fond aux débats sur la scène politique et aux conflits sociaux de plus en plus durs mettant aux prises des syndicats qui se radicalisent et des patrons de choc, voire l'État lui-même. Pour la protection du pouvoir d'achat au début de la période, contre les fermetures d'usines et les coupures de postes à la fin, de longues et parfois violentes luttes s'engagent sur le terrain. Rappelons rapidement pour mémoire les grèves de Canadian Gypsum et de Firestone à Joliette, celle de la United Aircraft sur la rive sud, celle de la Commonwealth Plywood à Saint-Jérome ; dans le secteur public les syndicats affrontent durement l'État dans le cadre des fronts communs de 1972 et de 1975-1976.

Dans ce contexte un « syndicalisme de combat » se développe et trouvera notamment son expression dans les célèbres manifestes des centrales : « L'école au service de la classe domi- nante » de la CEQ (Centrale de l'enseignement du Québec), « Ne comptons que sur nos propres moyens » de la CSN (Confédération des syndicats nationaux) et « L'État, rouage de notre exploitation » de la FTQ (Fédération des travailleurs du Québec). Chacun à leur manière, ces manifestes prônent un syndi- calisme de classe et de masse qui trouve ses fondements dans une volonté de changer de système social et économique, de substituer le socialisme au capitalisme. C'est également dans cette conjoncture que sont créées les organisations politiques marxistes- léninistes qui témoignent, par leur apparition, des conséquences de la crise. Le groupe En lutte ! est mis sur pied en 1972-1973, la Ligue communiste (marxiste-léniniste) du Canada est fondée à l'automne 1975. Au fil des années des milliers de jeunes gens seront partie prenante de ces groupes soit comme militants, soit comme sympathisants. Il y a donc là un vaste mouvement social dont on ne saurait nier l'importance (quoi qu'on pense, ou quoi qu'on ait pu penser par ailleurs de son orientation et de ses pratiques politiques). Les revues qui naissent alors dans le champ culturel s'inscrivent pour la plupart dans le sillage des groupes politiques et auront à se définir (voire à se démarquer) par rapport à eux.

Sur le plan culturel, *Parti pris* disparaît à l'été 1968. Ses anciens animateurs se dispersent : certains rallient le PQ (Gabriel Gagnon, Gérald Godin), d'autres versent dans la contre-culture (Paul Chamberland, Pierre Maheu) tandis que certains prennent une retraite politique définitive (André Major) ou provisoire (Jean-Marc Piotte). La contre-culture, courant minoritaire dans les années 1960, s'impose comme mouvement significatif dans lequel se reconnaissent des milliers de jeunes au début des années 1970 : la création de *Mainmise* en 1970, à ce propos, constitue un révélateur. Dans le sillage de ce courant apparaissent de nouveaux enjeux : l'écologie, la santé, le féminisme (qui connaîtra un essor fulgurant durant la période, ce dont témoignent notamment ses publications *Québécoises deboutte, Les Têtes de pioche, Des luttes et des rires de femmes,* etc.).

De nouvelles revues sont fondées : *Mobilisation,* mensuel politique, d'abord organe du Front de Libération Populaire (FLP), mouvement d'agitation de la gauche indépendantiste et socialiste de 1968 à 1970, puis revue marxiste-léniniste indépendante au début des années 1970 ; *Presqu'Amérique,* à l'automne 1971 ; *Stratégie,* trimestriel, en 1972 ; *Brèches,* au printemps 1973 ; *Champs d'application,* à l'hiver 1974 ; *Chroniques,* en janvier 1975, etc. La plupart de leurs animateurs sont des intellectuels (et parfois des militants) ou des écrivains qui auront donc à se poser le problème du rapport de leur engagement sociopolitique et de leur pratique artistique (et littéraire).

Fondée à l'hiver 1972 par un groupe de jeunes écrivains – François Charron, Roger Des Roches notamment – et d'étudiants en littérature de l'UQAM, *Stratégie* est la revue la plus significative de cette période, celle qui donne le ton, d'une part, parce qu'elle a duré plus longtemps que ses concurrentes (deux ans et des poussières pour *Chroniques,* deux ans – et seulement sept numéros – pour *Champs d'application*) et, d'autre part et surtout, parce qu'elle a introduit la plupart des débats par rapport auxquels les intellectuels auront à se définir durant la décennie : l'utilité « sociale » de la sémiologie, le rapport du marxisme à la psychanalyse, au féminisme, la lutte pour une nouvelle culture (prolétarienne), etc.

À l'origine *Stratégie* place son entreprise à l'enseigne de la sémiotique et se situe dans la filiation de la réflexion amorcée en Europe par des revues comme *La Nouvelle Critique, Poétique* ou *Tel Quel,* publications dans lesquelles on retrouve une tendance formaliste et structuraliste couplée à une orientation marxiste. *Stratégie* fait de même et compte développer une théorie du fonctionnement du discours poétique s'inscrivant à l'intérieur « d'une théorie de l'idéologie (de ses formes et lieux de formation, de ses caractère, de ses effets) elle-même articulée à une théorie de la formation sociale » (Comité de rédaction, 1972 : 5)[8]. Dès le premier numéro de la revue, on trouve donc les deux orientations – sémiologie et marxisme – qui inspireront sur le plan théorique les collaborateurs de *Stratégie* jusqu'au moment où cette « cohabitation » n'apparaîtra plus possible à cause de la radicalisation et de l'âpreté des débats provoqués par le type d'interpellation que les groupes marxistes-léninistes imposent alors aux groupes et revues progressistes.

C'est en effet au moment où est créé le groupe En lutte !, à l'automne 1973, que *Stratégie* connaît son premier changement de cap. Reconnaissant que la revue s'est trop inspirée jusque-là d'une attitude « libérale » et d'une « absence de ligne politique cohérente » (Comité de rédaction, 1973 : 8), ses animateurs affirment leur volonté de choisir désormais les textes à publier d'abord en fonction de la « ligne idéologique et politique », ensuite seulement en raison de leur intérêt scientifique. De manière significative le sous-titre de la revue, « pratiques

---

8. Je condense ici à l'extrême une analyse que je développe d'une manière plus détaillée et précise plus loin.

signifiantes », est perçu comme « ambigu », sinon suspect, et remplacé par celui, plus clair en effet, de « lutte idéologique ».

Sur le plan littéraire, les productions du courant formaliste, qui s'exprime notamment dans *La Barre du jour,* sont condamnées parce qu'elles relèvent d'une « idéologie bourgeoise, d'une écriture ne produisant que des caractères, des mots sans relations les uns avec les autres, des discours sans idéologie » (Charron, 1973a : 118) ; la littérature, désormais, devra être subordonnée au travail politique reconnu prioritaire. Par la suite, la nouvelle « littérature de libération » à construire devra servir d'instrument de « prise de conscience », de « politisation » et de « mobilisation », enfin, pour reprendre l'expression fortement codée de l'époque, d'« agitation » et de « propagande », ce type d'écriture permettant d'attendre le « stade suprême » de l'accomplissement artistique. Inutile de souligner que cette conception militante de la littérature signifie la mort de celle-ci, du moins telle qu'on la conçoit généralement.

L'alignement explicite de *Stratégie* sur les positions marxistes-léninistes va être scellé dans le numéro 11 du printemps-été 1975. Le combat contre le libéralisme devra être mené d'une part contre le libéralisme de l'État bourgeois, idéologie de façade qui sert à camoufler sa nature foncièrement répressive, et d'autre part contre sa pénétration au sein du mouvement ouvrier et des forces progressistes. Pénétration qui prend trop souvent la forme d'un « marxisme fumeux » qu'incarne de manière exemplaire pour *Stratégie* une revue comme *Chroniques*. De manière positive, on entend dégager une « alternative progressiste » par la popularisation des pratiques culturelles et littéraires militantes.

En somme, ce programme de travail inspirait déjà pour l'essentiel le travail antérieur de *Stratégie* à partir du numéro d'automne 1973. Ce qui est nouveau, ce qui marque un pas décisif, qu'on pourra rétrospectivement interpréter comme une fuite en avant, c'est la volonté manifeste de placer les pratiques et analyses à venir sous la bannière du marxisme-léninisme tel que conçu et pratiqué dans le Québec de l'époque, c'est-à-dire comme une reprise, une réitération, un remake du communisme pratiqué par la IIIe Internationale durant les années 1920 (avec son mot d'ordre célèbre de lutte « Classe contre classe »), tel que réactivé par Hoxha en Albanie et Mao en Chine dans un contexte international tout à fait différent. L'autodissolution sera la conséquence logique de cette démarche, le ralliement aux groupes marxistes-léninistes étant perçu comme un « pas en avant, un progrès, un saut qualitatif décisif » (Comité de rédaction, 1977 : 5).

Stratégie met ainsi le point final à la « longue marche » qu'elle a entreprise cinq ans plus tôt en entendant contribuer avec ses moyens à la venue d'un « avenir radieux » pour la classe ouvrière québécoise et canadienne.

Fondateur de *Stratégie,* puis membre du collectif de production de *Chroniques,* François Charron connaîtra, aussi bien dans sa trajectoire que dans ses œuvres, les diverses « tentations » vécues par les écrivains et les artistes de la période se situant dans le champ de la modernité et de l'avant-garde. Au tout début des années 1970, Charron pratique une littérature de déconstruction, s'en prenant violemment (par la parodie, la satire) aux œuvres et aux écrivains reconnus par l'institution littéraire. Recourant à un langage parlé souvent cru, voire ordurier, il renoue à sa manière avec la problématique élaborée dix ans plus tôt par *Parti pris.* La littérature, notamment par le joual, doit exprimer l'oppression sociale du peuple, s'abolir s'il le faut en tant que littérature au profit du projet sociopolitique de transformation de la société. Cette phase de déconstruction essentiellement critique, négative sera relayée par une phase militante, constructive, positive : la poésie au service du développement d'une culture prolétarienne. C'est dans cette perspective que seront écrits *Interventions politiques, Enthousiasme, Propagande,* tous titres plus éloquents les uns que les autres logeant à l'enseigne de ce que l'on pourrait appeler une littérature de combat.

Sur le plan thématique, cette production se caractérise par des références directes, explicites à la lutte des classes au Québec et au Canada telle qu'elle se manifeste dans certaines grèves ou dans de vastes mouvements sociaux tel celui suscité par la lutte contre l'inflation menée par le mouvement syndical au milieu des années 1970. Cette évocation s'accompagne en outre d'incantations célébrant la « glorieuse » révolution chinoise qui fascine de nombreux militants de cette période. Les recueils signalés plus haut sont porteurs de cette double préoccupation. Sur le plan formel, Charron privilégie le signifié (le message) par rapport au signifiant. Si bien que ses poèmes se présentent sous la forme d'une sorte de discours politico-théorique énoncé par fragments juxtaposés, distribués à la queue leu leu, en vrac, sans véritable travail d'organisation formelle. La politique, pour reprendre un des leitmotiv fréquemment utilisé à l'époque, est bien au « poste de commandement ».

Charron, dans les années ultérieures, renoncera à cette pratique d'écriture, opérant une rupture politique et littéraire avec sa période marxiste-léniniste. Sortant du cadre temporel adopté ici, je ne rappellerai pas la trajectoire qui le conduira au fil des années à prendre la figure de l'écrivain « spiritualiste » qu'il se donne aujourd'hui. Je signale simplement que, chez lui comme chez bien d'autres, la crise des groupes politiques au tournant des années 1980 a impliqué une réorientation, une reconversion à des valeurs plus strictement littéraires. Ceci étant, il demeure en poésie le grand écrivain de « gauche » de cette époque de turbulence[9]. Il n'est pas le seul, bien entendu : un écrivain comme Philippe Haeck s'inscrit à sa manière à l'intérieur de cette tendance (voir *Polyphonie. Roman d'apprentissage*).

Sur le plan romanesque, par ailleurs, cette culture prolétarienne n'a guère donné de fruits : un Gilles Raymond a bien essayé de produire un romanesque prolétarien en accord avec le projet politique marxiste-léniniste, mais, le moins qu'on puisse dire, sa tentative n'a pas été concluante, ou plutôt elle l'a été mais en montrant que cette voie ne pouvait mener qu'à un cul-de-sac[10]. Autre sentier largement emprunté par certains écrivains de cette période : celui de la contre-culture. Comme mouvement

---

9. Voir aussi le chapitre VI qui est consacré à ces écrivains.

10. Voir Gilles Raymond, *Pour sortir de nos cages* (1979), et *Un moulin, un village, un pays* (1982) ; j'ai analysé ces romans dans un chapitre consacré à la « Renaissance du roman social » dans *Lecture politique du roman québécois contemporain* (1984), p. 135-142.

social, la contre-culture apparaît et se développe d'abord dans les USA des années 1960, puis se répand un peu partout dans la jeunesse des pays occidentaux des années 1970 démobilisée à la suite de ses échecs politiques des années précédentes : échec de la SDS *(Students for a democratic society)* aux USA, échec des mouvements étudiants allemand et japonais, échec de Mai 68 en France, puis celui du mouvement d'occupation des cégeps au Québec à l'automne suivant. Cette liste des déboires de la jeunesse militante de cette période pourrait être allongée longtemps : autant les espoirs furent grands, autant la désillusion fut vive.

Au Québec la revue *Mainmise,* créée en 1970, deviendra bientôt un lieu de reconnaissance et d'identification pour les militants contre-culturels et elle tentera d'intégrer la culture à ses préoccupations écologiques, l'objectif étant de travailler à la mise sur pied de pratiques artistiques alternatives correspondant à la nouvelle sensibilité du « courant ». Une revue comme *Hobo-Québec,* dont Patrick Straram était le gourou, constituera une manifestation intéressante de ce courant. On en trouvera d'autres illustrations dans les œuvres d'un Paul Chamberland, d'un Lucien Francœur, d'un Patrick Straram ou d'une Josée Yvon. Les productions de ces auteurs prennent souvent la forme d'un collage, d'un montage de textes issus de leurs expériences personnelles, de manchettes de journaux ayant trait à des incidents écologiques ou à des manifestations du « mouvement », de fragments de poésie énoncés le plus souvent sur le mode du cri et traversés par une vision apocalyptique et crépusculaire de l'avenir de l'humanité.

Les préoccupations de la contre-culture seront reprises et thématisées par certains écrivains institués. On les retrouve dans un roman comme *Oh Miami, Miami, Miami* de Victor-Lévy Beaulieu qui fait tenir à son personnage, Faux Indien, un discours amalgamant la position traditionnelle des Amérindiens quant à leur droit à l'autodétermination et la vocation du Québec à créer une civilisation différente du reste de l'Amérique du Nord, les deux communautés, dans cette perspective, portant finalement le même projet historique. Dans *L'isle au dragon* Jacques Godbout associe le thème de l'écologie – de la défense de la nature – à celui de la pénétration du grand capital américain au Québec et laisse entendre que la survie de la culture québécoise a partie liée avec la révolution spirituelle prônée par les tenants de la contre-culture. Enfin, et ce ne sont là que quelques exemples révélateurs de la pénétration de ces idées dans le champ littéraire, un Réjean Ducharme, dans *L'hiver de force,* met en scène la critique de la culture dominante opérée par les chantres de la contre-culture eux-mêmes parodiés par ailleurs lorsqu'ils glissent sur la voie de l'institutionnalisation. Ce roman apparaît comme une figuration grinçante de la contre-culture, sa célébration en même temps que son questionnement radical.

On voit comment des écrivains qui n'appartiennent pas vraiment eux-mêmes à la contre-culture en véhiculent cependant des éléments dans leurs œuvres. Cette constatation, on pourrait tout autant la retenir pour le féminisme qui bouleversera profondément le champ littéraire durant la deuxième moitié des années 1970. Il n'est pas question ici de dresser un historique. Je rappelle seulement que, sous sa forme moderne, il surgit et se déploie dans le Québec du début des années 1970 et qu'il est rapidement pris à leur compte par certaines écrivaines sur le terrain pratique de leur militance comme dans leurs écrits. Ce sera le cas notamment de Nicole Brossard et France Théorêt, animatrices du collectif *Les têtes de pioche,* qui, dans cette publication comme dans leurs écritures de poésie et dans leurs productions en prose, se feront les porte-parole de la tendance la plus radicale du mouvement. Ce sera le cas également d'une Madeleine Gagnon, collaboratrice à *Chroniques,* revue progressiste ouverte au féminisme qui, autant dans ses articles que dans ses « fictions », se fera écho lyrique des revendications et des propositions des femmes. Songeons à son *Pour les femmes et tous les autres* dans lequel la poésie prend l'arme du pamphlet pour dénoncer le sort fait aux femmes et aux « autres » laissés-pour-compte de nos sociétés.

AU TOURNANT DES ANNÉES 1980

Des divers courants littéraires apparus durant les années 1980, celui de l'écriture des femmes demeure le seul bien vivant aujourd'hui. La littérature prolétarienne a sombré en même temps que les groupes politiques qui lui servaient en quelque sorte de fondements. Le discours contre-culturel s'est également essoufflé au tournant des années 1980. La nouvelle culture apparue depuis lors dans les milieux des jeunes déclassés ne s'avère pas être, à mon sens, un prolongement sous une forme autre de la contre-culture des années 1965-1980 dans la mesure où elle n'a pas donné naissance à un mouvement ni, de manière plus modeste, à des regroupements porteurs d'une vision utopiste du monde, comme c'était le cas auparavant. Si l'écriture des femmes se porte bien, c'est qu'elle accompagne un processus de prise de conscience et un mouvement qui sont encore en pleine effervescence.

Il est trop tôt pour tirer un bilan de la production des dernières années. Instinctivement, je serais porté à croire que cette période post-référendaire est caractérisée par l'éclatement, la dispersion. Le néo-nationalisme, qui a trouvé avec le PQ son expression politique, n'est plus un courant dynamique dans le champ culturel : il ne domine plus le champ cinématographique ni celui de la chanson et il se fait discret dans le champ littéraire. Les tendances opposées de la culture révolutionnaire et de la contre-culture sont mortes avec les mouvements sociaux qui les portaient. Demeure l'écriture des femmes comme secteur de la production véhiculant un projet culturel et social global. Ce « manque » traduit bien, par ailleurs, « l'ère du vide » (Lipovetsky) dans laquelle il semble bien que nous soyons entrés au début des années 1980.

La situation est tout autre avant les années 1980. Durant la Révolution tranquille les agents du champ littéraire sont particulièrement dynamiques. Il n'est pas excessif de soutenir qu'ils annoncent dans leurs productions ce qui deviendra une réalité par la suite sur le terrain sociopolitique. Le pays à créer est, en effet, d'abord appelé et célébré dans des chansons et des poèmes. En ce sens on peut affirmer que les œuvres non seulement témoignent de ce qui bouge dans la société, en constituent des révélateurs, mais préfigurent les transformations sociales en leur donnant une expression sur le plan de l'imaginaire. La littérature alors « agit », possède un pouvoir « d'intervention » ; elle appelle à des changements qui débordent le champ. C'est particulièrement évident durant les années 1960. Durant les années 1970, elle accompagne plus qu'elle ne précède les changements : c'est vrai dans les sous-champs de la contre-culture, de la littérature engagée et de l'écriture des femmes, secteurs que j'ai privilégiés dans cette analyse.

On assiste présentement à une accélération du processus d'autonomisation du champ qui, en se consolidant, semble prendre ses distances par rapport au social. D'où peut-être la difficulté à repérer des courants significatifs en correspondance avec des mouvements sociaux qui se font timides et par là même moins aisément saisissables. Dans cette perspective, ce sont sans doute les productions post-modernistes qui sont les plus aptes à rendre compte de l'époque, mais elles l'expriment de manière passive plus qu'elles ne l'animent. Si cela était confirmé, il faudrait en déduire qu'une coupure a eu lieu au tournant des années 1980, que nous vivons dans une nouvelle période dont il reste à écrire l'histoire, tant sociopolitique que culturelle et littéraire.

(1990)

CHAPITRE II

Le roman de la Révolution tranquille

L'expression « roman de la Révolution tranquille » est ambiguë : elle ne désigne pas d'emblée un objet clairement identifiable. Elle laisse entendre que ce phénomène social majeur du Québec moderne aurait été vécu sur le mode imaginaire et raconté par la suite comme un véritable roman aussi bien par ses principaux acteurs et témoins que par les historiens et les sociologues qui s'en sont fait les interprètes. Dans cette optique, la Révolution tranquille est d'abord perçue et représentée comme une réalité discursive et son étude paraît relever des protocoles et procédures d'analyse du récit de fiction.

Sans remettre en question la pertinence d'une telle approche, on peut envisager la question autrement en se reportant à l'acception habituelle de la notion de roman. L'expression « roman de la Révolution tranquille » désigne alors une vaste production romanesque qui témoigne du passage du Québec de la société traditionnelle à la société moderne. Elle signale aussi implicitement que l'objet qu'elle recouvre est double, qu'il est non seulement « littéraire », désignant un certain nombre de romans significatifs, mais aussi « social » dans la mesure où il renvoie nécessairement à la réalité culturelle, économique, politique de la période de transition – disons grossièrement, en première approximation, les années 1945-1970 – qui a profondément transformé le Québec contemporain.

Les romans, dans cette perspective, doivent être analysés comme des produits (et des agents) de la Révolution tranquille qui leur sert donc, en partie tout au moins, de « principe de structuration », et qu'en retour ils éclairent, dont ils sont à leur manière des « révélateurs ». Il ne s'agit dont pas de mettre en rapport des réalités hétérogènes – textes littéraires d'un côté, ensemble social de l'autre – mais de faire ressortir leur très étroite imbrication, si bien que ces romans ne sauraient être lus avec un véritable profit autrement que comme parties constitutives de la dite Révolution tranquille.

Avant de procéder à l'analyse des romans, il m'apparaît nécessaire de caractériser de manière aussi précise que possible la période de référence concernée, le corpus retenu pour examen, la méthodologie mise à contribution dans ce travail et tout d'abord les présupposés théoriques qui en constituent les fondements et les principes directeurs.

POINTS DE REPÈRE THÉORIQUES : LE ROMAN COMME CRISTALLISATION SOCIALE

Dans des travaux antérieurs, et plus particulièrement dans *Lecture politique du roman québécois contemporain* (1984) et *Le roman national* (1991), j'ai étudié les œuvres romanesques de quelques écrivains importants des années 1960 et 1970 (Aquin, Beaulieu, Ferron, Godbout) dans leur rapport à l'Histoire, à l'évolution sociale. J'ai analysé leurs œuvres en tant a) que « produits » d'écrivains eux-mêmes engagés comme acteurs dans l'Histoire ; b) que « lectures, interventions » proposant une interprétation du procès historique ; c) que « facteurs dynamiques » donc de l'évolution culturelle et sociale des années 1960 et 1970.

Ces œuvres ont été ainsi lues et analysées en perspective, en prenant en considération l'époque comme condition de production et « principe d'intelligibilité » des textes, pouvant expliquer, au moins en partie, leur substance comme rencontre, fusion d'une intention et d'une forme. Cette lecture a été effectuée très concrètement à la lumière de l'évolution du Québec contemporain caractérisée par un discours et des pratiques modernistes sur le plan social et culturel et par l'apparition et le développement d'un nouveau nationalisme de type offensif voué à la promotion de l'indépendance du Québec. C'est ainsi par exemple qu'on peut concevoir l'œuvre d'un Jacques Godbout comme un pur produit de la Révolution tranquille, comme une stylisation du discours réformiste des années 1950 et comme une transposition littéraire du néo-nationalisme des années 1960, *Salut Galarneau !* (1967) se proposant notamment comme une sorte de figure emblématique, de fusion symbolique des discours de la modernisation sociale et économique et du nouveau nationalisme affirmatif.

Dans ces études, j'ai mis l'accent surtout sur la dimension nationaliste de cette production romanesque. Mon intention est maintenant de l'aborder d'une manière plus large et plus globale en insistant davantage sur la dimension « libérale », fonctionnelle, nord-américaine de la modernisation qui caractérise cette période et qu'on trouve formulée dans des revues comme *Cité libre,* dans les départements des sciences sociales des universités, dans les discours du patronat aussi bien que des organisations syndicales. Il s'agira de montrer comment ce discours et les pratiques qu'il légitime et induit se retrouvent tant dans les formes que dans les contenus (les thèmes) des œuvres étudiées. À ce titre, la théorie du discours social élaborée par Marc Angenot et la méthode d'analyse qui en découle se révèlent particulièrement stimulantes.

LA LITTÉRATURE COMME ÉLÉMENT CONSTITUTIF
ET EXPRESSION DU DISCOURS SOCIAL

Dans de nombreux articles et ouvrages, dont un énorme livre synthèse sur l'année 1889 en France, Marc Angenot a proposé une définition de ce qu'il appelle le discours social et une méthode d'analyse pour le décrire et en rendre compte.

Sur le plan factuel, empirique, le discours social correspond à « tout ce qui se dit et s'écrit dans un état de société » (Angenot, 1989 : 13), du niveau le plus élémentaire du langage – le fait divers journalistique par exemple – aux productions les plus sophistiquées de la poésie d'avant-garde. Cette réalité empirique est traversée, structurée par un « système régulateur global », des « règles de production et de circulation » (1989 : 13-14). Elle se présente sous la forme d'un ensemble stratifié, formé de niveaux reliés organiquement et hiérarchiquement à partir d'un « noyau

dur » regroupant ce qu'Angenot appelle des « tendances hégémo-
niques » qui lui servent de principes de structuration.

En tant que produit d'un travail d'observation et de mise en
rapport effectué par le chercheur, le discours social se présente
comme une « réalité construite » qui donne un sens aux pratiques
langagières les plus disparates enregistrées sur le plan empirique.

Dans le discours social de l'année 1889 en France, par exemple,
Angenot fait remarquer que, derrière la multiplicité et les contradictions apparentes des récits sectoriels, se profilent deux grandes
constantes sur les plans du registre et du contenu de tout ce qui est
dit et parlé : d'une part un mode de récit, de narration qu'il
qualifie de « gnoséologie romanesque », d'autre part une angoisse
typiquement « fin de siècle » relevant d'une « vision crépusculaire du monde » (1989 : 338) qui s'exprime littérairement à
travers les « romans de la décadence », socialement dans les
théories de la dégénérescence des élites, scientifiquement à travers
le darwinisme social ou la crainte des « détraquements nerveux »
dans une psychologie alors naissante.

Ce sont ces régularités qu'une observation attentive et une
hypothèse globale de lecture permettent de repérer sous la caco-
phonie des discours qui s'affrontent dans les différents champs de
l'expérience collective.

La littérature est un élément constitutif de cet ensemble.
Elle ne jouit d'aucun statut particulier, à tout le moins quand
Angenot fait preuve de la plus grande cohérence théorique. Ce
n'est pas toujours le cas, dans la mesure où il assigne parfois à ce
type de discours une fonction singulière : exprimer ce qui reste
lorsque tout a déjà été dit. En cela, le travail de stylisation littéraire semble échapper au discours social qu'il viendrait exprimer et
symboliser en quelque sorte à distance et en après coup.

Quoi qu'il en soit de ces hésitations, il reste que la théorie
du discours social d'Angenot est intéressante et suggestive en ce
qu'elle met l'accent sur la dimension intertextuelle et interdiscur-
sive des textes littéraires, en ce qu'elle signale leur appartenance à
un ensemble plus large, un discours culturel commun qu'ils
contribuent à produire.

J'en retiens surtout la proposition voulant que les textes de fiction non seulement se nourrissent du discours social mais aussi qu'ils le constituent, qu'ils en forment un élément, un sous-ensemble significatif. Les écrivains se livrent à cette opération à leur manière en prélevant, sélectionnant, intégrant des éléments « romanesques » (personnages, mises en situation, élaborations thématiques et symboliques, etc.) du discours social qu'ils reprennent, réactivent, « transforment » dans un cadre proprement fictionnel et selon les contraintes génériques de la pratique romanesque.

Ces contraintes formelles qui s'exercent sur les écrivains sont liées dans une large mesure, selon Pierre Bourdieu, aux positions qu'ils occupent dans le champ littéraire. Dans cette perspective, leurs œuvres, aussi bien sur le plan de la forme que sur celui du contenu, se présentent d'abord comme des « effets de champ » et c'est à partir de cet ancrage spécifique qu'il faut en rendre raison.

LA LITTÉRATURE COMME EFFET DE CHAMP

La théorie du champ littéraire s'inscrit chez Bourdieu dans le développement d'une réflexion d'ordre épistémologique très générale sur la nature et le statut de la connaissance dans les sciences sociales. Dans *Le sens pratique* (1980), son ouvrage théorique majeur, guère fréquenté par les « littéraires » pressés de tirer des extrapolations et des applications d'une théorie trop vite et trop superficiellement assimilée, Bourdieu définit sa propre position à partir de figures représentant deux pôles, diamétralement opposés, sur cette question : d'un côté Lévi-Strauss, archétype du savant rigoureux, préoccupé exclusivement d'objectivation, se tenant à distance des sujets étudiés, de l'autre Sartre, symbole de l'intellectuel « total », engagé, prenant parti, s'affirmant résolument comme sujet dans ses analyses. Entre ces deux extrêmes, l'objectivité crispée d'un Lévi-Strauss et la subjectivité sans frein d'un Sartre, Bourdieu tente d'opérer un dépassement, sinon une synthèse, qui puisse mieux rendre compte de la nature véritable de la connaissance dans les sciences sociales, irréductible à l'un ou l'autre de ces deux pôles.

Bourdieu reconnaît volontiers que le structuralisme a un grand mérite, celui d'avoir proposé une « méthode », ce qu'il appelle le « mode de pensée relationnel » qui étudie chaque élément de la réalité (sociale, politique, culturelle, etc.) comme partie d'un ensemble, d'un système qui lui donne sa signification et lui assigne une fonction bien déterminée. Cela constitue un « acquis » incontestable. Mais est-ce suffisant ? Rend-on compte ainsi de « toute » la réalité, de la substance concrète des pratiques, de l'expérience vive des hommes ?

Méfiant devant les capacités réelles du structuralisme à rendre raison des pratiques, Bourdieu se montre encore plus critique à l'endroit des méthodes relevant d'une forme ou l'autre d'observation participante fondées sur l'empathie, l'identification, la « proximité » de l'analyste et de son objet. Sartre, à ce titre, lui sert de repoussoir : collé sur ses objets de recherche (qu'il s'agisse de phénomènes historiques, de sujets culturels ou de philosophie), il serait incapable de les envisager avec la distance nécessaire pour accomplir un véritable travail scientifique et il s'enfermerait dans un subjectivisme absolu qui lui ferait littéralement perdre contact avec le réel.

C'est pour sortir de ce qui lui apparaît comme une double et complémentaire impasse que Bourdieu va proposer une perspective différente, une approche originale s'appuyant sur deux concepts pivots, l'habitus et le champ. Ces notions s'inscrivent donc nettement dans le cadre d'un projet de renouvellement de la démarche scientifique dans le domaine des sciences de l'homme et c'est sur cette toile de fond théorique qu'il faut en comprendre la nature et la portée.

L'habitus est défini comme un système « de *dispositions* durables et transposables », comme un « principe générateur et organisateur de pratiques et de représentations qui peuvent être objectivement adaptées à leur but sans supposer la visée

consciente de fins et la maîtrise expresse des opérations
nécessaires pour les atteindre » (Bourdieu, 1980 : 88)[1]. Il s'agit
donc, si l'on veut, d'une attitude générale à l'endroit de l'existence, incorporée dans les individus et engendrant des comportements en quelque sorte « naturels », spontanés à l'endroit des
réalités diversifiées auxquelles ils sont quotidiennement
confrontés. S'incarnant de manière différenciée dans chaque
individu, les habitus sont néanmoins des objectivations d'une
condition sociale communément partagée. En cela ils sont des
« produits de l'histoire », pour reprendre les termes mêmes de
Bourdieu, une réalité sociale connaissant des modulations différentes selon leur constitution dans des individus spécifiques.

Le champ désigne, pour sa part, le lieu de production,
d'exercice et d'expression des habitus. Il définit des espaces
sociaux circonscrits par des pratiques spécifiques. La société est
ainsi formée pour Bourdieu par un ensemble complexe de champs
(champs du politique, du social, du culturel, etc.) qui possèdent un
degré important d'autonomie, qui sont dotés de valeurs, de normes
et de règles de fonctionnement spécifiques, mais qui sont également interconnectés, interreliés dans un système global de régulation où ils sont tour à tour « alliés » ou « adversaires ». Le
champ littéraire, secteur spécifique du champ plus global de la
culture, recouvre ainsi les acteurs sociaux concernés par la
pratique, la reconnaissance et la diffusion de l'« écriture ». Il se
présente dans le monde moderne comme un champ largement
autonome, possédant ses institutions, ses valeurs, ses appareils de
sanction et de reconnaissance. Mais il se déploie toutefois à
l'intérieur du système social, la société capitaliste contemporaine,
qui détermine largement sa propre évolution « interne ».

Bourdieu s'appuie essentiellement sur ces deux concepts
dans la mise au point de ce qu'il appelle, dans *Les règles de l'art*
(1992), la « science des œuvres » qu'il se propose d'élaborer et
qu'il oppose, non sans un triomphalisme parfois agaçant, aux

---

1. J'abrège la définition longue, répétitive et laborieuse de
l'auteur. J'en retiens l'essentiel. C'est Bourdieu qui souligne le mot
« disposition », central en effet dans sa conception.

méthodes traditionnelles d'analyse des textes littéraires et en particulier à l'approche de celui qu'il considère depuis toujours comme son grand rival, Sartre. Il ambitionne de vaincre définitivement celui-ci sur le terrain Flaubert, son ouvrage étant délibérément revendiqué comme un *anti-Idiot de la famille*. À ce titre, ce livre, sans doute la contribution la plus ambitieuse de l'auteur, couronnement d'une longue et souvent fructueuse réflexion, signale de manière aiguë à la fois l'intérêt et les limites de cette entreprise.

Les limites principales en sont, pour moi, les suivantes :

1. *La reconnaissance d'une primauté absolue du champ dans l'explication des œuvres.* Celui-ci ne fournit pas seulement un cadre général et un principe d'intelligibilité au texte, il en est littéralement tenu pour le véritable sujet, l'auteur en titre : « Seule une analyse de la genèse du champ littéraire dans lequel s'est constitué le projet flaubertien, écrit Bourdieu, peut conduire à une compréhension véritable et de la formule génératrice qui est au principe de l'œuvre et du travail grâce auquel Flaubert est parvenu à la *mettre en œuvre* » (1992 : 75-76)[2]. Le champ remplace ici la classe sociale qui jouait chez Lucien Goldmann ce rôle de véritable sujet de la création, mais cela n'est pas pour autant plus satisfaisant. On fait à nouveau abstraction très allègrement, bien qu'en d'autres termes, de l'auteur dans sa subjectivité personnelle déterminée pour une part par sa position dans le champ, bien sûr, mais aussi par des facteurs qui lui échappent, qu'il n'englobe pas, d'ordre biographique et conjoncturel en particulier ;

2. *La réduction de l'œuvre au programme, au projet artistique de l'auteur* qui se livrerait, à travers sa

---

2. Cette proposition est reprise dans de nombreux passages de l'ouvrage, et notamment dans la partie plus proprement théorique et méthodologique (voir, par exemple, p. 318).

réalisation, essentiellement à un travail d'institutionnalisation, que le savant analyste retrace, pour ainsi dire,
en après coup. L'allusion, dans la citation précédente, à
la « formule génératrice » de l'œuvre de Flaubert est à
cet égard éloquente : le fondement de son œuvre est
ainsi la fameuse doctrine de l'art pour l'art, que
Bourdieu appelle parfois une « esthétique pure » et à
quoi il ramène et réduit pour l'essentiel la réalité
concrète et complexe du texte. *Madame Bovary* est une
expression de la doctrine de l'art pour l'art, cela va de
soi, mais en quoi exactement et comment ? L'analyse
de Bourdieu ne s'arrête pas à ces questions, ne prenant
pas en charge les modifications, les oscillations, les
hésitations de l'auteur, les rapports dialectiques entre
l'œuvre et le projet, se contentant le plus souvent de
rabattre le texte sur ce qui semble être sa visée
esthétique ;

3. *L'absence d'analyses de textes conséquentes.* Cette
limite est complémentaire de la précédente, Bourdieu
s'attachant d'abord au programme esthétique qui porte
l'œuvre et très secondairement à son « contenu » et à
sa « forme ». Ainsi, étudiant *L'éducation sentimentale*, il se borne à retraduire dans les termes de sa sociologie l'espace social du roman de Flaubert ; il le
représente même sous la forme d'un tableau (1992 :
23) qui n'est pas sans rappeler ironiquement ces petits
schémas si prisés des critiques structuralistes du début
des années 1970 pourtant vertement répudiés à de
nombreuses reprises dans l'ouvrage[3]. Pour le reste, il

-----

3. Bourdieu écrit par exemple – c'est le cœur de son analyse et sa
limite – que « *L'éducation sentimentale* restitue d'une manière
extraordinairement exacte la structure du monde social dans laquelle
elle a été produite et même les structures mentales qui, façonnées par
les structures sociales, sont le principe générateur de l'œuvre dans
laquelle ces structures se révèlent » (1992 : 59-60). L'interprétation
du roman ne va pas plus loin.

se limite à une analyse psychosociologique du personnage de Frédéric, tenu pour une sorte d'équivalent romanesque de Flaubert, ce qui n'a rien de particulièrement original. Bref, en dépit de ses prétentions à décrire et à expliquer la spécificité du travail littéraire, cette analyse relève pour l'essentiel de ce que l'on a coutume d'appeler la « sociologie des contenus ».

C'est ce qui explique dans une large mesure la déception de nombreux critiques face à une interprétation jugée sommaire et réductrice de l'œuvre de Flaubert[4]. On attendait une théorie des « médiations » fine, complexe, et une analyse textuelle poussée et on se retrouve devant un travail qui tient plus de la monographie sociographique, brillamment conduite bien sûr, que de toute autre chose ;

4. *L'évacuation du hors champ.* Les éléments qui relèvent de la conjoncture (culturelle, sociale, politique) et du biographique ne sont mis à contribution que dans la mesure où on peut en rendre raison à la lumière de leur réfraction dans le champ. Le biographique est pensé en termes de « trajectoire sociale », et celle-ci est définie comme une possibilité objective offerte par le champ. La conjoncture n'est pas ignorée, mais ses effets, ses prolongements sont interprétés en fonction des débats internes du champ tenu pour la variable sociale la plus significative et la plus déterminante. En somme, ce qui ne s'inscrit pas étroitement dans le champ n'est pas totalement évacué, mais considéré comme secondaire et subordonné à la perspective théorique privilégiée par Bourdieu.

------

4. Les sociocritiques, en particulier, se sont révélés particulièrement consternés par le manque de subtilité de la contribution de Bourdieu. Voir notamment la réaction très vive d'une Régine Robin dans le texte de présentation de la revue *Discours social* portant sur « le sociogramme en question », vol. V, n°s 1-2 (hiver-printemps 1993), p. 1-5.

En dépit de ces limites, l'apport de Bourdieu demeure capital sur un plan de l'analyse que j'entends développer dans cette étude du roman de la Révolution tranquille. La théorie du champ, et la méthode qui l'accompagne, permet en effet de déterminer de manière rigoureuse la position des écrivains dans l'espace littéraire.

Cette théorie met en relief la situation des écrivains en tant qu'agents sociaux impliqués dans un milieu fort concurrentiel régi par les lois de la distinction et de l'originalité. Elle facilite la compréhension de leurs prises de position comme intervenants dans les débats du « milieu », elle éclaire leurs choix esthétiques qui déterminent en partie leurs pratiques d'écriture. En cela elle contribue incontestablement à l'explication des textes, mais elle ne saurait être considérée pour autant comme le « noyau dur » d'une interprétation à visée globalisante.

Ce « noyau dur », ce foyer central à partir duquel je compte déployer ma lecture, je l'emprunte essentiellement à Mikhaïl Bakhtine, ou plus justement à ce que j'ai retenu comme les fondements de son œuvre.

L'AUTEUR, LE ROMAN, L'HISTOIRE

La contribution de Bakhtine, en ce qui me concerne, pourrait être synthétisée sous la forme des propositions (et des suggestions de lecture) suivantes :

1. Tout texte, et y compris le roman, doit être perçu comme une production d'auteur. Ce n'est pas d'abord un objet à étudier à la manière de la linguistique ou du structuralisme. Tout texte, écrit explicitement Bakhtine, « a un sujet, un auteur (qui parle, qui écrit) » (1984 : 312) et qui s'adresse à un interlocuteur, présent ou virtuel ;

2. Tout texte en tant qu'énoncé est porteur d'une intention, d'un dessein, d'une visée que l'exécution, la pratique réalise plus un moins complètement. En cela,

il est essentiellement dynamique : il est le lieu d'une tension, d'une lutte entre la visée de l'auteur et sa pratique concrète ;

3. Tout texte implique deux sujets, deux consciences en rapport dialogique dans un contexte d'énonciation spécifique. Il trouve pour l'essentiel son sens et sa substance dans ce contexte qui le marque profondément de l'intérieur et qui, pour reprendre une image très suggestive de Bakhtine, le « sillonne ». Ce contexte, bien entendu, n'est pas direct, immédiat comme dans la conversation quotidienne par exemple ; il est différé car le contact, dans la lecture, s'effectue à travers l'énoncé lui-même, le roman en tant que structure porteuse de l'échange ;

4. Le texte, ainsi conçu, ne peut être étudié hors du « contexte dialogique » dans lequel il est produit. Son analyse doit par conséquent être effectuée sur le mode de la compréhension et le critique doit assumer pleinement sa condition de sujet. L'objectivation, sur le mode des sciences pures ou de la linguistique structurale, ne permet pas de saisir l'essentiel, c'est-à-dire le caractère individuel, spécifique, du texte ;

5. Tout texte, et cela vaut pour le roman plus encore que pour toute autre forme littéraire, est un « reflet subjectif » du monde, une lecture, une interprétation et non sa simple reproduction. Et l'analyste, le critique propose lui-même une lecture qui est le « reflet d'un reflet ». À travers « le reflet d'autrui, note Bakhtine, on va à l'objet reflété » (1984 : 322), c'est-à-dire au monde évoqué et mis en forme par l'écrivain ;

6. Le roman, conçu globalement, est constitué d'énoncés hétérogènes ; il se présente comme un carrefour de langages, à travers les discours différenciés des personnages, les registres d'écriture qu'il utilise, les intertextes littéraires et sociaux auxquels il fait appel : il est fondamentalement polyphonique et l'hybridité est sa loi ;

7. À travers la lecture du roman, j'entre en contact, en discussion avec le monde dont il me parle à sa manière, avec un monde donc profondément investi par un regard et une voix, celle d'un auteur situé dans un contexte nettement circonscrit.

C'est dans le cadre de ce « noyau dur », des indications de lecture stimulantes qu'il suggère qu'il me paraît intéressant d'intégrer les apports de la théorie du discours social mise au point par Angenot et la théorie du champ (littéraire, culturel, etc.) proposée par Bourdieu. Les romans, dans cette perspective, sont conçus et lus comme des productions symboliques d'écrivains appartenant à un champ littéraire spécifique et incorporant, en les transformant, des éléments plus ou moins stratégiques du discours social. L'objet principal de la recherche n'est donc ni le discours social – dont les textes littéraires forment un élément – ni le champ qui est une variable explicative importante, mais non la seule et encore moins la plus déterminante. Cet objet, c'est d'abord le roman lui-même dans ses diverses manifestations, saisi toutefois en acte, pour ainsi dire, dans le contexte d'énonciation dont il est indissociable.

Dans une telle perspective, une analyse globalisante du « roman de la Révolution tranquille » implique :

1. une description et une interprétation à la fois théma-tique et formelle des œuvres mettant en lumière les thèmes significatifs et récurrents de cette production (l'aliénation religieuse et sociale, la quête du sens, la problématique de l'écriture, etc.) aussi bien que les formes dans lesquelles ils sont le plus souvent exprimées (plutôt classique durant les années 1950, puis syncopée chez un Bessette, lyrico-épique chez un Aquin, journalistique chez un Godbout, etc.) ;

2. une analyse du champ littéraire québécois durant la période, comportant un état de la situation du roman au cours de l'après-guerre, un rappel du rapport (de subor-dination, d'opposition ?) du champ québécois naissant au puissant champ français, une évocation du milieu

culturel où et pour lequel cette production romanesque est écrite, et enfin une reconstitution, lorsque cela sera possible, des trajectoires parcourues par les écrivains à travers l'occupation de positions successives ;

3. enfin une prise en considération de la conjoncture et du discours social de l'époque, qui se manifeste principalement dans les leitmotiv de la modernisation (nécessaire) du Québec et de l'affirmation nationale (dans ses diverses expressions).

C'est par là que je commencerai, en dressant un rapide tableau de la Révolution tranquille et de la période qui la prépare immédiatement : le Québec de l'après-guerre.

LA RÉVOLUTION TRANQUILLE

LA RÉALITÉ « EMPIRIQUE »

Phénomène discursif important, abondant, proliférant, la Révolution tranquille ne saurait toutefois être réduite à cela : avant d'être une réalité langagière, elle est d'abord une réalité historique concrète, empirique, se traduisant notamment par la mise en place de réformes sociales, économiques, culturelles, majeures qui transforment globalement le visage du Québec moderne.

La société canadienne-française de l'immédiat après-guerre, on s'en souviendra, est sous la domination de la petite bourgeoisie traditionnelle des professions libérales, qui contrôle les petites villes et les campagnes grâce à un découpage électoral qui la favorise d'une manière scandaleuse. Le parti qui la représente et qui a fait main basse sur l'État, l'Union nationale dirigée par Maurice Duplessis, jouit de l'appui tacite de la grande bourgeoisie canadienne et américaine dans la mesure où le régime accorde la priorité à l'entreprise privée et favorise son expansion en pratiquant, lorsque nécessaire, une politique férocement anti-ouvrière. Face à cette équipe dirigeante, le parti libéral du Québec, qui ne connaît de véritable rayonnement que dans les grandes villes, dont au premier chef Montréal, représente une opposition fragile et sans influence réelle et directe sur le pouvoir.

Cette société canadienne-française, sous la férule de Duplessis, présente les traits suivants[5] :

1. Le système d'éducation, de la base au sommet, est sous le contrôle absolu de l'Église et du clergé. Les communautés religieuses dirigent une large partie des écoles primaires et secondaires du réseau public. Elles dominent complètement le réseau des fameux collèges classiques qui forment les élites dirigeantes de l'époque. Ce système comporte lui-même une subtile hiérarchie interne, avec au sommet les collèges dirigés par les jésuites, et à la base ceux animés par les communautés de « frères » enseignants (frères des Écoles chrétiennes, maristes, etc.). Les universités sont dotées de chartes pontificales, leurs recteurs sont nommés par l'archevêché et le catholicisme en est la matrice idéologique ;

2. Les établissements de santé présentent le plus souvent un caractère privé et clérical. Placés sous la direction de communautés religieuses, ces « hôpitaux des sœurs » accordent un accès différentiel aux malades, donnant la priorité aux « riches » qui peuvent se payer des soins de santé, reléguant les autres aux bons soins de la charité, publique ou privée ;

3. Sur le plan social, l'exercice des libertés démocratiques et syndicales est très étroitement limité et circonscrit par un formidable appareil législatif et répressif délibérément anti-ouvrier. Un long processus de conciliation et de médiation est exigé préalablement à tout exercice du droit de grève dans le secteur privé. Les fonctionnaires, les enseignants et autres employés de l'État ne sont pas syndiqués et le droit de grève est

---

5. Je rappelle ces traits très schématiquement, m'en tenant au strict nécessaire pour les fins de mon analyse.

interdit dans le secteur public. Les différends et les oppositions entre les syndicats et le gouvernement sont réglés par arbitrage. Et la police intervient brutalement lorsqu'il y a malgré tout des débrayages. Dans ce contexte de « paix sociale » forcée, toute manifestation d'opposition prend figure de « guerre civile » et est traitée comme telle : les grèves de l'époque (Asbestos, 1949, Louiseville, 1952-1953, Murdochville, 1957), inévitablement réprimées par la police, en constituent d'éloquentes illustrations ;

4. Le libéralisme économique est la doctrine officielle du régime. La glorification de l'entreprise privée est au cœur de son credo politique, accompagnée par un refus complémentaire de l'intervention de l'État. Celui-ci s'efface au profit du grand capital américain qui s'investit massivement dans le secteur des « richesses naturelles » : amiante, fer, cuivre, pâtes et papiers, etc. ;

5. Le « noyau dur » du discours idéologique tenu par le régime et ses alliés est essentiellement formé d'un nationalisme défensif, protectionniste. L'« autonomisme » revendiqué bruyamment par Duplessis en est la principale traduction : il faut, comme on dit, que le Canada français « reprenne son butin » perdu au profit d'Ottawa. Le Québec est perçu essentiellement comme une communauté française, rurale et catholique à protéger du monde moderne. En cela, le duplessisme apparaît comme un prolongement naturel de la pensée de Lionel Groulx sur le terrain immédiatement politique. Il garde l'essentiel de la doctrine et en fait un usage abondant et répétitif dans les discours publics qui servent de rituels liturgiques à ses pratiques et à ses politiques[6]. Pour l'Union nationale, à la fin des années

---

6. Sur les rapports entre le duplessisme et le « groulxisme », et de manière plus générale sur le discours social de la période, on se

1950, et contre toute évidence, le Québec est toujours une société rurale, catholique et traditionnelle.

Ce monolithisme, revendiqué et claironné de manière obsessionnelle dans les discours, n'est toutefois pas total dans la réalité. Il apparaît fissuré, lézardé, miné de l'intérieur par des forces d'opposition diverses qui vont se manifester de plus en plus nettement au fil des années et remettre en question, idéologiquement et politiquement, le bloc au pouvoir. L'opposition au régime prend diverses formes. Sur le plan explicitement politique, elle s'incarne surtout dans le parti libéral du Québec qui a alors une direction bicéphale, partagée entre Georges-Émile Lapalme et Georges Marler : le premier représente la moyenne bourgeoisie francophone de Québec et de Montréal, le second défend les intérêts de la bourgeoisie anglophone « progressiste ». Sur le plan social, l'opposition s'exprime à travers les luttes du mouvement syndical qui présentent souvent une dimension politique dans la mesure où elles suscitent l'intervention du pouvoir et de la police. Sur le plan intellectuel, l'opposition recrute largement dans les organismes fédéraux du secteur culturel : l'ONF (Office national du film) et Radio-Canada qui comptent de nombreux adversaires du régime.

C'est de ce milieu que proviennent pour l'essentiel les animateurs des grandes revues critiques de l'époque. *Cité libre,* fondée en 1950, est en effet dirigée et animée par des journalistes comme Gérard Pelletier ou René Lévesque, des intellectuels près des milieux universitaires comme Pierre Elliott Trudeau et des syndicalistes comme Jean-Paul Lefebvre ou Pierre Vadeboncœur, alors conseillers syndicaux à la CTCC (Confédération des travailleurs catholiques canadiens), ancêtre de la CSN. *Liberté,* à la fin des années 1950, sera de même créée pour une part par des intellectuels des milieux culturels précités et par des écrivains réformistes.

---

reportera avec profit à l'ouvrage magistral de Pierre Popovic, *La contradiction du poème,* publié en 1992.

Sur le plan plus étroitement littéraire, la contestation de la domination, pour n'être pas explicitement revendiquée et proclamée, n'en est pas moins très réelle. Le nouveau roman « urbain » exprime une réalité différente de la définition traditionnelle du Canada français : l'univers citadin existe, quoi qu'en disent les discours officiels, et il représente désormais la dimension la plus significative du Québec moderne. Le roman psychologique (dans les œuvres de Robert Élie, Robert Charbonneau ou André Giroux) témoigne de la complexité de l'homme canadien-français et du monde dans lequel il vit et évolue, se situant ainsi à cent lieux du personnage d'« homme carré » évoqué par la littérature traditionnelle. Ce romanesque prend même la forme de l'existentialisme sartrien dans la célèbre trilogie d'André Langevin écrite au milieu des années 1950. Enfin, dans le sous-champ de la poésie, *Refus global* fera entendre en 1948 une clameur insurrectionnelle marquant une rupture décisive que les poèmes de Claude Gauvreau, Gilles Hénault, Gaston Miron exprimeront sur le plan symbolique.

Tous ces opposants, de quelque horizon qu'ils proviennent, s'entendent pour dénoncer le système scolaire considéré élitiste et antidémocratique ainsi que la pédagogie étouffante, disciplinaire et militariste qui le supporte. Ils se livrent également à la critique d'un pouvoir clérical jugé trop considérable, excessif et ils réclament davantage de place et de responsabilité pour les laïcs. Portée par des clercs progressistes, comme Gérard Dion et Louis O'Neil, auteurs d'essais prônant une plus large part de démocratie pour les simples fidèles, cette contestation demeure toutefois limitée ; ce qui est mis en cause, ce n'est pas la foi, mais les institutions qui la véhiculent et trop souvent la dénaturent. Cet anticléricalisme débonnaire sera relayé par un anticléricalisme antireligieux seulement au début des années 1960 à travers l'action du Mouvement laïque de langue française (MLF) et les charges oratoires agressives de son plus célèbre animateur, Jacques Godbout. Enfin tous s'entendent également pour faire le procès du nationalisme profondément conservateur et autarcique de l'Union nationale qui leur semble tout à fait anachronique, à contre-courant de l'évolution des sociétés contemporaines.

Le « programme » des opposants comprend un certain nombre de réformes tenues pour tout à fait capitales. Ils réclament d'abord la démocratisation du système politique, et très concrètement la refonte d'une carte électorale qui avantage scandaleusement les électeurs ruraux et la bourgeoisie régionale francophone. Ils exigent que les systèmes d'éducation et de santé deviennent publics et démocratiques, questionnant ainsi le pouvoir clérical sur ces institutions vitales. Ils préconisent enfin une politique plus ouverte à l'endroit du mouvement syndical, excluant la répression juridique et policière, et faisant place à la syndicalisation des employés de l'État et des enseignants. Bref, on propose tout un arsenal de réformes démocratiques susceptibles de placer résolument le Québec à l'enseigne du moderne, et ce sur tous les plans.

C'est ce programme qui connaît un triomphe électoral avec la victoire des libéraux dirigés par Jean Lesage en juin 1960. Il s'agit d'une victoire préparée de longue main, qui a couvé souterrainement dans la société extérieurement hyper-contrôlée et domestiquée de Duplessis et qui n'a donc rien d'un événement subit, miraculeux, providentiel : il trouve, bien au contraire, son ancrage concret dans les contradictions du Québec de l'après-guerre.

Cela étant, on aurait tort de sous-estimer les bouleversements et les transformations majeurs opérés par « l'équipe du tonnerre » qui, durant six ans (de 1960 à 1966) va traiter cette société comme un véritable chantier. Parmi les réalisations de cette période effervescente, je signale très rapidement (et de manière forcément grossière) les suivantes :

1. La réforme du système d'éducation. Jugé anachronique, inadapté aux réalités du monde moderne, l'appareil scolaire sera soumis à l'examen serré d'une Commission royale d'enquête nommée en 1962 et placée prudemment sous la présidence d'un évêque, Mgr Parent, ancien recteur de l'Université Laval. Cette commission signale l'urgence d'une réforme en profondeur du système et propose la création d'un ministère de l'Éducation, qui sera mis sur pied en 1964. L'essentiel

des institutions que nous connaissons aujourd'hui sera édifié dans les années suivantes : création des écoles polyvalentes au niveau secondaire, des collèges publics au niveau préuniversitaire et du réseau de l'Université du Québec. L'école devient ainsi publique et démocratique à tous les niveaux ;

2. La mise sur pied de l'assurance-hospitalisation qui assure à tous l'accès gratuit aux services de santé. Les hôpitaux privés, dirigés par les sœurs, à accessibilité restreinte et sélective, deviennent publics et accessibles à tous ceux qui connaissent des problèmes de santé ;

3. La nationalisation des compagnies privées d'électricité. Ces entreprises, qui jouissent d'une situation de monopole sur le plan local et régional, sont achetées par l'État et deviennent propriété publique à la suite de la campagne électorale de 1962 dont cette question constitue le principal enjeu. Cette lutte politique se déroule à l'enseigne d'un nouveau nationalisme en émergence qu'exprime merveilleusement le slogan électoral des libéraux : « Il nous faut être maîtres chez nous. » Elle fournit également une occasion en or à René Lévesque pour s'imposer au sein du gouvernement de Lesage dont il devient une figure dominante ;

4. La mise sur pied de sociétés par l'État qui, à travers elles, intervient directement dans la régulation et la gestion des activités économiques. Sont ainsi constituées au fil des années une société d'investissement, la Société générale de financement (SGF) et des entreprises fort actives notamment dans les domaines minier (Société québécoise d'exploitation minière (SOQEM), pétrolier (Société québécoise d'initiative pétrolière (SOQIP) et forestier (Régie d'exploitation des forêts (REXFOR) ;

5. Une amorce de planification économique à travers l'expérience conduite en Gaspésie par le Bureau

d'aménagement de l'Est du Québec (BAEQ) et, sur le plan provincial, la constitution d'un Conseil d'orientation économique formé de représentants du patronat, du mouvement coopératif et des syndicats. Ces initiatives, qui s'avérèrent d'une efficacité pour le moins discutable, témoignent cependant des préoccupations nouvelles de l'État pour les questions économiques. Ce qu'on appellera plus tard l'État providence se substitue progressivement à l'État de laisser-faire du régime antérieur.

C'est donc une authentique « révolution », une transformation majeure qui se déroule durant ces années « glorieuses », investissant les dimensions centrales de la société. La vie culturelle est ainsi changée à travers la création des ministères de l'Éducation et de la Culture. La vie sociale est substantiellement modifiée par la mise sur pied de l'assurance-hospitalisation et les réformes dans le système de sécurité sociale. Et la vie économique est l'objet d'une réappropriation par l'État et les citoyens qui s'impliquent sur un terrain qui leur échappait largement durant les décennies antérieures.

Ce processus global de modernisation est accompagné par l'émergence d'une nouvelle conscience politique. C'est durant cette période que surgit le néo-nationalisme offensif, conquérant, du Québec contemporain, fondé non pas sur un désir de survivance, comme naguère, mais plutôt sur une volonté de libération et de dépassement. Je n'insiste pas sur cette dimension que j'évoque largement ailleurs dans cet ouvrage. Je tiens seulement à rappeler que modernisation et prise de conscience nationale vont alors de pair : elles constituent les deux principales variables du mouvement de fond qui secoue et transforme radicalement cette société.

Les interprétations : processus social ou effet discursif ?

Les analystes, dans l'ensemble, ne contestent pas le caractère social, objectif, bien tangible, de la Révolution tranquille. On voit mal comment on pourrait réduire ce phénomène à un pur effet rhétorique, si ce n'est en sombrant dans un pur nominalisme. Cela dit, il reste qu'il y a des débats chez les historiens et les sociologues sur la nature exacte de ce processus. Cette « révolution » consiste-t-elle d'abord en une transformation sociale et économique ou en un changement culturel et discursif ? Les interprétations diffèrent assez largement là-dessus, rendant compte à leur manière du caractère pluridimensionnel de cette décisive période de transition. Ces interprétations de divers ordres peuvent être regroupées à l'intérieur de quatre grandes catégories.

La première interprétation, qu'on peut qualifier d'« économiste », a été proposée par des sociologues d'inspiration marxiste au cours des années 1970 et par des politicologues et historiens d'allégeance « libérale » plus récemment. Au-delà de leurs divergences inévitables, ces deux courants s'entendent sur la nature foncièrement économique de la Révolution tranquille.

Dorval Brunelle, dans *La désillusion tranquille* (1978), insiste longuement sur l'importance des facteurs économiques dans la genèse du processus qui aboutit au mouvement de réforme des années 1960. Celles-ci, aussi justifiées soient-elles par les impératifs du monde moderne, sont d'abord le produit d'une nouvelle classe sociale, la bourgeoisie francophone alors en pleine émergence qui accède au pouvoir, en alliance avec le grand capital anglo-américain, et « contre » les classes dominées de la société québécoise.

Dans cette perspective, la Révolution tranquille est essentiellement le produit de la bourgeoisie montante, à qui elle profite surtout, et de la couche des technocrates qui trouve largement son compte dans l'élargissement de l'appareil gouvernemental[7]. Elle se fait par ailleurs au détriment des couches salariées

---

7. Dans un ouvrage paru en 1992, *Québec : au-delà de la Révolution tranquille,* Alain-G. Gagnon et Mary Beth Montcalm qualifient ces acteurs sociaux de « nouvelle classe moyenne », exerçant une influence décisive sur la scène politique.

dont le pouvoir d'achat connaît au mieux une stagnation, qui s'apparente à un recul, durant les années 1960.

La Révolution tranquille ne représente donc pas pour Brunelle une authentique avancée démocratique. Ses réformes, malgré leur intérêt, ne mettent en cause ni les fondements du pouvoir ni son exercice à l'avantage des classes possédantes. Aussi est-elle considérée comme une « désillusion tranquille », pour reprendre le titre de son ouvrage, comme un échec, car les rapports de classe n'ont pas été substantiellement modifiés à l'avantage de la classe ouvrière et de ses alliés, marginalisés dans cette entreprise d'abord et avant tout bourgeoise.

La seconde interprétation, d'ordre « culturel », se présente comme l'antithèse, l'envers de cette lecture économiste. Elle soutient, à l'encontre de celle-ci, que la Révolution tranquille traduit d'abord un changement dans l'univers des valeurs, des représentations et des mentalités de la société québécoise. Sous l'influence des moyens de communication modernes, et en particulier de la télévision, massivement présente depuis le milieu des années 1950, celle-ci aurait adopté une nouvelle vision du monde largement déterminée par les valeurs et le style de vie américains. Dans cette optique, la culture, au sens anthropologique, en tant que rapport global à l'expérience, se présente comme une composante fondamentale du social, à partir de laquelle on peut essayer de comprendre et d'expliquer les transformations historiques les plus fondamentales qui affectent une société.

Le Québec aurait ainsi connu une mutation radicale depuis l'après-guerre, son univers de références symboliques ayant été totalement modifié et chambardé. La crise d'Octobre 1970, pour un Fernand Dumont qui est le principal représentant de ce courant interprétatif, exprimerait de manière exacerbée, sur un mode outrancier relevant de la fièvre et du délire, la crise profonde d'une société qui n'a pas digéré les changements subits, mais non véritablement incorporés, depuis la période de l'après-guerre : « Une société, écrit-il dans *La vigile du Québec,* qui a changé très vite, et qui n'a pas digéré à mesure ses transformations rapides, devait se heurter tôt ou tard à un bilan dont le prétexte pouvait être n'importe quoi » (Dumont, 1971 : 164).

Ces transformations, pour Dumont, sont d'abord d'ordre idéologique, spirituel, intellectuel. Le Québec a alors balancé d'un revers de la main ses références traditionnelles et les a remplacées par de nouvelles valeurs adoptées trop vite, sans examen et sans intégration dans une vision du monde cohérente. Il a de même troqué bien légèrement son nationalisme de survivance de naguère contre un tout nouveau emprunté très et trop allègrement aux schémas contemporains de la décolonisation. Ce faisant, il a vécu une véritable révolution culturelle qu'il convient d'interroger à la lumière du puissant révélateur que constitue la crise d'Octobre 1970.

Cette analyse d'inspiration culturelle est partiellement reprise dans l'interprétation « psychanalytique » soumise par Heinz Weinmann dans son ouvrage d'ensemble sur les rapports Canada-Québec (1987). Il s'agit toutefois ici d'une relecture globale de l'Histoire du Québec, de la Conquête à la Révolution tranquille, à la lumière de la théorie du « roman familial » élaborée par Sigmund Freud et reprise par Marthe Robert dans ses analyses du roman européen.

Le Québec est perçu et décrit comme un individu connaissant une croissance favorisée ou entravée, selon le cas, par des « parents » incarnés en l'occurrence par la France et l'Angleterre coloniales d'abord, par l'Église ensuite. Dans le schéma historique dressé par Weinmann, les « Canadiens » éprouvent une prise de conscience nationale au moment de la conquête britannique. Écrasés au cours des événements de 1837-1838, ils deviennent des « Canadiens français » dominés, aliénés, pratiquant un nationalisme frileux, défensif qui les empêche de s'épanouir pleinement. Ils demeurent par la suite sous la coupe de leurs nouveaux « parents » portant soutane et vivent en quelque sorte ployés sous le regard d'un Dieu férocement paternaliste.

Au moment de la Révolution tranquille, c'est, parmi d'autres, ce joug clérical qui est secoué : tous les parents (Paris, Londres, l'Église de Rome) sont rejetés en bloc et le « meurtre fondateur », celui qui permet d'accéder à la pleine historicité et à la totale possession de soi, se réalise à travers l'assassinat de Pierre Laporte, véritable victime expiatoire dans le scénario de

Weinmann. Le nouveau moi québécois, débarrassé de ses antécédents canadiens, peut désormais se manifester sans entraves. Selon cette interprétation, la Révolution tranquille représente donc un moment décisif, celui de l'accouchement, non sans douleur, du moi adulte québécois. Cette analyse reprend au fond, en termes psychanalytiques, la lecture nationaliste de l'Histoire du Québec, mais d'une manière audacieuse et risquée. Risquée, car en rabattant le collectif sur l'individuel, en tentant de l'expliquer à l'aide d'une conception centrée sur la personne, aussi socialisée soit-elle, elle fait l'économie de facteurs proprement historiques et évalue l'évolution des sociétés à partir d'une norme (un modèle idéal de développement individuel et familial) qui leur est largement étrangère.

En cela, ce mode d'analyse qui procède par analogie, qui transfère sans ajustements une méthode, opératoire dans le champ où elle a été élaborée, dans un autre secteur où sa pertinence est loin d'être reconnue, est non seulement discutable, mais, à mon avis, extrêmement douteux sur le plan théorique. Quoi qu'il en soit, cette interprétation contient tout de même une part de vérité comme l'atteste le discours très fortement identitaire de cette période.

Le quatrième ordre d'explication insiste sur le caractère « discursif » de la Révolution tranquille. Dans cette optique, on aurait affaire autant à un « récit » qu'à un processus social empirique.

Pour un Jocelyn Létourneau, par exemple, la Révolution tranquille, effectuée par la nouvelle classe technocratique, serait indissociable du regard rétrospectif porté par celle-ci sur sa grande œuvre de transformation sociale[8]. Cette nouvelle classe est dirigée

---

8. Jocelyn Létourneau a publié plusieurs articles sur ce sujet. Se reporter plus particulièrement aux textes suivants : « Le Québec moderne : un chapitre du grand récit collectif des Québécois », *Discours social/Social Discourse,* vol. IV, n°s 1-2 (hiver 1992), p. 63-88, et « La mise en intrigue, configuration historico-linguistique d'une grève célébrée : Asbestos, P.Q., 1949 », *Recherches sémiotiques/Semiotic Inquiry (RSSI),* vol. XII, n°s 1-2 (1992), p. 53-71.

par une intelligentsia se recrutant pour l'essentiel dans les milieux intellectuels et universitaires des années 1950-1960. Elle comprend des journalistes comme Gérard Filion ou Gérard Pelletier, des universitaires comme Jean-Charles Falardeau ou Georges-Henri Lévesque, des hommes politiques « réformistes » comme Georges-Émile Lapalme ou Paul Gérin-Lajoie. Cette intelligentsia exerce un effet contagieux sur de nombreux fonctionnaires de niveau intermédiaire qui s'impliquent activement dans la modernisation de l'État québécois.

Leur action provoque le passage rapide de cette société au monde moderne régi par la raison. Le paradigme traditionnel de la société canadienne-française, fondé sur l'exaltation de la foi, de la tradition et de l'Église qui incarne ces valeurs éternelles, est remplacé par un nouveau paradigme reposant sur le culte du moderne, de la raison et de l'État libéral qui porte ces valeurs sur le terrain empirique. À travers cette « révolution », la vieille société canadienne-française connaît une véritable mutation, devenant un authentique État national et moderne.

Ce changement, provoqué et géré par les technocrates, se déroule également à leur avantage. Principaux animateurs du mouvement, ils en sont aussi les principaux bénéficiaires en tant que groupe social constitué. Et leur prise de pouvoir, leur mainmise sur l'État, s'opère au détriment des non-intervenants, des non-acteurs que sont alors les agriculteurs et les ouvriers des centres urbains.

Leur victoire comporte en outre une dimension discursive dans la mesure où ils se font les interprètes autorisés de la période, dans laquelle ils voient un important bond en avant de l'ensemble de la société, diluant ainsi leur propre ascension dans le cadre plus général d'un processus global dont ils n'auraient été qu'un modeste rouage.

Ce type d'analyse, malgré son intérêt réel, pose problème dans la mesure où il tend à remplacer l'analyse de la réalité empirique, de la pratique sociale, par l'étude des discours qui l'accompagnent. Or si le discours social, en l'occurrence celui pris en charge par les technocrates, constitue incontestablement un élément décisif de la vie en société, il ne la résume pas, ne la synthétise pas totalement. Si bien qu'il reste à penser et à poser concrètement le rapport entre formation discursive et formation sociale.

Ce rappel sommaire permet de mieux comprendre le caractère pluridimensionnel de la Révolution tranquille, phénomène économique, social et réalité culturelle et discursive. Comment les romanciers, qui sont également des acteurs sociaux, représentent-ils cette transformation multiforme, comment la donnent-ils à lire à travers leurs histoires ? En quoi celles-ci nous éclairent-elles sur la nature « existentielle », telle qu'exprimée au niveau individuel, de cette expérience collective ? C'est ce que l'examen de la production romanesque dans ses diverses manifestations devrait nous aider à saisir. Je me limiterai toutefois ici à l'analyse d'un premier prélèvement de quelques textes particulièrement intéressants et significatifs ; une étude plus exhaustive suivra dans un ouvrage d'ensemble.

MUTATIONS DE L'IMAGINAIRE ROMANESQUE

LE RÉALISME CRITIQUE DE PIERRE GÉLINAS

En 1959, Pierre Gélinas, ancien militant syndical, ex-responsable des publications du parti communiste canadien, section Québec, publie un premier roman, *Les vivants, les morts et les autres,* qui peut être lu, pour une part, comme un témoignage, sur le mode fictionnel, sur son expérience dans un univers communiste encore sous contrôle stalinien durant les années d'après-guerre. Le roman obtient le Prix du Cercle du livre de France, qui représente alors la plus grande distinction dans le champ littéraire québécois, mais reçoit un accueil mitigé de la critique.

Gilles Marcotte, qui est déjà un critique majeur au *Devoir,* se montre fort réservé, estimant, le 14 novembre 1959, que le roman fait la preuve qu'« il ne suffit pas d'être intelligent et sincère, ni même de savoir écrire, pour devenir romancier ». Il pointe plus particulièrement ce qui lui semble les deux défauts importants de l'ouvrage : l'absence d'une description exhaustive du monde communiste, elle-même due à une seconde lacune, soit l'évocation insatisfaisante des raisons profondes qui motivent l'engagement du héros du roman. Maurice Arguin, 20 ans plus tard, reprendra pour l'essentiel le propos de Marcotte dans un article du troisième tome du *Dictionnaire des œuvres littéraires du Québec (DOLQ)*, en y ajoutant cependant une nouvelle réserve concernant la présence de « messages » dans le récit, digressions déplorables qui nuiraient à l'action et tireraient le roman du côté de la thèse. *Les vivants, les morts et les autres,* en somme, ne correspond ni aux critères et aux attentes de la critique à l'aube de la Révolution tranquille, ni aux normes et aux valeurs de ceux qui en prennent une nouvelle mesure par la suite et qui avalisent le jugement et le classement originels de l'institution littéraire.

Une relecture du roman à la lumière de la problématique soumise précédemment en permettrait-elle un nouvel éclairage, une compréhension différente et, du coup, une réappréciation de sa place et de son importance dans l'histoire de la production romanesque de cette période ? C'est la question centrale à laquelle la réinterprétation que je propose permettra peut-être de répondre.

*   *   *

Le roman, sur le plan de la composition, se présente sous une forme assez classique. Son argument principal est mis en place dans un prologue qui évoque les deux espaces sociaux antagonistes du récit : l'univers de la classe ouvrière, symbolisé par le travail en forêt des bûcherons, l'univers de la bourgeoisie, incarné dans l'entreprise de textile possédée par le père du héros, un industriel et un notable respecté de la ville de Québec. L'argument est ensuite développé dans trois parties : la première centrée sur l'initiation du héros au monde concret du travail, du syndicalisme et de l'action politique, la seconde, sur son ascension et sa reconnaissance par les forces vives du milieu représentées par le parti communiste qui l'adopte et dont il devient progressivement un « responsable », un permanent affecté aux tâches d'information et d'éducation politiques, la troisième, sur la crise qui l'assaille au moment du rapport Khroutchev, en 1956, lui faisant perdre ses illusions et quitter définitivement le parti. Le roman épouse donc la forme canonique du récit d'apprentissage. Il est construit à même la reconstitution du parcours d'un personnage incarnant une trajectoire possible (bien que peu fréquentée) pour un jeune intellectuel d'origine bourgeoise durant la période duplessiste. Il décrit ce parcours dans un espace social et politique rarement représenté dans notre littérature romanesque, alors comme aujourd'hui. Il réalise et rencontre, à sa manière, les critères du réalisme critique tels que les concevait György Lukács, mettant en scène des « personnages typiques » dans « un monde en transformation », en plein bouleversement.

Le héros, Maurice Tremblay, fils de bonne famille, ayant fréquenté l'université, destiné à un avenir prometteur dans l'entreprise de textile dirigée d'une main de fer par son père, rompt avec cet univers sécurisant et s'engage dans une longue marche pour se changer et révolutionner le monde. Son itinéraire se déploie à travers plusieurs étapes, plusieurs expériences qui marquent autant de jalons dans sa prise de conscience de l'univers bien réel du travail et des luttes des hommes pour vaincre les pesanteurs sociales qui s'opposent à leur plein épanouissement.

La première étape est marquée par la découverte de la forêt et de l'exploitation des bûcherons. Dans une petite ville fermée de l'Abitibi, coupée du reste du Québec, les travailleurs du bois affrontent des patrons coriaces qui répliquent à leurs revendications par le chantage et le recours à la police provinciale. Le roman met en scène un épisode d'une grève ponctuée de violence dont le spectacle trouble le héros, frais émoulu de la faculté des sciences sociales, peu habitué à la rudesse de ce type de rapports sociaux. Maurice est en effet dépeint comme un idéaliste s'étant jeté dans le syndicalisme « comme on choisit d'être missionnaire » (Gélinas, 1959 : 10), par enthousiasme, par conviction en quelque sorte mystique, mais sans connaissance concrète du monde ouvrier au contact duquel il éprouve sa singularité, sa marginalité : il lui appartient par ses choix syndicaux et politiques, il lui demeure étranger par son appartenance de classe. Son apprentissage peut être vu ainsi comme une tentative de faire coïncider ces deux réalités qui, à priori, présentent un caractère contradictoire.

De l'Abitibi, l'action du roman passe ensuite à Montréal, dans l'univers de la grande entreprise industrielle, et plus précisément celui des filatures, qui constitue également un lieu clos dans lequel le destin des ouvriers apparaît fixé de toute éternité. Ce nouvel espace social est symbolisé par le principal personnage « secondaire » du récit, une jeune femme du milieu ouvrier, Réjeanne Lussier, qui tente d'échapper à sa condition, ou plus justement de la transformer par le militantisme syndical. À travers son engagement dans l'Union des travailleurs du textile, dont il est devenu un employé permanent, Maurice fait la connaissance du monde de Réjeanne. C'est avec « l'ardeur d'un apôtre », et à travers un « halo romantique » qu'il conçoit son action auprès des travailleurs, rêvant même de syndiquer les ouvriers de l'entreprise familiale dirigée par son frère aîné, victimes à ses yeux d'un despotisme patronal sans entraves. Il renie ainsi définitivement sa famille et il la remplace par une nouvelle, formée des exploités et des dépossédés de la terre, qu'il découvre avec « émerveillement » comme un « nouveau monde... conçu comme une terre idéale » (1959 : 40). Dès lors, son implication devient totale et est vécue sur un mode fortement religieux, Maurice se métamorphosant en véritable croisé au service de sa nouvelle croyance en une humanité régénérée.

Son action va prendre une signification supplémentaire avec la découverte du Mouvement communiste, à travers l'implication de celui-ci dans des organismes comme le Mouvement de la paix qui tient alors d'énormes rassemblements un peu partout dans le monde. Maurice participe à la mise sur pied d'un grand événement pancanadien de protestation contre la guerre qui a lieu à Toronto. Délégué par son syndicat, s'étant rapproché dans le travail quotidien du parti communiste, il se retrouve bientôt un des principaux organisateurs du congrès qu'il prépare dans un état de « bonheur extatique », heureux de contribuer à la marche en avant de l'Histoire et de faire partie désormais d'une vaste famille dirigée par les camarades et frères que sont pour lui Mao Tsê-Tung et Staline. Au cours de cette grande messe, il prend même la parole au nom du Canada français progressiste, sanctionnant du coup publiquement l'engagement de son existence « sur une voie sans retour » qui le déporte à mille lieues du monde de ses origines.

À la suite du congrès de Toronto, Maurice devient membre en règle du parti communiste, fasciné par l'apparent dévouement total des militants et dirigeants du parti qu'il se représente comme des « Chrétiens des catacombes », préparant une nouvelle civilisation fondée sur l'entraide et la solidarité, l'édifiant sur les ruines et les décombres d'un ordre social en pleine décomposition auquel il reste à donner le coup de grâce définitif. Au début, Maurice admire donc les dirigeants du parti dont il ne découvrira que plus tard et progressivement les dimensions inavouables, les désirs de pouvoir et de reconnaissance dissimulés derrière des actions effectuées de manière apparemment tout à fait désintéressée. Auparavant il s'impliquera toutefois à fond tant dans l'animation de grèves d'importance historique comme celles du textile ou de Dupuis frères, au milieu des années 1950, que dans l'action politique au service du parti, notamment au cours des élections de 1956 qui consolident le pouvoir absolu de Duplessis au détriment du parti libéral et de l'ensemble des forces de progrès au Québec.

Comment rendre compte de cette trajectoire singulière, comment expliquer ce reniement des origines familiales et sociales, cette reconversion dans une action politique en quelque sorte « contre-nature » ? Pour ce faire, le narrateur-auteur remonte à l'adolescence, à l'atmosphère du collège classique éprouvé comme entreprise de renonciation à sa vérité et à ses idéaux d'enfance, à la faillite qu'aurait signifiée pour Maurice une « réussite » à la manière de son père, chevalier d'industrie capitaliste, aux contre-exemples fournis par des amis de collège et d'université devenus conformistes, parfaitement intégrés à la société dominante.

Sur un mode très balzacien, qu'il utilise à quelques reprises dans le roman, le narrateur explique ainsi l'évolution de Maurice, et plus largement de l'ensemble des adolescents :

L'adolescent se définit de l'extérieur de l'univers, il y voit ce qu'y prêtent ses rêves, des sommets prodigieux de courage, des abîmes de turpitude, sans plateaux, sans vallée, car tout y est excessif ; il a des émerveillements et des désespoirs sans mesure. Et puis un jour, sans qu'on sache comment, on n'aperçoit plus ni abîmes, ni sommets, mais des crevasses et des monticules si modestes qu'il apparaît de plus en plus indifférent de les distinguer ; on ne se fait guère de mal en tombant, on ne découvre en grimpant aucun horizon nouveau ; rien n'étonne plus et guère plus ne vaut la peine qu'on s'afflige. On accepte cette perspective nouvelle ; il est rare qu'on s'interroge sur l'étrange phénomène qui l'a substituée à celle de l'adolescence. Qu'est-ce que la maturité ? Le rajustement de soi aux « autres » […] C'est ce qu'on appelle devenir humain, se mettre à l'échelle des hommes, dont le réconfort est d'être semblables les uns aux autres (Gélinas, 1959 : 208-209).

Bref, devenir un homme, c'est se conformer à l'ordre établi. C'est ce choix « naturel », spontané, que Maurice récuse obscurément et instinctivement durant l'enfance et l'adolescence et qu'il rejette ensuite explicitement et avec véhémence à l'âge adulte. C'est ce qui assure sa singularité dans le contexte social évoqué par le roman.

Gélinas reprend donc, en le subvertissant, un élément clé du discours social hégémonique durant le règne de Duplessis. Il met en scène le collège classique non pas pour en faire l'éloge à la manière des romanciers conservateurs ou encore pour le questionner en tant que foyer d'intolérance morale, facteur de culpabilité comme le font alors les romanciers « psychologues » d'obédience chrétienne et libérale comme Robert Charbonneau et Robert Élie ou d'inspiration « existentialiste » comme André Langevin : il le représente de manière « critique » et « matérialiste » comme inadapté au monde moderne, aveugle aux problèmes et aux défis empiriques posés par le travail et son exploitation en société capitaliste. De même, s'il conserve une symbolique et une rhétorique religieuses, c'est pour faire comprendre la vraie nature et la profondeur de l'engagement de son héros qui accommode d'une manière bien personnelle le message évangélique chrétien, le mettant au service de la promotion de la classe ouvrière.

C'est cette foi laïque qui s'écroule à la lumière des révélations contenues dans le rapport de Khroutchev sur la véritable nature du communisme stalinien. Maurice est alors, en 1956, parfaitement intégré dans la structure hiérarchique du parti qui est devenu sa vraie famille. Il y trouve ses raisons de vivre et de lutter contre « la répression policière, l'opprobre de la société, la peur, la malédiction des familles, l'excommunication, les défaites successives » (1959 : 286), porté par une foi qu'aucun doute sérieux n'est encore venu ébranler. C'est ce noyau stable de croyances qui est secoué par le célèbre rapport, déclenchant toute une série de discussions et de confrontations parmi les membres du parti, de la base au sommet de la pyramide. Maurice, impliqué jusqu'au cou dans la campagne électorale provinciale de 1956, se montre d'abord peu concerné par le débat auquel il n'échappera toutefois pas après la défaite cuisante que connaît le parti communiste.

Saisi à son tour par un profond doute intérieur, il fait en outre l'objet d'un simulacre de « procès de Moscou » au cours duquel il se voit reprocher son appartenance familiale : « Suprême ironie, écrit le narrateur en épousant le point de vue de Maurice, cette famille qu'il avait reniée et trahie, c'était elle qui le condamnait aujourd'hui. On ne lui pardonnerait pas son père ! » (1959 : 313). Exclu du parti, renvoyé à sa famille « naturelle », Maurice ne regrette cependant rien : « par-dessus et au-delà des systèmes », il est content d'avoir fait la découverte des hommes, des conquérants comme des vaincus, des vivants comme des morts et de tous les autres : « Au bout de la rébellion et de la colère, conclut le narrateur-auteur dans la dernière phrase du roman, il apprendrait la charité » (1959 : 314). Peut-on, sur cette base, extrapoler qu'il est condamné à un retour à la famille et à l'univers social qu'elle représente ? Cette phrase incline à le penser, encore que rien dans le dernier chapitre, ni plus tôt dans le récit, ne suggère une telle reconversion. Ce qui prend fin, c'est une forme précise de croyance, incarnée, organisationnellement et institutionnellement, dans le parti politique de type stalinien. La confiance en l'homme et en son pouvoir de construire un monde meilleur paraît, elle, intacte[9].

Le roman de Gélinas est donc un remarquable « roman d'apprentissage social », un des très rares que compte notre littérature. Et cet apprentissage, cette connaissance progressivement acquise du monde et des hommes, est évoqué dans un cadre aussi très peu souvent mis en représentation dans la fiction d'ici : le milieu ouvrier, l'univers du travail et de l'action syndicale et politique.

*   *   *

Le « réel », dans le roman, désigne et recouvre d'abord des phénomènes sociaux et économiques. Il comprend deux sphères en constante opposition, sur le plan empirique des rapports de travail, bien entendu, mais également sur celui des valeurs, des représentations, de la culture : celle de la bourgeoisie à laquelle le héros appartient « de naissance », celle de la classe ouvrière à laquelle il choisit de s'associer. La représentation proposée par le romancier est toutefois plus complexe : la bourgeoisie regroupe, en plus des industriels, des petits entrepreneurs, des commerçants, des publicitaires et les hommes politiques qui s'y identifient ; la classe ouvrière possède un noyau dur de travailleurs employés dans les grandes industries (mines, textile, pâtes et papier, etc.) et

---

9. La lecture du second roman de l'auteur, *L'or des Indes,* publié en 1962, confirme d'ailleurs cette impression. Son narrateur-héros, qui semble prendre le relais de Maurice, cherche à se donner une nouvelle identité, de nouvelles raisons de vivre et d'espérer en rompant aussi, bien qu'autrement, avec le modèle culturel dominant dans la société occidentale ; il compte renaître au contact de la nature dans une région des Antilles, Trinidad, délivrée de la culpabilité judéo-chrétienne.

réunit aussi de nombreux individus impliqués dans diverses activités économiques (employés de bureau, vendeurs, fonctionnaires, enseignants, etc.) *Les vivants, les morts et les autres* mettent en scène cette réalité sociale complexe dans toutes ses composantes. L'univers de la bourgeoisie est décrit tant au niveau de l'activité quotidienne, du travail de ses représentants qu'à celui de leurs histoires « privées » : les réformes de Victor pour améliorer le rendement de son entreprise par de nouvelles techniques en relations industrielles sont, par exemple, évoquées minutieusement, de même que ses difficultés conjugales avec Liliane : ce sont les deux faces de la réalité à laquelle il est sans cesse confronté. Il en va de même pour le monde ouvrier dont la condition économique et sociale est évoquée en termes précis et saisissants : les contraintes de la chaîne, notamment, sont mises en évidence de manière particulièrement convaincante. Et l'auteur établit un lien serré entre l'exploitation au travail et la désintégration familiale et sociale qui l'accompagne.

La famille Lussier se décompose, en effet, sous l'impact de l'industrialisation sauvage dont elle est victime depuis l'après-première guerre mondiale. Sous le choc d'une urbanisation brutale qui dissout les rapports sociaux traditionnels, elle est emportée dans le processus d'atomisation inéluctable qui caractérise les sociétés modernes. Gélinas montre bien comment cela s'incarne très concrètement dans la mort du fils aîné à la guerre de Corée, dans les rêves nostalgiques du père réduit à l'impuissance, aussi bien que dans la résignation finale de Réjeanne qui renonce au militantisme syndical et accepte d'épouser Jean-Guy, le « *scab* » honni de naguère.

Cette représentation contrastée d'univers sociaux antagonistes est accompagnée d'une description « géographique », en quelque sorte, du Québec de l'époque. L'opposition de Québec – ville de tradition, de province, de culture à l'ancienne – à Montréal – ville entreprenante, changeante, cosmopolite – est dépeinte en termes très vifs, de même que l'opposition, sur un plan plus général, du Québec et du Canada anglais : celui-ci est symbolisé par Toronto, capitale de l'argent, de l'ennui, du puritanisme, en cela l'envers du Montréal effervescent, dynamique qui forme le cadre principal de l'action du roman.

Cette action s'organise autour de certains événements majeurs de la période : grèves « historiques », congrès pour la Paix, émeute Maurice-Richard, rapport Khroutchev. Au niveau très élémentaire et superficiel, le roman est ainsi on ne peut plus incarné dans l'actualité brûlante des années 1950, ère de développement économique accéléré se produisant toutefois sous la menace d'une « guerre froide » pouvant se transformer à tout moment en « guerre chaude ». D'où le sentiment d'urgence sous lequel semblent vivre tous les personnages, en quête de bonheur dans un monde menacé par l'explosion finale.

Le roman ne fait pas que référer allusivement aux événements de l'époque, il en propose un traitement conséquent. Les grèves, par exemple, ne sont pas réduites au pur affrontement économique entre patrons et syndiqués. Cette action est fortement décrite, bien sûr, avec le caractère très âpre qu'elle revêt parfois : intervention de la police, bagarres sur les lignes de piquetage, dénonciation des scabs, etc. Mais elle est également saisie dans ses conséquences « humaines », d'ordre privé : des couples se défont à l'occasion de ces événements, d'autres se forment, la vie personnelle étant souvent bouleversée par ces conflits sociaux. Les contradictions du mouvement ouvrier ne sont pas maquillées : la lutte n'est pas toujours conduite au nom d'intérêts neutres, « objectifs », et le militantisme fait parfois place à la démission. La réalité n'a rien à voir avec les images d'Épinal des théoriciens doctrinaires ; elle est complexe, pluridimensionnelle, irréductible à une perception simpliste.

Il en va de même pour le Mouvement communiste qui est traité avec une sympathie qui n'exclut pas la critique, bien au contraire. Ses dirigeants sont généralement courageux, mais ambitieux aussi, fascinés par le pouvoir et ils ont tendance à confondre leurs intérêts personnels avec celui du parti. Ils s'accommodent volontiers de la morale bourgeoise lorsque cela fait leur affaire et leur permet de rejoindre plus facilement la classe ouvrière. Leur éthique est fondamentalement déterminée par le politique et très immédiatement par la stratégie du parti.

Le parti communiste fait cependant l'objet d'une évaluation nuancée. Si certains de ses membres sont décrits sur le mode caricatural, comme des individus dévorés par l'ambition et gonflés par la vanité, d'autres sont dépeints avec sympathie comme Ben Ruben, militant d'origine juive séduit à l'adolescence par le marxisme et tentant de concilier appartenance à la judéité et communisme. Le personnage de Ben Ruben semble inspiré par ailleurs de Stanley B. Ryerson, intellectuel de renom du parti durant cette période, comme Roger Picard semble l'être de Gui Caron, chef de la section Québec, ou Marsolais, d'Henri Gagnon, autre figure légendaire du mouvement durant les années 1940-1960. Le roman, pour un initié, pourrait sans doute livrer ses « clefs » sans trop de problèmes : il paraît transposer avec de légers écarts le personnel dirigeant du parti. Au-delà de ces coïncidences anecdotiques, ce qui entraîne l'adhésion, c'est la vraisemblance du tableau magistralement dressé par Gélinas[10].

Cette lucidité s'applique également aux nationalistes québécois dont l'intransigeance a tendance à s'assouplir sous l'influence des invitations pressantes des nouveaux organismes pan-canadiens (Radio-Canada, Office national du film) qui font appel à leurs services. Le roman met en scène l'un des plus célèbres d'entre eux, André Laurendeau, rédacteur en chef du *Devoir,* à peine déguisé sous le nom d'Omer Martineau. Le narrateur en dresse un remarquable portrait, tout en finesses, en nuances, et en cela impitoyablement cruel. Laurendeau est ainsi évoqué :

> *Homme jeune, séminariste en congé dans sa famille. Front haut et large, yeux enfoncés et doux, brouillés seulement par l'ombre du péché qu'il n'osera jamais commettre. Mains longues et délicates. Petites moustaches des caisses Populaires. L'Évangile de la Passion en grec et l'Achat-Chez-Nous. Rêve de grandeur :*

---

10. Pour une description historique du parti durant ces années, voir l'ouvrage collectif dirigé par Robert Comeau et Bernard Dionne, *Le droit de se taire* (1989).

> *L'État laurentien corporatiste : le gouvernement par*
> *l'élite, celle de l'esprit : les idées mènent le monde.*
> *Partout l'ennemi séculaire : tous les arbres de la*
> *Province dussent-ils se changer en Anglais...* (Gélinas,
> 1959 : 103).

Suit un dialogue tout à fait extraordinaire entre Maurice, venu demander un appui au rédacteur en chef du *Devoir* pour le congrès pour la Paix de Toronto, et le chef nationaliste qui refuse de s'impliquer dans une entreprise qui lui paraît contrôlée par les communistes. Le héros en conclut qu'il n'y a rien à attendre des nationalistes obnubilés par l'idée de survivance ethnique et, pour le reste, s'en remettant à l'Église de Rome qui, elle, condamne fermement l'idée communiste et le parti qui la véhicule.

La description de l'émeute provoquée par la suspension de Maurice Richard témoigne également du sens de la complexité du réel qui caractérise Gélinas et qui imprègne l'ensemble de sa reconstitution historique. L'événement est en effet saisi et décrit à la fois sur le plan anecdotique, historique et « privé ». C'est durant cette soirée d'émeute que les héros jeunes du roman, par exemple, vivent des moments clés de leurs expériences amoureuses : Claude Jobin, jeune avocat ambitieux, porté par une passion romantique pour une femme mariée, découvre que cette liaison est connue du mari et bénie par l'hypocrisie bourgeoisie du milieu auquel il appartient ; Maurice Tremblay, qui participe personnellement à l'émeute, connaît, en rentrant à la maison, sa première nuit d'amour avec Margaret, avec qui il entretenait jusque-là une relation plutôt platonique.

Le « privé » est ainsi entrelacé à l'événement qui présente une dimension historique en tant que révolte nationaliste instinctive face à l'arrogance anglo-saxonne symbolisée par Clarence Campbell, président de la Ligue nationale de hockey. Mais l'événement, au-delà de cette interprétation convenue, est d'abord, pour le narrateur, l'expression d'une révolte plus fonda-mentale des citoyens « de la rue » contre l'ordre social ultrapolicé qui régit quotidiennement leurs vies. En cela, en dépit de ses allures brouillonnes, chaotiques et contradictoires, cette révolte s'apparente à une manifestation populaire de protestation contre l'organisation capitaliste des rapports sociaux. Elle renvoie donc au double réseau de contraintes, de déterminations qui s'exercent sur la société canadienne-française de l'époque : l'oppression nationale indissociablement liée à la domination capitaliste.

* * *

On comprend sans doute mieux maintenant l'accueil pour le moins réservé de la critique contemporaine à l'endroit du roman. Cette critique attend des romans psychologiques d'inspiration chrétienne à la Mauriac ou encore, chez certains, des romans d'expérimentation, innovant sur le plan de l'écriture[11]. Avec le roman de Gélinas, elle ne trouve donc son compte ni sur le plan thématique ni sur le plan formel. D'où sa compréhensible déception.

En réalité, ce qui est en cause, c'est la conception même de la littérature et du roman. Pour le courant dominant en critique littéraire, l'écrivain doit d'abord décrire la réalité intérieure, psychologique des personnages qu'il met en scène. L'univers social est tenu au mieux pour le cadre, l'environnement inerte dans lequel des êtres repliés sur leur intériorité évoluent. Le rapport à autrui et au monde est donc perçu sur le mode d'une contrainte, à quoi il faut opposer une distance nécessaire. Dans cette perspective, le roman réaliste, plaçant résolument l'accent sur la réalité sociale et historique, paraît s'écarter de l'essentiel et fait donc, logiquement, l'objet d'une grande suspicion.

Cela est très net aussi bien dans la critique d'un Gilles Marcotte au *Devoir* que dans celle d'une Jeanne Lapointe à *Cité libre* à qui Gélinas s'oppose dans un débat de fond au milieu des années 1950. À une esthétique qui privilégie la dimension formelle des œuvres et leur prétention abstraite à l'universalisme, le romancier oppose une esthétique de la « vérité », soutenant que la plus grande faiblesse de notre littérature consiste en son refus

---

11. Jacques Michon a dégagé très clairement cet état du champ littéraire d'alors dans un ouvrage publié en 1979, sous sa direction : *Structure, idéologie et réception du roman québécois de 1940 à 1960*.

d'exprimer la « personnalité collective » du Canada français. C'est ce qui expliquerait l'échec de la plus large partie d'une production romanesque qui, pour atteindre directement à l'universel, prétend faire l'économie du réel. Les écrivains et critiques canadiens-français, ce faisant, se comportent, selon Gélinas, en « provinciaux » :

> *Ils s'agitent frénétiquement pour s'empêcher de paraître canadiens ; ils veulent à tout prix être « français » ou « universels ». Le provincialisme littéraire s'entend bien avec le provincialisme politique, et ce n'est pas du tout un hasard, ni un paradoxe, que les critères « universels » de M. Gilles Marcotte au* Devoir *fassent bon ménage avec les critères politiques de M. Omer Héroux* (Gélinas, 1955 : 31)[12].

Ce rabattement, à des fins polémiques, de Marcotte, libéral réformiste, sur Héroux, nationaliste conservateur, est sans doute discutable : l'assimilation paraît un peu « forcée ». Marcotte se souvint-il de l'attaque de Gélinas en rendant compte de son roman en 1959 ? Rien ne le signale mais, chose certaine, il se montre réfractaire à la conception du roman de l'auteur et lui préfère manifestement une vision de la littérature prétendument plus moderne.

Sa conception, qui est celle de la majorité des romanciers et des critiques canadiens-français de l'époque, triomphe donc, entraînant du coup une déqualification du roman de Gélinas et de la « théorie » qui lui sert de support : le réalisme critique. En cela, et probablement sans le savoir, sa critique fixe pour longtemps le destin de cette œuvre, condamnée à être méconnue par une critique littéraire qui reprendra paresseusement, par la suite, sans révision, ce jugement, marginalisant ainsi un roman qui présente pourtant

---

12. Jeanne Lapointe, en réponse à Pierre Gélinas, opposera sa conception de la littérature comme espace d'abord imaginaire et marquera sa préférence pour un romanesque centré sur « la psychologie de l'inconscient ».

un remarquable portrait de la réalité canadienne-française de l'époque et de ses contradictions les plus fondamentales.

L'EXISTENTIALISME
À LA MODE CANADIENNE-FRANÇAISE D'ANDRÉ LANGEVIN

Publié en 1951, *Évadé de la nuit,* le premier roman d'André Langevin, nous introduit à un univers très différent de celui mis en scène par Pierre Gélinas. Nous ne sommes plus, en effet, en présence d'un univers représenté comme une doublure, un équivalent littéraire du réel social et historique ; nous sommes confrontés à un monde d'abord et essentiellement intérieur, aux coordonnées spatiotemporelles floues, centré sur la psychologie du héros du récit qui tente de s'« évader », de se délivrer de la « nuit » personnelle et collective dont il est prisonnier à la suite d'un sombre décret des dieux.

Le roman appartient donc d'emblée à la tradition, alors dominante, du roman psychologique. Il en représente toutefois une variante dans la mesure où il radicalise et subvertit de l'intérieur une certaine vision chrétienne, idéaliste, janséniste et dualiste du monde, et où il se réfère plus ou moins confusément à l'existentialisme sartrien qui commence à se répandre au Canada français.

De facture classique, traditionnelle, narré à la troisième personne, et au passé simple, par un narrateur « extérieur » au récit, *Évadé de la nuit* se situe formellement dans la lignée du romanesque mauriacien qu'il prolonge aussi bien sur le plan de la composition que sur le plan thématique. Il place au centre du tableau un héros évoluant non pas dans le monde et y accomplissant son apprentissage, comme c'est le cas dans le roman réaliste, mais un personnage solitaire, coupé du monde, un monde éprouvé par ailleurs comme un obstacle, et qui du coup renvoie le héros à sa radicale singularité. Le récit, en cela, s'apparente à la tragédie, en reprenant les principaux éléments structurels, mais dans un cadre romanesque qui implique une nécessaire adaptation.

Le héros, Jean Cherteffe, est un jeune homme de 20 ans. L'auteur l'évoque d'abord à la lumière d'un événement particulièrement traumatisant : la mort subite d'un père qu'il n'a pour ainsi dire pas connu, ayant été très tôt remis aux bons soins d'un orphelinat par suite de ce qui semble une démission, un abandon par un homme faible, malheureux, déçu de la vie et trouvant une problématique compensation dans l'alcool. Le point de départ du récit est donc cette absence du père, cruellement ressentie, et que le héros n'aura de cesse de combler, à travers notamment son rapport à un personnage clé, Roger Benoît, véritable doublure de la figure paternelle. La solitude radicale du héros, qui n'est relativisée que par l'existence, à distance, d'un frère aîné, Marcel, engagé sur les champs de bataille européens, est ainsi la donnée centrale du roman, à partir de laquelle on peut dégager sa signification essentielle.

Ce héros solitaire, dévoré par une cruelle lucidité, qu'il revendique fièrement mais qui le « tue » à petit feu, se décrit lui-même comme un « névrosé, et de la pire espèce, celle que les psychiatres ne peuvent dépister » (Langevin, 1951 : 140). C'est cette « névrose » qui fait écran dans ses rapports à autrui, irrémédiablement empoisonnés par la perte originaire, par un abandon qui l'a rendu absent au monde, à une réalité qui n'a pour lui qu'une consistance fantomatique.

C'est à ce manque fondamental qu'il tente de pallier à travers le sauvetage de Roger Benoît, tenu pour une figure parentale de substitution. Ce personnage d'une trentaine d'années, à l'image du père follement adoré et haï, ce « dieu pourri », se présente à la fois comme un double, dégradé, du père originel et comme un possible négatif de ce que Jean Cherteffe pourrait lui-même devenir. Comme le père biologique, il est alcoolique, désespéré et résigné, complètement inerte et passif face à l'existence dans laquelle il se laisse mollement baigner. Poète à 20 ans, habité par la grandeur et une volonté résolue de dépassement, il s'est métamorphosé en sous-homme défait, sans ressort et sans énergie, vivant d'expédients, se faisant même rabatteur pour sa femme devenue une pauvre putain, ne croyant plus à rien désormais :

> *J'avais compris, confie-t-il à Cherteffe, qu'il n'y avait rien d'autre à obtenir de la vie qu'une* immense banque-

route *où se perdent les démarches les plus nobles
comme les actes les plus bas. Je compris que nous
étions façonnés par la vie plutôt que nous ne la
dirigions, que tout se confond dans un* néant *dont nulle
puissance ne fait le compte...* (1951 : 57)[13].

Ce personnage veule et obscène a de plus commis le « crime
suprême », celui qui ne se pardonne pas aux yeux du héros : il a
abandonné son enfant qui, malade, se meurt dans un sinistre
orphelinat.

Le héros entreprend donc la tâche impossible de rendre son
père à l'orphelin, espérant ainsi un triple salut : celui du fils qui
retrouverait une santé dans les bras d'un père ayant réassumé sa
vocation, celui d'un père rendu à la paternité et du coup à son
humanité, et retrouvant sa joie de vivre, enfin son propre salut à
travers cette réhabilitation de la figure paternelle, le délivrant de la
malédiction des origines. Le projet, dans cet univers tragique, ne
peut qu'échouer, bien sûr : l'enfant meurt, Roger Benoît se
suicide, n'ayant pas réussi à renaître ni comme père ni comme
écrivain et Jean est relégué à nouveau à une solitude absolue qui
fait penser à la déréliction du Christ abandonné par le Père au
jardin des oliviers.

Ce thème central du roman, celui de la solitude comme
donnée métaphysique constitutive de l'être, est également repris
sur le plan des rapports sociaux et amoureux. Il prend alors la
forme du motif de l'incommunicabilité. Il est évoqué rapidement
une première fois dans la brève expérience de relation physique
que connaît le héros avec Anne-Marie, bref instant « qui n'est
déjà plus, qui ne lie rien, ni personne » (1951 : 31), souligne le
narrateur. On le retrouve dans la description des clients des
tavernes, atomes isolés, enfermés dans des univers clos. On le

---

13. Je souligne. Cette notion de « banqueroute » est déjà présente chez les romanciers psychologues de la fin du XIXe siècle
français qui contestent le naturalisme de Zola. Elle est ici curieusement associée au rapport au monde sartrien, signalant du coup les deux
grandes tendances du roman : récit psychologique à composante
existentialiste.

rencontre également au centre de rapports comme l'amitié qui, en principe, devraient favoriser l'échange et la connaissance intime d'autrui ; or ici, il n'en est rien et le héros prend conscience, par exemple, qu'il ne sait à peu près rien d'un ami comme Pierre Gobineau, pourtant longuement fréquenté. Le thème est enfin l'objet d'un traitement élaboré dans le cadre des rapports amoureux de Jean avec Micheline Giraud, personnage féminin central du roman.

On se rappellera que le héros fait la connaissance de Micheline au chevet du fils orphelin de Roger Benoît. Celle-ci est fille d'un juge connu et appartient à la bonne bourgeoisie montréalaise. Orpheline elle aussi – décidément ! –, elle vit sous le contrôle étroit et sévère d'un père brisé par une union malheureuse avec une femme alcoolique qui l'a outrageusement trompé. Depuis lors il n'existe que pour son travail qu'il accomplit avec un zèle excessif, pourchassant sans trêve toutes les formes du mal que symbolise et condense la figure de la femme trop aimée naguère et maintenant détestée de manière furieuse. Il s'interposera violemment entre Jean et sa fille, ne désirant pas être « trompé » et abandonné à nouveau par une femme qui ne peut être, dans son esprit détraqué, que perfide et corrompue.

Micheline, séduite par la solitude, la lucidité et le caractère excessif de Jean, s'éprend bientôt de celui-ci, décidée à rompre, s'il le faut, avec son milieu et sa classe pour réaliser son amour. Cherteffe, lui, est plus réticent : il s'affirme incapable d'aimer et il a tendance à se dérober. Il est convaincu que les êtres ne peuvent pas vraiment échapper à leur solitude et se rencontrer au niveau le plus fondamental, celui de l'âme qui ne s'« appréhende pas dans l'apparence du corps » (1951 : 131). Dans l'amour, pas plus que dans tout autre domaine, on ne peut s'évader de sa condition première : les êtres vivent en parallèle et leurs trajectoires ne se rencontrent jamais. L'amour est donc voué à l'échec, à une défaite inévitable et totale : Micheline, enceinte, meurt en accouchant, l'enfant rescapé paraît promis à une mort inéluctable, et Jean s'abandonne à une mort douce, apaisante, dans la forêt, paraissant retrouver enfin la sérénité du monde de l'en deçà des origines.

La vision du monde qui sous-tend le roman est, on le voit, essentiellement tragique. La réalité ne se livre que sous la forme d'un « univers *effroyablement clos* où ne serait rien permis d'autre que de regarder sa vie sourdre piteusement, *inutile* et *dérisoire* » (1951 : 23)[14]. La naissance même du fils de Jean et de Micheline apparaît condamnée à mort, sur ordre d'un « dieu cruel » (1951 : 237) qui triche pour que toujours apparaisse le même chiffre sur le tapis vert de la vie : le chiffre du malheur. Les personnages évoluent donc sous le regard d'un dieu vengeur qui leur fait connaître l'enfer sur terre, destin maléfique dont il leur est impossible de se délivrer : vivre, c'est parcourir un inéluctable et atroce chemin de croix.

Ce faisant, Langevin reprend à sa manière le noyau dur de la conception tragique du monde telle que reconstituée par un Lucien Goldmann dans *Le dieu caché* (1956). L'homme, être dépossédé et solitaire, apparaît partagé, tiraillé entre un monde qui ne vaut pas grand chose, qui ne justifie pas en tous les cas un engagement résolu, et un dieu qui ne se contente pas d'être absent, « caché » comme il l'est dans l'univers racinien, mais qui se manifeste à la manière d'un tyran. Langevin reprend cette problématique dans le cadre d'une société canadienne-française, dont les milieux intellectuels sont alors très imprégnés par ce que Jean Le Moyne a appelé le dualisme, courant de pensée impliquant la subordination du matériel au spirituel, du corps à l'esprit. Se tenant explicitement à distance de cette attitude, le romancier la reprend cependant implicitement en vouant ses personnages à l'échec, en les faisant prisonniers de ce rapport aliénant à autrui et à l'univers pris globalement.

Évadé de la nuit se présente de la sorte comme un pur produit du Québec duplessiste qui apparaît condensé, synthétisé en un modèle réduit dans le roman. Langevin en fournit une critique manifeste qui s'apparente au discours de l'opposition sociale et politique de la période, mais qui n'excède pas ses limites, du moins dans ce premier roman. Le refus n'est pas « global », il

---

14. Je souligne.

ne marque pas une rupture totale avec ce milieu et l'idéologie judéo-chrétienne qui légitime ses pratiques. En dépit des dénégations qu'il comporte sur le plan religieux, le roman est encore rattaché plus étroitement à l'univers chrétien d'un Mauriac qu'à celui, nettement athée, d'un Sartre. Les romans suivants, s'appuyant sur cette première avancée, fourniront cependant l'occasion d'aller plus loin dans cette voie[15].

*   *   *

Publié en 1953, *Poussière sur la ville* remporte d'abord le Prix du Cercle du livre de France, puis connaît une notoriété qui lui vaut une publication à Paris et une traduction anglaise qui sera éditée à Toronto et à New York. Il sera ensuite considéré par un grand Jury des Lettres comme le meilleur roman publié au Canada depuis la guerre ; il est régulièrement réédité depuis 40 ans et proposé aux élèves des écoles et collèges comme un « classique » de la production romanesque québécoise.

Avec ce récit, la littérature québécoise paraît enfin parvenue à maturité, capable désormais de produire des œuvres originales, puissantes et dignes d'un intérêt universel. Débarrassé des déficiences stylistiques qui encombraient le premier roman, *Poussière sur la ville* s'affirme comme une incontestable réussite sur le plan de l'écriture et comme un témoignage particulièrement éclairant sur le Québec des années 1950.

Le titre du premier roman renvoyait à un personnage, celui d'un « évadé » tentant d'échapper à sa « nuit », à un destin maléfique programmé par des dieux cruels. Le titre, cette fois, évoque un lieu, une ville enveloppée et masquée par une poussière qui la recouvre d'un halo de grisaille, la réduisant à une silhouette

---

15. Je ne m'arrête pas ici sur les qualités (ou les défauts) proprement esthétiques du roman qui cède souvent à une grandiloquence désuète qui nuit à sa crédibilité en tant que récit. Langevin, manifestement, ne maîtrise pas encore pleinement un art qui sera, heureusement, plus dépouillé et plus « juste » dans les œuvres à venir.

fantomatique, symbolisant une réalité spectrale, évanescente dans laquelle on sera autorisé à voir un modèle réduit de la société en régime duplessiste. Le récit est centré à nouveau sur un héros jeune qui n'est plus décrit toutefois de l'extérieur par un narrateur neutre, mais bien par lui-même sur le mode introspectif de la narration à la première personne : récit au « je » donc qui traduit un nouveau rapport au monde marqué d'emblée par la subjectivité de celui qui parle et écrit ce qu'il vit au moment même où il le vit, sans distanciation.

Le héros du roman antérieur était traducteur, réviseur de textes, appartenait au milieu intellectuel ; celui-ci est médecin, homme du « faire », d'une pratique immergée par sa nature même dans le concret. L'action du récit se développe essentiellement autour de la relation amoureuse du héros, une relation qui implique cependant, bien sûr, les membres de la société où elle se déroule. Celle-ci possède des coordonnées spatiotemporelles précises, celles d'une petite ville de province qui évoque immanquablement le paysage minier de la région de l'amiante tel qu'il se présentait durant les premières années de l'après-guerre. En cela le roman s'offre comme une doublure, un équivalent littéraire d'un espace social très nettement circonscrit qui l'inscrit dans une veine documentaire et, à première vue, fondamentalement « réaliste ».

Le récit prend corps à deux niveaux. Le premier projette à l'avant-scène le drame du couple que forment le narrateur-héros et Madeleine. Le second se construit sur l'opposition du couple à la ville de Macklin, cadre dans lequel il fait figure d'intrus au statut fort problématique. Les deux niveaux sont traités successivement dans le roman, le plus souvent sur le mode de l'alternance, et parfois sur celui de l'imbrication lorsque les destins individuels croisent l'espace collectif.

Le rapport d'Alain et de Madeleine est, d'entrée de jeu, très singulier. Tout les oppose, et ce dès l'origine. Il appartient à la petite-bourgeoisie urbaine ; elle est fille d'ouvrier et représente pour lui une forme d'« exotisme » (Langevin, [1953] 1988 : 63). Elle relève, à ses yeux, du règne de la nature, de l'instinct, du rapport immédiat et spontané à l'existence. Il la perçoit comme un animal, comme un cheval emballé à certains moments, comme un « petit chien » ([1953] 1988 : 29) à d'autres, ou encore comme une « enfant » ([1953] 1988 : 36) qu'il considère plus souvent qu'autrement comme une « petite sotte » ([1953] 1988 : 190) pour laquelle il éprouve une « émotion paternelle » ([1953] 1988 : 69)[16]. Par opposition, il a tendance à se représenter lui-même comme un être cérébral, mature, responsable, investi de la mission de « sauver » en quelque sorte une Madeleine qui lui échappe, y compris sur le plan physique, celle-ci se révélant « spectatrice aux jeux de l'amour » ([1953] 1988 : 38). Leur relation est donc empoisonnée, et dès le début, avant même l'arrivée à Macklin qui servira plus de révélateur et d'accélérateur que de cause première, déterminante dans la crise qui les secoue et qui conduira leur couple à un échec fatal.

Sous couvert de générosité et de grandeur d'âme, Alain Dubois se révèle en effet un piètre amant, vivant passivement, de manière résignée, sa défaite amoureuse, couvrant même la liaison de Madeleine et de Richard Hétu, la bénissant au nom d'une conception plutôt abstraite de la liberté, quitte, bien sûr, à anesthésier sa douleur dans l'alcool qui devient ainsi la voie royale de son « apprentissage de la sainteté » ([1953] 1988 : 174), une vocation qui se construit donc à partir de ce que lui-même estime parfois de la lâcheté, une lâcheté s'alimentant généreusement de whisky, précieux adjuvant dans de telles circonstances. Ce faisant, Alain Dubois se comporte comme un curé laïque, cherchant d'une manière assez curieuse à sauver « l'âme » de Madeleine dont il a pris charge et il révèle par cette entreprise, et bien malgré lui, à quel point un certain discours religieux est repris et transposé, avec quelques aménagements, par un romancier qui, à tout le moins par là, n'échappe pas du tout à son temps. Anticlérical sur les plans politique et philosophique, Langevin, à travers la mise en scène de ce singulier « apprentissage de la sainteté », reprend

16. L'attitude d'Alain est imprégnée en effet d'un paternalisme avéré, et assez répugnant, que la critique a peu mis en lumière et qui justifierait bien à lui seul la « révolte » de Madeleine à l'endroit de son « protecteur ».

la structure même de la doctrine chrétienne à laquelle il paraît pourtant s'opposer au niveau idéologique ; comme quoi, l'essentiel, ici comme ailleurs, est foncièrement déterminé par la vision du monde qui nous constitue et nous structure comme sujets. Le drame passionnel, le conflit qui oppose Alain Dubois et Madeleine, se déroule par ailleurs dans le cadre d'une petite ville de province tenue pour représentative de la société globale. Le romancier y dresse quelques portraits d'individus incarnant les diverses formes de la bourgeoisie locale : Arthur Prévost symbolise la mentalité conformiste des milieux financiers, le docteur Lafleur et le curé représentent l'univers des notables traditionnels, Kouri et Jim, celui du petit commerce de la restauration et des services. Face à ce monde qui semble former bloc, et qui s'avère peu ouvert aux « étrangers », Alain Dubois ne peut s'éprouver que comme un « intrus » en tant que non-autochtone d'abord, en tant que différent sur le plan idéologique ensuite. Il ne partage en effet ni les valeurs, ni les idées, de la communauté dans laquelle il va tenter de se faire une place. Malgré son opposition à Madeleine sur le plan affectif, il a le sentiment de constituer avec elle une « famille » contre le monde qui les entoure, qui leur sert de témoin et qui les juge. Ce sentiment est avant tout le sien, bien sûr, car Madeleine paraît mieux intégrée à la ville : d'origine ouvrière, celle-ci ne ressent pas la coupure, la séparation de manière aussi intense que son mari et choisit même son amant parmi les mâles locaux, ce qui scandalise les bien-pensants de la petite localité. Le héros, conscient de cette hostilité larvée, tentera de la vaincre à travers une activité professionnelle au service des pauvres et des démunis, avec un succès très relatif : il ne semble pas, comme médecin, valoir son protecteur, le vieux docteur Lafleur. À la fin du roman, après la tentative d'assassinat ratée de Richard Hétu par Madeleine et son suicide on ne peut plus réussi, Alain Dubois décide tout de même de s'incruster dans la ville, de rester avec la volonté ferme de forcer ses habitants à l'« aimer ». Le récit prend fin sur cette résolution et rien ne garantit que ce projet sera sanctionné par le règlement du conflit opposant le héros à la communauté. En vérité, on peut penser, sur la base des données fournies par le roman, que la quête du héros ne saurait guère intervenir autrement que par un partage commun du sentiment du malheur et du tragique caractérisant essentiellement la condition humaine. *Poussière sur la ville*, en cela, reprend dans un cadre nouveau le thème central du roman précédent. Ce qui définit le mieux les rapports entre les êtres, c'est le sentiment d'étrangeté et la distance qu'il implique. Alain Dubois, quoi qu'il veuille et quoi qu'il fasse, ne connaît ni ne « possède » Madeleine, pas plus que l'ensemble des individus avec lesquels il entre en contact quotidiennement. Les existences se déploient sur des parallèles qui ne se recoupent jamais. C'était l'argument principal d'*Évadé de la nuit* ; il est réitéré et modulé à nouveau dans le second roman.

Ce qui semble intéresser surtout l'écrivain, c'est ce qu'on pourrait appeler la question métaphysique, celle de l'être et de son destin dans un univers hostile. Cela est particulièrement évident dans l'opposition qu'il dégage entre le vieux docteur Lafleur et Alain Dubois. Agnostique, celui-ci se révolte contre l'injustice d'un Dieu « qui brise l'innocent avant de le reconnaître » ([1953] 1988 : 127), d'un Dieu donc qui couvre et légitime à tout le moins, s'il ne le crée pas, le malheur de l'homme, sa solitude radicale. À quoi le vieux docteur oppose sa foi agissante, croyant en Dieu mais se portant dans les faits contre sa volonté au nom de la dignité humaine. Malgré sa sympathie évidente pour la thèse de Dubois, le romancier ne peut s'empêcher d'une certaine manière de donner concrètement raison au docteur Lafleur, médecin plus efficace et plus chaleureux pour les êtres souffrants que son jeune collègue. Cette « question métaphysique » est également posée dans le dialogue au cours duquel Dubois est confronté au curé ; elle prend forme à travers la revendication du droit au bonheur que formule le héros à l'encontre de la conception sombre de l'homme – essentiellement voué au mal – défendue par le curé. Dans cette querelle, Dubois se montre partisan des Lumières contre l'obscurantisme religieux. Cela est incontestable, mais on ne peut oublier pour autant que le monde est fondamentalement perçu par lui – et par le romancier qui paraît épouser son point de vue – comme un enfer, un huis clos, une prison réunissant des

êtres condamnés à la déréliction, à l'échec et à la mort : on
n'échappe pas à cette « vérité » fondamentale dans l'univers de
Langevin.

Gilles Marcotte voit cependant dans le personnage tourmenté d'Alain Dubois une sorte de représentant de l'idéologie
réformiste et progressiste de *Cité libre,* revue d'opposition au
régime de Duplessis. La « formule » du personnage, le « penser
pour panser » qui définirait son rapport au monde, serait une
retraduction des positions des intellectuels de l'époque auxquels
Alain Dubois est apparenté :

> *Et les valeurs qu'on défend ; de part et d'autre, note*
> *Marcotte, sont les mêmes : fidélité à la « réalité*
> *concrète », engagement, respect de la liberté – la*
> *liberté qu'accorde Alain Dubois, scandaleusement, à*
> *Madeleine de poursuive son aventure avec Richard*
> *Hétu ; celle que* Cité libre *veut voir régner dans la*
> *société civile et l'investigation intellectuelle*
> (Marcotte, 1989 : 157).

Dans cette perspective, le suicide de Madeleine est lu comme le
produit d'un meurtre de la part d'un Dubois liquidant ainsi les
« puissances de vie obscure » qui s'opposent à ses visées
réformistes.

L'analyse est intéressante, bien qu'elle repose sur un
postulat discutable, à savoir que « Madeleine est Macklin »
(1989 : 158), ce qui ne va pas de soi, le roman insistant longuement, au contraire, sur la différence du couple, et donc de
Madeleine, qui demeure foncièrement étranger à l'univers de
Macklin. Madeleine participe davantage de la mentalité de la petite
ville, compte tenu de son origine de classe et de son rapport
spontané au monde, mais elle est loin d'en constituer la figure la
plus représentative, et encore moins son expression
emblématique.

Cela dit, il est vrai qu'Alain Dubois incarne à sa manière
certaines positions véhiculées par *Cité libre.* Et son échec illustre
involontairement les contradictions internes, les « équivoques
d'une idéologie progressiste » (Marcotte, 1989 : 159) déterminée,

en dernière analyse, par une vision du monde idéaliste, dualiste qui imprègne aussi bien les intellectuels « libéraux » de *Cité libre* que leurs prédécesseurs de *La Relève* [17]. C'est à ce niveau qu'un certain discours social opère dans le roman, donnant un caractère tragique à l'univers dans lequel évoluent et se perdent fatalement des personnages condamnés à l'échec de toute éternité. Le projet idéologique progressiste est accompagné et recouvert par une vision du monde qui en limite et en compromet la portée et le succès ; la « révolution tranquille », comme possibilité concrète, apparaît à ce stade très lointaine, le « temps des hommes » n'étant pas encore arrivé.

* * *

Le dernier volet de la trilogie se présente sous une forme éclatée, *Le temps des hommes* (1956) n'étant plus axé sur un personnage privilégié comme dans les récits antérieurs ou sur un thème unique. Son titre, en cela, annonce fidèlement le « programme » d'une œuvre centrée sur l'évocation d'une communauté humaine formée de quelques personnages significatifs appartenant à une catégorie particulière, celle des travailleurs de la forêt. Le cadre du récit n'est donc plus la grande ville anonyme du premier roman, ni la petite ville de province du second ; il s'agit cette fois d'un espace en principe « ouvert », celui de la forêt, qui va rapidement s'avérer toutefois une nouvelle forme de l'univers fondamentalement clos dans lequel sont enfermés de toute éternité les personnages de Langevin.

Le roman évoque donc le destin de quelques travailleurs de la forêt engagés dans une aventure collective, le temps d'une expédition, et qui doivent s'entraider en dépit de leurs différends et

---

17. Cette vision du monde détermine aussi largement la pensée des élites conservatrices de l'époque. Opposés sur le plan idéologique, les intellectuels, qui appartiennent dans l'ensemble aux mêmes groupes sociaux, se rencontrent donc à un niveau plus fondamental, que leurs différends politiques explicites ne sauraient masquer longtemps à un analyste attentif.

de leurs oppositions sur le plan « privé ». Gros-Louis et Laurier se disputent en effet la possession d'une femme, Yolande. Baptiste, mari heureux et père de famille choyé, est perturbé par ce conflit que Pierre Dupras tente, pour sa part, de solutionner, se posant en intermédiaire entre les deux amants jaloux. C'est ce dernier personnage qui s'affirme progressivement comme le « héros » du récit, en véritable « curé » qui entend sauver les hommes de la petite communauté à laquelle il a choisi de lier son destin. Il échouera, bien sûr, ne réussissant pas à empêcher le meurtre de Gros-Louis par Laurier ni celui de Baptiste par le personnage lâche et veule de Maurice, le cuisinier mal-aimé, échec global culminant dans la mort de Laurier qu'il provoque bien involontairement alors même qu'il se propose de le « sauver ». Encore une fois on n'échappe pas à la tragédie dans ce roman pourtant délibérément axé sur « le temps des hommes ».

Ce qui est nouveau, à la fois dans l'œuvre de Langevin et dans la littérature québécoise, c'est la représentation que l'auteur propose de la figure du prêtre. Personnage central de la communauté à la fois dans la vie civile et dans la sphère familiale où il symbolise le père idéal et l'époux rêvé pour la mère canadienne-française[18], il est l'objet ici d'une redéfinition visant à en faire essentiellement un homme avec toutes ses contradictions et non plus d'abord une figure d'autorité.

C'est à travers ce personnage que la « question métaphysique » est à nouveau relancée ; dans le roman précédent, elle prenait la forme d'un affrontement opposant le « libéral », Alain Dubois, au « conservateur » curé de Macklin résigné à la volonté de Dieu ; cette fois elle est reformulée à partir du personnage même du « curé », Pierre Dupras, partagé entre Dieu et les hommes, oscillant tout au long du récit entre deux positions :

18. Jean-Charles Falardeau a bien mis en lumière ce phénomène dans son analyse des œuvres romanesques de Robert Charbonneau et de Roger Lemelin, en cela très représentatives de la perception du prêtre entretenue dans la société québécoise de l'après-guerre. Voir plus particulièrement, à la seconde partie de son ouvrage intitulé *Notre société et son roman* (1967), p. 121-234.

aller à Dieu par les hommes ou, à l'inverse, aux hommes par Dieu. Le tragique réside, bien sûr, dans la difficulté de trancher clairement et résolument entre ces deux choix, ces deux possibilités que seul un « pari pascalien » pourrait peut-être permettre de lever.

Le personnage de Dupras est donc l'objet d'une représentation complexe et contrastée. Fils unique, orphelin de bonne heure, d'origine modeste, il est pris en charge par un « curé de campagne » traditionnel et débonnaire, l'abbé Pothier, qui l'entretient et le destine à la prêtrise. D'intelligence moyenne, sans véritable « agilité d'esprit », Dupras conçoit le « sacerdoce comme une sorte de médecine imprécise [...] Un ministère presque plus physique que spirituel » (Langevin, 1956 : 49). Au grand séminaire, il est cependant confronté à une conception de la religion beaucoup plus ténébreuse, se frottant à un « enseignement qui l'obligeait à se détacher des hommes, qui éclairait de couleurs violentes et sombres les mots souffrance, péché, âme. Le temporel qui seul l'émouvait ne comptait plus pour rien, n'était plus que poussière dans une économie éternelle » (1956 : 50-51). Il devient ainsi progressivement, et malgré ses résistances, de plus en plus étranger à la communauté des hommes dont il espérait pourtant se rapprocher, partager la condition.

La « crise » qui ébranlera sérieusement ses convictions survient à l'occasion d'un événement dramatique : la mort d'un enfant atteint d'une méningite fatale. Dupras choisit alors l'enfant contre la volonté de Dieu ; loin de se résigner à l'inéluctable décret divin, il revendique un miracle qui, bien sûr, n'aura pas lieu. Dieu ne répond pas en effet, ni à la douleur de la mère, ni aux exhortations du prêtre qui sort de l'expérience convaincu d'être responsable en quelque manière de la mort de l'enfant – qu'il n'a pas su sauver – et d'avoir, en outre, « trahi » Dieu dont il n'a pas respecté la Loi. Dupras s'est donc comporté en « rebelle », commettant le « péché de l'esprit pour lequel il n'y a pas de rémission » (1956 : 111). Il s'est ainsi placé à l'extérieur de la problématique du courant dominant dans le catholicisme canadien-français d'alors, ce qui lui vaut d'être rappelé à l'ordre par son évêque à qui il signifie sa volonté d'abandonner les ordres et de rejoindre les hommes. Depuis cet événement dramatique, il vit et travaille dans la forêt. Il s'identifie tant bien que mal à sa nouvelle communauté, demeurant largement un « intrus », « étranger parmi les hommes » (1956 : 147) à qui il n'expose pas sa véritable identité ; après dix ans de vie commune, on ne le connaît pas vraiment et Marthe, sa soupirante, ignore toujours que c'est le sacerdoce qui l'empêche de se laisser porter par son amour. Curieuse implication parmi les hommes donc : Dupras a quitté Dieu – ou du moins son ministère – sans pour autant partager totalement la condition de la communauté élue.

C'est cette distance que le prêtre défroqué entend abolir en s'engageant dans l'expédition en forêt qui constitue l'action contemporaine du roman. Il entend d'abord protéger Gros-Louis de la vengeance de Laurier, puis accompagner et « sauver » en quelque sorte ce dernier, pensant ainsi « racheter » la mort de l'enfant qu'il n'a pu éviter naguère. Mais il ne réussit pas plus cette entreprise que la première : le destin, ce Dieu cruel, est plus fort que sa volonté et Dupras échoue sur toute la ligne, sauf peut-être dans son rapport avec Marthe, le roman se terminant sur l'évocation d'un avenir possible, bien que fort problématique, dans cette direction.

Malgré son titre prometteur, ce dernier volet de la trilogie ne se termine donc pas sur la résolution de la problématique ébauchée dans les récits antérieurs. Dupras, pas plus que Cherteffe ou Dubois, ne réussit vraiment à rejoindre les hommes et à s'opposer efficacement aux décrets des dieux. Il évolue dans un monde toujours traversé par la culpabilité et son corollaire, l'échec. Il n'arrive pas à penser et à vivre ses rapports à autrui autrement que sur le mode du paternalisme, à l'endroit de ses compagnons de travail aussi bien qu'à l'égard de la femme aimée, à nouveau traitée comme une « enfant ». L'incommunication demeure fondamentale entre lui-même et les autres, n'étant dépassée sporadiquement que par la prise de conscience commune de la solitude radicale de chacun. Le « poids de Dieu » pèse toujours lourdement sur un héros ployant sous le regard d'un Père cruel dont il n'arrive pas à se délivrer, vivant ainsi continuellement dans l'univers carcéral de la tragédie.

*   *   *

Prenant en coupe synchronique les trois romans, on constate aisément que le héros du premier récit demeure foncièrement étranger à une société dont il ne peut s'« évader » que par le suicide, que le héros du second récit, bien que toujours solitaire dans la petite ville où il essaie de se faire accepter, décide, en dépit du refus de celle-ci, de s'y cramponner et de se faire aimer de gré ou de force, que le héros du dernier récit, enfin, choisit résolument les hommes contre Dieu, mais ne parvient pas, malgré tous ses efforts, à les rejoindre vraiment. Ce faisant, Langevin décrit de manière saisissante le drame de l'intellectuel canadien-français lucide et critique à l'endroit d'une communauté dans laquelle il se sent mal intégré et qu'il souhaite, plus ou moins confusément, transformer. Ses héros incarnent autant d'avancées dans le processus de prise de conscience et d'engagement qui affecte le groupe social des intellectuels et des opposants sous Duplessis.

Cette prise de conscience et de distance critique est toutefois freinée par la vision du monde paralysante qui détermine les valeurs et les comportements de ce groupe d'acteurs inhibés par une conception janséniste, dualiste, du réel qu'ils partagent avec les autres membres des élites dirigeantes de l'époque. Les romans témoignent de cette aliénation fondamentale et des tentatives effectuées pour y échapper, rendant ainsi compte à leur manière des traits positifs du changement qui commence à ébranler la société canadienne-française aussi bien que de ses impasses, la « révolution » ne pouvant véritablement survenir qu'au terme d'un renouvellement global de la vision du monde qu'entretient le groupe appelé à prendre la direction effective de cette société. Langevin évoque remarquablement la période de transition des années 1950 au cours de laquelle se structure ce groupe, coincé entre un passé étouffant dont il entend se libérer et un futur qui demeure à construire sur de nouvelles bases, avec un regard profondément transformé.

LE ROMANTISME TRAGIQUE D'HUBERT AQUIN

Au tout début des années 1950, à peine âgé de 20 ans, Hubert Aquin, alors étudiant à Paris, écrit « Les rédempteurs », court roman qu'il soumet à Gallimard et José Corti qui refusent de l'éditer. Le récit sera finalement publié sept ans plus tard dans les *Écrits du Canada français*. Il constitue la première œuvre d'importance d'Aquin qui s'était fait connaître durant les années antérieures par quelques textes dramatiques présentés à la télévision. Il témoigne des préoccupations à la fois les plus anciennes et les plus constantes de l'écrivain pour les questions liées au sens de la vie et de la mort, à la symbolique de l'amour et du temps, constellation thématique qui formera le socle et le cœur de l'œuvre à venir.

Aquin avait déjà abordé ces questions comme journaliste étudiant au *Quartier latin* et dans ses toutes premières nouvelles, dont notamment « Pèlerinage à l'envers », récit écrit en 1949 dans lequel le héros, durant un séjour en Palestine, se couchait dans le tombeau du Christ, s'éprouvait comme « rédempteur », puis, reconnu comme faussaire, était lapidé par une foule en colère. C'est ce motif qui est repris, développé et approfondi dans « Les rédempteurs ».

Sur le plan structural, ce premier récit possède déjà la forme fragmentaire qui caractérise l'ensemble de la production romanesque d'Aquin. Il en diffère toutefois sur le plan de la perspective narrative, le roman se présentant en effet sous la forme d'un récit classique à la troisième personne pris en charge par un narrateur le plus souvent objectif, sauf à quelques moments où il laisse sentir sa présence, notamment dans les passages clés qui ouvrent et ferment le texte. Le récit progresse donc de manière linéaire, du début à la fin, sans télescopages temporels, sans brouillages au niveau de l'intrigue, sans surmultiplication de lieux (réels et symboliques), sans anachronies enfin, tous éléments fortement mis à contribution dans les romans ultérieurs, à partir de

Prochain épisode. La structure narrative est ici particulièrement dépouillée et paraît se conformer au modèle de la tragédie classique, comportant une unité de lieu (la petite ville d'Edom), de temps (tout se passe en quelques jours) et d'action (celle-ci est centrée sur un événement-limite : le suicide collectif de la communauté d'Edom).

Cette action est fortement encadrée par un prologue mettant en place la problématique centrale du récit et par un épilogue en dégageant en quelque sorte la « leçon » ou la « morale », pratique assez rare chez Aquin, qu'on ne retrouve à vrai dire que dans le dernier fragment de *Neige noire,* à l'autre extrémité de l'œuvre. Le prologue met en scène à la fois le narrateur dans sa singularité d'individu concerné par l'histoire qu'il va raconter et le lecteur dont il sollicite la complicité active en tant qu'être impliqué dans l'aventure collective d'une humanité souffrante. Il évoque le thème principal du récit à venir – la chute fatale d'une grandeur que l'homme aurait perdue et qu'il n'arriverait plus à retrouver – et le cadre de « l'acte absolu » qui sera au centre du roman dans un espace-temps antérieur à celui des « prophètes », l'univers archaïque de la fable et du mythe. L'épilogue dégage, pour sa part, une énigmatique et déroutante « conclusion » : l'acte absolu, l'autodestruction de la communauté, n'a pas eu lieu mais l'humanité poursuit sa course « fatale et lourde » vers un « sombre horizon que nous n'atteignons pas » et tout « se continue dans les ténèbres » (Aquin, 1959 : 113-114) : la nuit n'a donc été que provisoirement vaincue et l'homme vit toujours sous le poids d'une culpabilité aussi écrasante qu'obscure. La problématique janséniste, dualiste, posée à l'orée du récit n'a donc pas été vraiment dénouée ; le drame se poursuivra malgré la victoire incertaine et fragile des forces de vie incarnées par le couple amoureux d'Héman et Elisha.

L'action centrale du roman prend forme et évolue entre ces deux fragments métadiscursifs de nature métaphysique. Le cadre en est une petite cité antique, Edom, lieu d'abord et essentiellement symbolique, servant de condensé, de modèle réduit de la condition humaine. Communauté homogène, connaissant une existence paisible, Edom est troublée, perturbée par un personnage d'exalté,

de « fou » saisi par un délire religieux qui le porte à désirer la
disparition par suicide de la collectivité, seule façon de véritablement effacer la faute originelle commise par Adam et Ève à l'aube
de l'humanité.

Sheba, c'est le nom de ce personnage, est décrit comme une
sorte de Christ noir, d'ange exterminateur n'ayant rien d'autre à
offrir que « du sang et de la désolation » (Aquin, 1959 : 53).
Porté par une foi aussi farouche que désespérée, il véhicule une
vision crépusculaire du monde, concevant l'humanité comme
victime d'un juste « châtiment de Dieu » auquel elle ne saurait
échapper que par une expiation totale, que par une autodestruction
radicale dans un véritable suicide collectif auquel tous sont tenus
de se soumettre. Figure négative et grinçante du Christ, il fonde
donc une religion de mort à laquelle il rallie des disciples et il
finit par convaincre la communauté d'Edom de procéder au grand
sacrifice qui seul pourra la racheter aux yeux de Dieu.

Sa folie meurtrière et contagieuse rencontre toutefois la
résistance d'un couple, celui d'Héman et d'Elisha, qui accorde la
primauté absolue à son bonheur privé, qui refuse de considérer que
sa passion porte le « masque du châtiment » et qui n'entend pas
la sacrifier à la nouvelle religion mortifère qui s'est emparée de
tous les esprits. Héman, note le narrateur, est saisi d'incompré-
hension et de dégoût face à tous les « pauvres hommes » qu'il
voit happés par le « néant », la « folie » homicide d'un homme
comme Sheba. Entre ce dernier, qui symbolise la mort, et lui-
même, qui incarne la vie, c'est une lutte à finir qui s'engage dont
l'enjeu n'est rien de moins que la survie de l'humanité. C'est
Héman qui finira par triompher, bien sûr, mais dans la douleur –
il devra affronter et vaincre son frère, Kenaz, gagné par la folie de
Sheba – et en solitaire : il sauve l'espèce, mais non sans que
celle-ci n'ait préalablement renoncé à la vie et à l'espoir, saisie et
pétrifiée qu'elle est par la fascination et le vertige de la mort
célébrée par un mystique fou qui rappelle, par moments, la figure
démente d'un Hitler.

L'œuvre est trouble, on le voit, et à plus d'un titre. Elle est
révélatrice de la vision du monde désenchantée et désespérée déjà,
du jeune adulte, Hubert Aquin[19]. Elle met en forme toute l'ambiguïté de son rapport au temps qui est perçu essentiellement
comme facteur de dégradation : le temps, en effet, « ronge » les
êtres, les entraîne dans une « chute vertigineuse » (1959 : 81) et
les détruit. L'amour même en est victime, si bien que la passion
pure, d'une certaine manière, ne peut se réaliser qu'à l'extérieur de
l'axe temporel, que dans la mort comme seul lieu possible d'une
fusion totale et absolue. C'est le choix qu'effectue le jeune couple
amoureux formé par Rachel et Aesham dans le récit ; il fait le
saut dans le néant pour sauver son amour de « l'horrible
durcissement de la vie » (1959 : 86). L'autre couple, celui des
« rédempteurs », Elisha et Héman, choisit la vie, pariant qu'on
peut échapper à la dégradation au sein de l'expérience elle-même,
qu'on peut éviter la souillure qui paraît tout envahir et tout
recouvrir ; cependant tout indique que ce pari est bien fragile dans
le contexte social et métaphysique mis en place dans le roman.

Peut-on lire et interpréter « Les rédempteurs » comme une
parabole ? Peut-on considérer que l'espace social évoqué par ce
récit est une transposition directe, à peine masquée, de la société
canadienne-française sous Duplessis ? Si cette hypothèse était
retenue, Edom symboliserait le Québec d'alors, Shebab la toute-
puissance du chef de l'État et de son parti et Héman les
combattants souvent timorés de l'ordre établi. Le roman autorise
sans doute une telle lecture qui se révèle cependant un peu courte,
et passant largement à côté de l'essentiel : la prégnance, au-delà

---

19. Aquin est très tôt habité par un sentiment tragique de l'existence. Le *Journal,* publié en 1992, est très clair là-dessus : à 19 ans,
il a conscience d'être un « raté » (1992 : 58) et un « désespéré » :
« Une existence insensée, note-t-il, colle à mes flancs, elle m'empêche d'avancer. Je danse sur place comme un homme pris dans une
pieuvre » (1992 : 73). Cette prise de conscience ne fera que
s'exacerber au fil des années, et seul le suicide, déjà envisagé au début
de la vie adulte, rêvé et symbolisé sous toutes ses formes par la suite,
pourra y mettre fin et donner accès au grand repos abolissant toutes
les contradictions.

de la représentation explicite d'Aquin et la sous-tendant, d'une conception du monde tragique qui est une réalité collective qu'il partage avec les membres de son milieu et à laquelle il n'échappe pas, en dépit de la lucidité et de la vigilance dont il fait preuve déjà à l'endroit des valeurs dominantes.

L'écrivain est alors, ne l'oublions pas, un tout jeune homme à peine sorti de l'univers clérical du cours classique régi par un noyau dur de croyances et de pratiques relevant du jansénisme. Aquin reprend et radicalise la vision apocalyptique du monde véhiculée notamment par les prêtres exaltés qui animaient les célèbres « retraites fermées » de l'époque ; son roman en transpose les images les plus excessives, révélant ainsi, involontairement sans doute, le caractère profond de l'imprégnation de cette vision désenchantée, pessimiste du monde, y compris chez ceux qui la contestent et entendent s'en libérer ; en cela « Les rédempteurs » sont bien de leur temps.

*   *
*

Écrit au cours des années 1958-1959, sept ans après « Les rédempteurs », le second roman d'Aquin, *L'invention de la mort,* s'inscrit très nettement dans le prolongement du roman inaugural, reprenant notamment sa symbolique christique et la problématique centrale de la mort et du suicide qui devient déterminante dans l'œuvre comme dans la vie de l'écrivain. Celui-ci s'enfonce irrémédiablement dans un rapport au monde qu'il qualifie lui-même de schizophrénique et qui fait sens dans le cadre d'une prise de conscience exacerbée d'une perte irréversible et totale du monde unifié de l'enfance et des toutes premières origines. La vie, par suite, ne saurait être qu'une tentative, vaine, de retrouver, sous des formes multiples, et dans un climat d'exaspération, ce paradis perdu.

L'existence est ainsi éprouvée et vécue sur le mode de l'exil, de la distance : « mon intégration à mon entourage est précaire, note Aquin dans son *Journal* : je la remets sans cesse en question ». Et il ajoute, précision capitale : « Je demeure en instance de séparation avec le réel. Incapable de m'y faire pour de bon, je dois le quitter pour le récupérer de la seule manière dont je puis : par le travail solitaire de l'écriture » (1992 : 191). L'écriture est ainsi perçue comme une tentative pour renouer avec un réel insaisissable au cœur de l'expérience quotidienne, comme un travail de création exprimant un désir forcené de se recréer soi-même comme personne pouvant entretenir des rapports « normaux » avec le monde et avec autrui.

Ce rapport pour le moins problématique à l'existence se double d'une fascination trouble pour le suicide. Là-dessus, le témoignage du *Journal* confirme ce que l'œuvre révèle : le suicide s'offre à Aquin comme une porte de sortie logique et en quelque sorte naturelle, une manière efficace, radicale et élégante de mettre un terme à une existence éprouvée comme un calvaire, une crucifixion permanente. Il permet de réaliser enfin cette régression à laquelle aspire toute vie, ce retour à la paix originelle avant la catastrophe que représente la naissance.

L'invention de la mort, dans cette optique, peut être lue comme un témoignage particulièrement révélateur sur le drame personnel de l'écrivain, offrant un riche matériau à une interprétation psychanalytique qui pourrait aisément l'étudier comme une « confession » à peine transposée. Il possède incontestablement une forte dimension autobiographique, mais on ne saurait, sans l'amputer sérieusement, le réduire à cela ; il est aussi l'expression d'un acteur social fortement impliqué dans le milieu culturel de l'époque à l'endroit duquel il adopte un point de vue très critique. Soumis au Cercle du livre de France, le roman fut refusé, croit Bernard Beugnot, « pour des raisons sans doute plus morales que littéraires » (Aquin, 1991 : 8). Hypothèse vraisemblable, compte tenu que le récit est axé sur une histoire d'adultère à composante sadomasochiste et sur une critique rageuse et parfois blasphéma-toire des croyances religieuses de la société canadienne-française de l'époque.

Sur le plan événementiel, le roman se présente comme le récit détaillé d'une nuit d'agonie au terme de laquelle le héros – René Lallemant – mettra fin à ses jours dans un simulacre d'accident. Lorsque le récit s'ouvre, tout est déjà joué et, pour reprendre l'expression du narrateur, déjà « fini ». Et il se referme sur la disparition du héros essayant de trouver, dans son geste suicidaire, une improbable résurrection qui pourrait lui permettre de vivre enfin pleinement, débarrassé de la culpabilité crucifiante qui le hante depuis l'enfance. René Lallemant semble ainsi obtenir, dans la mort, la paix, la pureté des origines (retrouvée dans « l'eau primordiale ») qu'il a vainement poursuivie dans les bras des femmes aimées, désir éperdu d'absolu que le suicide manifeste et exprime à sa manière et qui ne cessera d'habiter l'œuvre d'Aquin jusqu'à la fin.

Ce cadre anecdotique sert d'ossature au récit d'une vie qui apparaît n'avoir été rien d'autre qu'un naufrage, qu'un désastre existentiel. Le narrateur-héros a, en effet, échoué en tout. Journaliste ambitieux, assoiffé de pouvoir, il doit se contenter d'un emploi obscur de reporter dans un grand quotidien montréalais alors qu'il rêve d'être correspondant à Paris où il pourrait refaire sa vie. Ce ratage professionnel est en outre aggravé par l'échec de son amitié avec Jean-Paul, compagnon de travail, complice d'expéditions nocturnes, qui le « trahit » dans son entreprise parisienne après s'être révélé un « rival » dans sa liaison amoureuse avec Nathalie.

Sur le plan affectif, sa relation avec Nathalie se termine par un avortement, par la mort d'un enfant qui redouble et préfigure sa propre disparition à la fin du récit. Cette mort constitue en outre un obstacle infranchissable, le séparant à jamais de toute possibilité de relation authentique avec Nathalie. Sa passion pour Madeleine enfin, quête éperdue et monstrueuse de la Mère, est représentée comme une noyade, comme une tentative démente de trouver une mythique virginité ; mais il arrive trop tard, la femme aimée a déjà été prise, elle est irrémédiablement imprégnée par l'Autre, et dès lors elle ne peut que lui être inaccessible.

Le titre du roman est ici particulièrement judicieux, mettant en relief la signification profonde du récit : méditation sur la mort et essai de la métamorphoser en un improbable salut. Il s'agit donc bien du récit d'une quête, essentiellement tournée vers le passé cependant auquel on essaie de trouver un sens avant de disparaître : un récit écrit pour ainsi dire du point de vue de la tombe, de l'au-delà par rapport à quoi toute recherche, aussi authentique soit-elle, ne peut apparaître que vaine et dérisoire.

Cette quête est portée par une conscience malheureuse, par un personnage tragique qui se perçoit et se décrit comme un « fou », comme un « vaincu » troublé par son propre corps qui lui semble étranger et qui lui « rappelle les corps anonymes des survivants d'Auschwitz » (Aquin, 1991 : 15). « Fils oublié », second de famille délaissé, il recherche en vain une affection qui se dérobe à ses entreprises. D'où la tentation du suicide éprouvée une première fois en 1955 – et déjà rêvé à l'adolescence – et qui lui vaut un internement en clinique psychiatrique à l'Institut Albert-Prévost dont il ressort sans avoir substantiellement transformé son rapport au monde : Lallemant se définit toujours comme « angoisse, pauvreté, fatigue, mort » (1991 : 32). Foncièrement passif, se laissant mollement porter par l'existence, entre de brèves périodes d'excitation et d'exaltation, il se décrit comme étant « fait en creux comme une matrice infécondable » (1991 : 31), désert asséché que rien ne pourrait faire revivre et refleurir. En bref, il s'agit d'un personnage malade, brisé, défait et cela depuis l'enfance, depuis une bagarre d'écoliers au cours de laquelle il a été vaincu piteusement. Depuis lors il a le sentiment de vivre sous le poids d'une « obscure prédestination » (1991 : 125) qui le condamne à une absence radicale au réel, à laquelle seul un retour à l'origine pourrait peut-être apporter une solution. D'où l'attirance pour la mort, « l'eau primordiale » du Saint-Laurent, et par-delà du Jourdain, dans laquelle, nouveau Christ, il pourrait renaître pour « vivre une autre vie », sortant métamorphosé de l'eau « après un long baptême de mort » pour « commencer [sa] vie à neuf » comme « son frère le Nazaréen » (1991 : 135-137). Désir de renaissance donc qui est l'envers positif d'une existence traversée de part en part par la mort : vivre, c'est descendre inexorablement au tombeau et personne ne peut échapper à cette malédiction.

Ce thème central est modulé à de nombreuses reprises dans le roman, de l'incipit originel (« Tout est fini ») à la disparition dans les eaux glacées du Saint-Laurent. Le narrateur-héros ne cesse de clamer sa déréliction, sa solitude radicale qui ne fait que croître avec le temps, cette « rivière incertaine et précaire » qui emporte tout dans son flux invincible débouchant sur le gouffre du néant auquel on ne saurait se soustraire. Pas même par l'amour qui est vécu comme une « lente noyade », une « glissade éperdue » dans un « firmament liquide » (1991 : 49), une quête de la Mère archaïque qu'on ne rencontre jamais dans les femmes réelles souillées par le temps.

D'où des rapports amour-haine complexes à l'endroit des femmes élues, toujours soupçonnées de quelque traîtrise, et le désir obsessionnel de femmes-mères, enveloppes fœtales dans lesquelles se réfugier, ou de jeunes filles vierges à prendre avant qu'elles ne deviennent des menaces. La femme « réelle » représente une dégradation par rapport à cet absolu, à cet idéal romantique : elle ne peut que trahir et décevoir car elle est porteuse de la castration que redoute un héros déjà bien miné de l'intérieur par une conscience rongée par la Faute.

Cette vision tragique, désespérée, du monde traverse, on le sait, toute l'œuvre d'Aquin, trouvant dans *Neige noire* son incarnation la plus extrême. En ce sens Bernard Beugnot a raison de signaler que ce premier véritable roman peut être considéré – avec « Les rédempteurs » – comme le « foyer générateur » de l'œuvre à venir. Il met en place l'essentiel de la configuration thématique de la production romanesque ultérieure. Tout y est sauf, et c'est quand même non négligeable, la dimension politique explicite. Il n'y a dans le roman, en effet, aucune référence directe aux événements politiques du temps – le récit se déroule en 1959 – et aucune évocation de la question nationale québécoise, si présente dans la suite de l'œuvre. Aucune représentation extensive non plus de la société québécoise à l'aube de la Révolution tranquille.

Cela dit, le roman prend largement sa signification à la lumière du Québec duplessiste. Il en fait la critique sur le mode implicite par la mise en scène d'un drame existentiel échappant aux normes et bienséances du régime et par le questionnement métaphysique qu'il opère. Celui-ci débouche sur une dénégation de Dieu, évoqué comme une pure création, une projection pathétique d'hommes malheureux à la recherche d'un impossible salut : Dieu cruel, père sévère qui abandonne ses enfants et même son fils bien-aimé au mal et à la désolation et devant lequel on ne peut que se révolter dans la dignité du blasphème. « Dieu n'existe pas, écrit Lallemant, je le sais de tout mon corps et de toute mon âme. Les hommes l'ont créé à leur image et à leur ressemblance » (1991 : 147). Dans le Québec des années 1950 une telle prise de position ne pouvait, bien sûr, que signaler la singularité et l'« étrangeté » de l'auteur, mais aussi, paradoxalement, son appartenance fondamentale à la culture judéo-chrétienne telle que vécue par une couche importante de la société canadienne-française.

Aquin incorpore cependant cette culture à sa manière, la radicalise et l'éprouve sur le mode romantique. Son héros est partagé, tiraillé entre une conception de l'amour et du monde fortement idéaliste, survalorisant ces réalités, en faisant des absolus, et une vision négative, dénégatrice, tenant l'amour et le monde pour moins que rien, et appelant donc un refus total. Son existence est faite d'une circulation incessante – et à la longue intenable – entre ces deux positions. D'où la porte de sortie logique que représente le suicide comme tentative extrême de réconciliation des contraires, des apories fondamentales de la vie.

L'univers ici est réduit à un huis clos, une impasse dans laquelle se débat douloureusement une conscience malheureuse. Le roman se déploie dans un espace fermé comme un œuf, celui des chambres d'hôtel hermétiquement closes, coupées de l'extérieur évoqué allusivement à partir du regard en surplomb que permettent les fenêtres : le monde social, vu d'en haut, est bien petit et la « vraie vie », qui est « interdite », se « célèbre en lieu clos comme une messe noire » (1991 : 45).

Aquin reprend donc à sa façon un thème central de l'univers sartrien qu'il a rencontré à l'époque de ses études, comme en fait foi le *Journal* ; il absorbe cette « influence », l'incorpore, et l'intègre à sa perception du monde et des êtres. Mais cette façon de voir, qu'il actualise sur un mode dramatique et romantique, ne lui appartient pas en propre ; il la partage avec d'autres membres de la petite bourgeoisie intellectuelle dont il fait partie et qui prend ses distances à l'endroit de certains prolongements sociaux et politiques de cette vision du monde sans toutefois s'en détacher complètement. Comme Marc Angenot l'a fait remarquer très justement, il est extrêmement difficile, voire impossible, d'échapper à l'hégémonie discursive et culturelle de son époque ; l'œuvre d'Aquin, sur ce plan, obéit à la règle tout en prenant le maximum d'écart possible à l'intérieur de la configuration socioidéologique de la période dans laquelle elle s'inscrit et qu'elle fait voir sous un jour neuf.

LA FICTIONNALISATION DU SOCIAL

Trois œuvres donc, exprimant trois conceptions de la littérature, elles-mêmes liées à trois modes d'insertion dans la réalité canadienne-française de l'époque.

Les vivants, les morts et les autres témoignent d'une expérience de militant. L'auteur, durant les années 1950, est syndicaliste, puis membre et cadre du parti communiste, section du Québec. À ce titre, il participe activement aux luttes syndicales et politiques de la période avant de se retirer de la vie publique à la suite de la publication du rapport Khroutchev qui ébranle, en 1956, les convictions des membres du parti communiste et qui les porte à de sévères autocritiques se traduisant souvent par un retrait de la vie militante. Le roman de Gélinas prend donc son sens dans ce contexte particulier qu'il exprime sur le plan littéraire.

L'auteur partage pour l'essentiel la théorie du réalisme critique, telle que définie par Lukács. Son ambition est de rendre compte de la vérité de la condition canadienne-française trop souvent négligée, selon lui, par des romanciers préoccupés par la recherche d'un faux universalisme qui cache mal leur véritable nature d'écrivains « provinciaux », se situant à la remorque d'une référence française mythique et mystifiante.

Son roman ne s'inscrit pas dans la tradition alors dominante du roman psychologique. Il relève nettement de la grande tradition réaliste en ce qu'il propose une représentation exhaustive de la vie sociale des années 1950, et plus particulièrement de l'univers du travail, qu'il évoque à travers un certain nombre de destins significatifs et typiques. Il emprunte très concrètement la forme du récit d'apprentissage centré sur l'expérience d'un héros qui évolue dans un monde auquel il est progressivement initié, qu'il éprouve comme un obstacle à vaincre et à transformer selon ses aspirations les plus profondes. Ce monde, ici, c'est celui de la domination et de l'exploitation économiques et politiques que le héros ne réussira finalement pas à changer ; sa lutte n'aura pas été pour autant inutile, puisque qu'elle lui aura tout de même permis de connaître les hommes et de s'accomplir en tant qu'individu dans la réalité de son temps.

À travers le destin de Maurice Tremblay, c'est donc le processus capital de l'urbanisation et de l'industrialisation de la société canadienne-française que décrit Pierre Gélinas au niveau de ses manifestations et de ses conséquences les plus concrètes et les plus brutales. En cela, son roman traduit admirablement l'époque, saisie dans ce qu'elle a de plus essentiel.

La trilogie d'André Langevin exprime une autre conception de la littérature et un rapport différent aux années 1950. L'auteur appartient à un univers différent, celui des intellectuels travaillant dans les institutions d'État, et plus particulièrement à Radio-Canada, pépinière qui fournit de nombreux collaborateurs aux revues réformistes comme *Cité libre* qui s'opposent au pouvoir autocratique de Duplessis dans une perspective de changement non révolutionnaire de la société.

Ce milieu entretient une conception « libérale » du politique et se montre particulièrement ouvert en ce qui concerne les questions artistiques et littéraires. Il trouve largement son compte dans la tradition dominante du roman psychologique qui lui renvoie une image complexe, et nuancée, de sa propre situation. L'œuvre de Langevin lui convient donc parfaitement en ce qu'elle symbolise, sur un mode dramatique, sa position inconfortable dans la société canadienne-française de l'époque.

Les héros des trois romans s'inscrivent en effet en porte-à-faux par rapport à leur milieu. Cela est particulièrement net dans *Évadé de la nuit,* Jean Cherteffe ne pouvant trouver une solution, si cela en est une, que dans une fuite en forme de suicide. Cela est évident également dans *Poussière sur la ville,* où la contradiction n'est pas abolie au cœur même du récit, mais est reportée dans un dénouement heureux à venir hors récit, comme conclusion fort aléatoire d'un acte de foi apparaissant bien fragile : rien ne dit que

Dubois réussira effectivement son intégration à Macklin. Enfin Dupras, qui a choisi le « temps des hommes » contre Dieu, ne réussit pas vraiment dans la mission qu'il s'est imposée : le monde, à la fin du roman, lui échappe toujours, le laissant plus désarmé et désemparé que jamais.

Singularisés dans un milieu social qu'ils souhaitent pourtant apprivoiser, et parfois réformer, ces héros n'en appartiennent pas moins à l'espace culturel et idéologique hégémonique de leur société de référence. Ils sont, en effet, profondément imprégnés de la vision du monde idéaliste et dualiste qui anime et régit les attitudes et les comportements des membres des fractions intellectuelles de l'époque, qu'elles soient « progressistes » ou « conservatrices ». Langevin, en cela, reprend et transpose le discours social du temps, dans ses manifestations les plus explicites, à travers les revendications « libérales » et réformistes de ses personnages, aussi bien que dans ses déterminations les plus fondamentales ; il exprime ce dernier aspect, sans doute bien involontairement, et les critiques contemporains ne l'ont d'ailleurs guère perçu, mais c'est par là que son œuvre rend peut-être compte le plus justement de la vérité de cette période de transition, à la fois claire et obscure, qui conduit au Québec moderne.

Le jeune Aquin emprunte une trajectoire assez semblable à celle d'André Langevin, étant comme celui-ci engagé à Radio-Canada à son retour de Paris où il a effectué des études peu concluantes sur le plan académique mais très formatrices sur le plan de l'écriture, lisant les grands contemporains et ébauchant les principales coordonnées de son œuvre future tant au niveau thématique que formel.

« Les rédempteurs », œuvre de jeunesse qu'Aquin aura tendance à juger sévèrement, une fois écrivain reconnu, possède un indéniable ancrage biographique. La vision du monde pessimiste et désespérée qui informera toute l'œuvre ultérieure, et qui culminera dans l'inachèvement, le ratage total d'*Obombre,* révélateur cru d'une impossibilité radicale de se dépasser et d'aller plus loin, marque déjà de son empreinte noire ce premier texte, l'enveloppant dans un linceul glacial qui recouvrira tous les récits à venir. La griffe biographique est ici très nette, et c'est par rapport à la trajectoire personnelle, intime, de l'écrivain qu'il faut sans doute d'abord lire et interpréter cette première tentative romanesque, à la lumière d'une sensibilité à vif. Le récit renvoie cependant à une réalité plus large. Car ce que le jeune écrivain vit et décrit de manière excessive, c'est une expérience commune aux gens de sa génération, nés et élevés dans une culture axée sur une faute aussi culpabilisante que mystérieuse. La vie se déroule sous le regard d'un Dieu vengeur célébré par un Christ noir aboyant à la lune et réclamant un holocauste qui pourrait mettre un terme définitif à une vie éprouvée comme un cruel et interminable chemin de croix. Cette conception apocalyptique de l'univers est reprise quelques années plus tard, sur un mode davantage intériorisé, dans *L'invention de la mort,* à travers la conscience malheureuse d'un héros prédestiné au suicide, seule façon possible de retrouver l'univers sécurisant de la prénaissance, ce « paradis » à tout jamais « perdu ».

Aquin manifeste ainsi, d'une manière particulièrement exaltée, un rapport au monde qui est un phénomène d'époque. Il le radicalise, le pousse pour ainsi dire à bout, affirmant de la sorte sa singularité, sa différence mais dans un univers dont il fait partie intégrante, y trouvant ses racines les plus profondes et les plus décisives, son romantisme noir signant de façon grinçante une indépassable appartenance.

*   *

*

Trois œuvres donc, singulières, différentes, se profilant toutefois sur une toile de fond commune : le Québec « prérévolutionnaire » des années 1950. Trois œuvres constituant autant de prélèvements, d'échantillons d'une production romanesque de plus en plus abondante et diversifiée ; elles sont ici des expressions de trois courants importants, soit le réalisme critique, le psychologisme à composante existentialiste, le romantisme tragique. Mais elles ne témoignent pas de l'ensemble de la production qui se manifeste également sous la forme du roman de mœurs social et urbain (Jean Filiatrault, Roger Lemelin), du roman psychologique d'obédience chrétienne (André Giroux, Jean-Paul Pinsonneault), du roman « moraliste » (Jean Simard), du roman « féminin », sinon féministe (Claire Martin), et, à partir du début des années 1960, sous la forme du récit de contestation nationale (Laurent Girouard, Claude Jasmin, André Major) et du récit de l'écriture (Gérard Bessette, Marie-Claire Blais, Réjean Ducharme). Les œuvres retenues et analysées plus haut ne mettent donc en lumière que certaines facettes, particulièrement intéressantes et significatives, d'un corpus beaucoup plus complexe et plus riche. C'est la première limite de ce travail. Une deuxième concerne la période couverte, soit les années 1950, « moment » décisif s'inscrivant dans un processus plus large, celui de la modernisation d'ensemble de la société canadienne-française, qui trouvera avec la Révolution tranquille son plein épanouissement. Les œuvres étudiées mettent en relief ce changement global qui affecte toutes les dimensions de la vie culturelle et sociale. Une fois produites, ces œuvres participent à leur tour du mouvement en tant qu'éléments constitutifs et dynamiques du nouveau discours social qui se construit sur les ruines de l'ancien ordre social et discursif : elles sont donc tout à la fois « objets », produits de l'Histoire et « sujets », principes actifs de la marche en avant qui caractérise la période d'après-guerre.

Il reste à montrer comment cela prend forme à travers les facettes de la production littéraire non abordées ici. Ce sera l'objet d'une étude globalisante dont le présent texte introduit les paramètres théoriques et méthodologiques et une première analyse qu'il faudra poursuivre et approfondir dans une perspective synthétique visant à éclairer, l'une par l'autre, une production symbolique nettement circonscrite et l'époque dans laquelle elle trouve son origine et sa signification.

(janvier-mars 1994)

CHAPITRE III

Victor-Lévy Beaulieu : le livre et l'histoire

L'œuvre de Beaulieu est énorme – plus de 30 livres en moins de 25 ans d'écriture : on ne trouve rien d'équivalent dans la production québécoise contemporaine – foisonnante, irradiant dans toutes les directions à partir de *Race de monde,* ouvrage originel et central, clef de voûte d'un univers en expansion illimitée, protéiforme aussi, comprenant des romans, des essais critiques sur les figures d'écrivains préférés et survalorisés (de Hugo à Ferron), des pièces de théâtre, des interventions polémiques, etc.

Derrière cette abondance, cette prolifération éclectique, cette hétérogénéité, est-il possible de retrouver un principe d'unité qui assurerait la cohérence de cette œuvre, de retracer en quelque sorte un ordre au sein même du désordre ?

Il me semble qu'on peut répondre par l'affirmative à cette question à partir de la constatation que ce qui est repris et approfondi d'une œuvre à l'autre, depuis les origines jusqu'à *Docteur Ferron. Pèlerinage* (1991), c'est le rapport de l'Œuvre comme projet épique et ce que l'on pourrait appeler les conditions historiques de sa réalisation : comment en somme, tirer le Livre de la non-histoire, du magma informe, du néant, de la béance anhistorique que constitue le Québec ?

Cette question fondamentale se présente à la fois comme le thème le plus général, le plus récurrent, et le principe d'intelligibilité de l'œuvre de Beaulieu, l'horizon sur lequel il faut la projeter pour en rendre compte dans sa totalité et sa globalité. Ce sont les différentes étapes et formes de cette problématique centrale contenant les enjeux majeurs de cet immense, et sans doute interminable, récit, que j'entends dégager ici.

LE QUÉBEC : ALIÉNATION ET HISTOIRE

Dans son tout premier roman, *Mémoires d'outre-tonneau,* Beaulieu met déjà en lumière l'aliénation, la dépossession de la société québécoise à travers le destin tragique d'un personnage fou, Satan Belhumeur, en proie à un délire dont l'étiologie s'inscrit dans une histoire, une enfance : « J'ai eu, confesse Satan, l'enfance brutale, sanguinaire, et il ajoute, précision capitale, j'ai eu l'enfance québécoise » (Beaulieu, 1968 : 63). Ce destin singulier est ainsi lié indissociablement à une histoire collective qu'il exprime à sa manière. Dès l'origine donc la problématique des rapports des individus à une société bloquée, figée, immobile, est posée tout au moins d'une manière implicite.

Cela sera encore plus évident dans *Race de monde,* le véritable roman des commencements, dans lequel est créée la famille Beauchemin et esquissé pour la première fois le projet épique, cette saga de la tribu à écrire pour comprendre une histoire et donner un sens au présent.

La famille Beauchemin, c'est l'incarnation et le symbole des belles grosses familles québécoises – comme on disait – d'avant la Révolution tranquille. Le père est gardien d'enfants mentalement handicapés et accepte son sort avec passivité, avec une sorte de désespérance résignée. La mère, pour sa part, est effacée, s'occupant de sa cuisine et de ses enfants avec une tendresse silencieuse. Son univers, c'est celui, limité – mais avec 12 enfants, comment pourrait-il en être autrement ? – de la famille sur lequel elle règne par sa douceur et sa patience, devenant pour ses enfants désaxés un point de référence, un refuge où se reposer de leurs errances.

La famille, c'est aussi, bien sûr, les nombreux enfants. Charles-U. d'abord, l'aîné conformiste, qui méprise la famille et sa misère, qui rêve d'habiter Westmount, qui se laisse happer par l'idéologie du fric, qui quittera bientôt la tribu et dont on n'entendra à peu près plus jamais parler, son option étant ainsi implicitement condamnée par l'auteur. Jean-Maurice, ensuite, qui deviendra blouson noir, terreur de quartier, se rebaptisant Machine Gun ; lui aussi rompt avec la famille, mais sans la mépriser, tentant seulement de sortir de la misère par le crime. La famille, c'est encore le fils promis à la prêtrise, Félix, qui mourra d'une crise cardiaque avant d'avoir pu accomplir sa vocation, Ernest l'horticulteur, Gisabella et Gabriella, les sœurs aînées, et les cadettes, Élisabeth, Jocelyne, Colette, qui n'auront que des rôles de figuration. Mais la famille, c'est surtout Jos, Steven et bien sûr Abel, le narrateur égocentrique et complaisant du récit.

Jos, à qui un important chapitre de la saga sera consacré, est d'une certaine manière un prolongement, une amplification du personnage de Satan Belhumeur, un révolté scandalisé par la « pitoyable condition humaine qui obligeait Maman Dentifrice à diluer dans la paraffine jusqu'aux confitures pour les faire durer plus longtemps » (Beaulieu, 1969a : 31). Mais un révolté qui ne deviendra pas un révolutionnaire, et qui préférera fuir l'existence dans des recherches ésotériques qui le détourneront de la vie réelle.

Steven est le poète de la famille, « le seul Beauchemin, écrit Abel, qui a des chances de résister à tout cela, à notre passé de minables, à notre vulgaire présent, à notre absence d'avenir. S'il est profondément marqué par le milieu, Steven a ce talent de transfigurer les charognes en divinités » (1969a : 62)[1]. Il est donc représenté comme celui qui pourrait, par sa création, transcender la misère présente, la métamorphoser en œuvre d'art, en faire la matière du Livre, cet absolu qui ne cessera de hanter Abel tout au long de la saga.

Enfin, dernier personnage du trio, Abel, le romancier, narrateur et héros principal du roman. Celui-ci se montre critique face à la structure de domination de la société et au discours hostile à la culture qu'elle diffuse et encourage. « Moi je me demande comment la pouaisie peut être possible quand on est le sixième d'une famille de douze enfants ; quand les parents sont pauvres ; quand les seuls journaux, les seuls livres, les seules émissions de

---

1. Pierre Nepveu (1988 : 127-140) a signalé avec justesse la complémentarité des deux frères, incarnant chacun une figure, un modèle de l'Écrivain (le romancier, le poète) dont la fusion seule pourrait sans doute permettre la réalisation du Livre.

radio et de télévision qu'on lit, entend et voit refusent systémati-
quement la pouaisie, la dénoncent et la rejettent » (1969a : 56)[2].

Sa critique, on le voit, se situe à deux niveaux : la société
est condamnée du point de vue social, bien sûr, mais aussi, et
surtout, d'un point de vue esthétique. Ce n'est pas tant le citoyen
ici, que le poète, qui s'insurge. Et c'est plus tard qu'il découvrira
dans l'écriture la possibilité de transcender la réalité en recréant
une famille mythique et en idéalisant notamment la vie à Saint-
Jean-de-Dieu qui n'est pas particulièrement valorisée dans *Race de
monde*. Ici, en effet, le passage de Saint-Jean-de-Dieu à Montréal
n'est pas représenté comme un événement traumatisant ; on
échange une « existence larvaire » pour un « autre genre de
misère » (1969a : 49) : c'est tout.

Cette évocation critique de la société québécoise contemporaine – que symbolise d'une certaine manière la famille
Beauchemin – Beaulieu la poursuit dans les romans suivants en
créant des personnages de marginaux, d'originaux et de détraqués,
victimes d'une société éclatée, sans cohésion, faute de valeurs
communément partagées.

Dans *La nuitte de Malcomm Hudd*, par exemple, il décrit
un personnage solitaire, dévoré par l'angoisse, ne voyant pas
d'autre solution que l'alcool à sa détresse, incarnant la révolte à
vide du Québécois « moyen » dépossédé, cet « homme des
tavernes » qui vit son désespoir sur le mode passif, préférant se
retirer du monde, fuir, plutôt que de faire face et de lutter.

Dans *Un rêve québécois*, il évoque une nuit dans la vie de
Bartholémy Dupuis, autre alcoolique, rentrant à la maison après
une cure de désintoxication à Domrémy. Le héros n'est pas sitôt
sorti de l'établissement qu'il s'engouffre dans la première taverne
qu'il trouve sur son chemin, se saoule, puis rentre à la maison où
il va accomplir son « rêve » : tuer et mutiler sa femme Jeanne-
d'Arc. La seule action du roman, c'est celle-là, et encore est-elle
parodique : il s'agit d'un meurtre symbolique accompli dans le
délire éthylique.

---

2. On trouvera un discours du même ordre aux pages 93 et 94 de
Race de monde.

Ce roman est sans doute celui qui exprime de la manière la plus crue, la plus désespérée (et désespérante), l'impuissance, l'aliénation québécoise. Bartholémy Dupuis est un prolétaire qui ne possède rien et qui, pour oublier le ratage qu'est sa vie, n'a d'autre refuge que l'alcool. Il boit donc beaucoup, pour oublier qu'il n'a pas su réaliser ses aspirations – en société nord-américaine capitaliste, faire de l'argent – ni même réussir sa vie privée : son mariage avec Jeanne-d'Arc est un échec. L'existence de Bartholémy, à tous les niveaux, dans tous les domaines, est un désastre : « Rien n'arrivait jusqu'à lui, il était coupé du monde, il était une vieille carcasse de bête sauvage tuée à coups de hache » (Beaulieu, 1972 : 53). Or ce personnage, j'insiste, incarne une figure limite de la dépossession radicale dont souffre la société québécoise.

Dans *Jos connaissant*, enfin, le héros symbolise un courant important dans la jeunesse au début des années 1970, celui de la contre-culture ; on n'a plus affaire en effet dans ce roman à un déviant alcoolique ou délinquant, mais à un mystique à la recherche de son salut : « Pour quel avenir se battre, Mam ? se demande Jos. Pour quelle vérité ? N'y aurait-il donc que le Soupirail du Mysticisme ? Que le retour aux techniques archaïques de l'Extase ? Que la prière ? » (Beaulieu, 1970 : 22). Et à la fin du récit, il tire la conclusion que la seule façon d'accéder à sa vérité est de devenir fou : « J'allais devenir l'Image de ce pays, j'allais devenir sa Pensée Outrageante. Je ne pourrais jamais rien imaginer de trop Fou ou de trop Inutile, il faudrait même que j'aille assez loin car c'était au fond du Délire que ce pays se reconnaîtrait et s'assumerait » (1970 : 249). Il détruit ce qu'il avait adoré jusque-là : le Bouddha objet de ses prières, il brûle les masques de Mam, Marie, Malcomm et Belhumeur et en emprunte un nouveau. Désormais il sera Paquet Pollus, être excentrique qui va parcourir le Québec et se manifester par la démesure, par l'excès, rachetant ainsi la petitesse, le manque d'audace et d'ambition du pays. La folie apparaît ici comme la seule façon de sortir de l'état d'asphyxie qui caractérise la société québécoise.

À quoi tient cette représentation que l'on serait tenté de qualifier de crépusculaire ? À la lecture pessimiste que Beaulieu fait de l'histoire du Québec comme étant « l'histoire d'une dégradation ». Le passé québécois, tel que perçu et décrit notamment dans le *Manuel de la petite littérature du Québec,* c'est l'histoire d'une aliénation, d'un rapetissement, d'un aplatissement, d'un déclin et d'un échec : « Il y a des sociétés, y écrit Beaulieu, qui évoluent vers un rétrécissement d'elles-mêmes, qui tournent contre elles-mêmes leurs forces vives, dans une aberration destructive. C'est un peu ce qui s'est passé au Québec, particulièrement de 1850 à 1950, au nom de la survivance française et catholique » (Beaulieu, 1974b : 153). Le Québec de cette époque apparaît ainsi comme un ramassis de « fous, de névrosés, d'infirmes, d'ivrognes, de mystiques, de martyrs et de malades » (1974b : 17). Et le Québec contemporain en est le prolongement.

C'est à cette réalité que nous renvoient les personnages délirants, alcooliques, névrosés des premiers romans de Beaulieu : leur « folie » est une manifestation, sur le plan individuel, sur le plan du vécu – le roman étant la mise en forme, à ce niveau, de l'Histoire – de la dérive collective.

Serait-il possible d'échapper à cette aliénation de la société québécoise et de trouver à tout le moins un sens, une vérité derrière cette dépossession qui permettrait de l'expliquer et ultimement de s'en défaire ? Et l'écriture pourrait-elle être le moyen privilégié d'une éventuelle libération ? C'est le questionnement très explicite qui sous-tend le mini-ensemble romanesque que forment *Oh Miami, Miami, Miami* et *Don Quichotte de la démanche* [3].

---

3. Cette problématique est par ailleurs déjà abordée, bien que de manière allusive, dans *Jos connaissant* lorsque le héros se demande s'il ne serait pas possible de retrouver une vérité profonde derrière le personnage de l'oncle Phil deux : « Je me dis qu'il est un Fantôme du Passé ressuscité par nous. Un signe à découvrir. Un message d'ailleurs. Un mécanisme inconnu dont il faudrait défaire le système d'horlogerie » (1970 : 91-92). Tâche de reconstruction et de lecture du passé qui reviendra à Abel dans et par l'écriture de la saga familiale.

L'ÉCRITURE COMME DÉPASSEMENT

Avec *Oh Miami, Miami, Miami,* une nouvelle étape s'ouvre dans l'œuvre de Beaulieu, celle où la réflexion sur l'écriture devient un thème central (ce que traduit, dans ce roman et le suivant, la présence décisive de l'écrivain Abel Beauchemin).

Le héros, Berthold Machefer (création d'Abel, comme nous l'apprendrons au cours du récit, projection caricaturale inventée pour se venger d'un ex-employeur qui a congédié l'écrivain), raconte l'odyssée qui l'a conduit, petit vendeur qu'il est, de Shawinigan à Miami dans une quête exacerbée de vérité affective et sexuelle. Le roman, en cela, est un récit d'apprentissage au cours duquel Berthold, grâce à Ida, découvre la sexualité et ses plaisirs mais surtout, à travers l'énigmatique personnage de Faux Indien, la vérité du monde et de sa propre existence.

Faux Indien apparaît comme quelqu'un qui a rompu radicalement avec la société dominante et son idéologie conformiste, comme un sage qui a pris ses distances avec le monde, le regardant du haut de son impassibilité, en fumant tranquillement son pot. Posant sur le Québec un regard à la fois « de l'extérieur » (en tant qu'Indien) et « de l'intérieur » (en tant que « Faux » Indien, appartenant en réalité à l'univers des Blancs), il propose de son histoire l'interprétation suivante ; ce pays, en renonçant à sa vocation amérindienne, en préférant le sédentarisme au nomadisme, en refusant l'aventure, n'a pu, dit-il, que « se ratatiner comme une peau de chagrin et appeler Saint-Jean-de-Dieu son village, et mêmement son asile. Ce pays pourrit comme une vieille tomate, s'écrase tout au fond de son néant » (Beaulieu, 1973 : 317). Ce qu'il aurait fallu faire, c'est écouter Louis Riel et le suivre, lui qui « aurait créé une nouvelle religion dans laquelle le rêve de l'Amérique française se serait reconnu et accompli » (1973 : 314). Cela ne s'étant pas réalisé, il reste aux « Québécois rapetissés » (1973 : 325) l'imaginaire.

L'imaginaire est, dans cette perspective, une fuite du réel ainsi qu'en témoigne l'œuvre d'Abel, selon Faux Indien : « Ce que je veux dire par tout ceci, mon cher Abel, c'est que tu ne vis pas dans le monde, tu l'imagines et tout n'a de sens que dans les caprices de ton imagination » (1973 : 334). Et il ajoute, incluant sa propre autocritique dans l'appréciation qu'il fait de la démarche d'Abel :

> *J'imagine pourtant assez bien que nous nous ressemblons un peu dans l'utilisation que nous faisons de notre folie. Toi, tu inventes des romans et moi je creuse le passé amérindien de l'Amérique. Nous avons tort tous les deux car tout cela est déjà dans les musées et ne peut plus guère nous être de quelque secours. J'ai mis longtemps à connaître le secret de mon père, qui est aussi le tien – je veux parler ici de notre immobilité à tous. Ton œuvre est bâtie là-dessus et sa continuité, qui est celle de ses personnages, n'a pour but que sa fixation dans l'immobilité* (1973 : 336).

C'est à cette remise en cause de son entreprise qu'Abel se livre dans *Don Quichotte de la démanche* qui, en ce qui concerne le rôle des écrivains et des intellectuels québécois, est un des romans les plus importants des années 1970, car il contient une réflexion sur l'écriture s'inscrivant elle-même à l'intérieur d'une interrogation plus large sur le devenir de la collectivité québécoise.

La problématique de l'écriture est mise en forme dès la première page du roman qui s'ouvre par la phrase suivante : « Et puis il comprit qu'il allait mourir. » Thème de la mort qui est immédiatement et indissolublement lié à celui de l'écriture : « Abel Beauchemin venait de comprendre que jamais plus il ne pourrait écrire de romans » (Beaulieu, 1974a : 13). À quoi fait écho, à l'autre bout du roman, le passage suivant : « cette absurde écriture-exorcisme au centre de laquelle il s'était perdu, connaissant la plus ignominieuse des morts, celle de son imaginaire, celle des forces vives de ses dons » (1974a : 271)[4].

---

4. Problématique qui n'est pas sans rappeler celle d'Hermann Broch dans *La mort de Virgile,* ce grand roman sur le sens de la création et de la mort, dont Beaulieu, en bon plagiaire, s'est sans doute en partie inspiré. Voir mon article dans *Tangence* en 1993.

En un sens, il était presque fatal que cette interrogation sur l'écriture survienne en ce point précis, au moment où le romancier Abel a déjà derrière lui une œuvre importante, au moment donc où – parce que l'œuvre existe – un questionnement sur sa signification, sur sa fonction s'impose. Jusque-là il a écrit en quelque sorte naturellement, croyant en la littérature comme le charbonnier en Dieu, se fixant comme modèle Victor Hugo et aspirant à faire de la saga des Beauchemin quelque chose comme l'équivalent des *Misérables* : le tableau et la somme d'une époque. Et puis, tout à coup, voici qu'au beau milieu de l'entreprise, surgissent de douloureuses questions : la littérature ne serait-elle pas le contraire de la vie, écrire, ne serait-ce pas mourir un peu ? l'écriture peut-elle tenir lieu de cure, peut-elle vraiment apporter une libération ? et, à un autre niveau, cette activité, cette entreprise a-t-elle une justification, un sens historique ? C'est dans ces termes que se pose à des niveaux différents la problématique de l'écriture.

À la première question, le roman apporte une réponse positive : oui, la littérature est bien l'envers de la vie, son négatif. Elle isole et exclut, renferme l'écrivain sur lui-même, le coupe du monde et d'autrui, fut-ce de la femme aimée.

À la seconde question (l'écriture peut-elle être le lieu et le moyen d'une autoanalyse réussie ?), le roman répond qu'il s'agit là d'une interrogation naïve, fondée sur une surestimation des pouvoirs d'introspection de l'écriture et, comme le constate Abel, « Écrire, ce n'était que rouvrir une blessure, celle qu'il s'était faite jadis quand on habitait Saint-Jean-de-Dieu » (1974a : 22). À cela sans doute le silence, s'il était possible, serait préférable.

Écrire alors pour édifier une œuvre, une extériorisation de soi-même et du monde ?

L'Œuvre serait donc toujours impossible, constate Abel, tout vous ramenait à votre point de départ et l'on aurait beau écrire des milliers de pages, il n'y aurait jamais de solution, tout se passant comme s'il fallait sans cesse mettre dans sa face de nouveaux masques, aussi insatisfaisants que ceux déjà utilisés et ne disant

> *que l'extrême indigence dans laquelle il fallait bien se débattre, avec soi comme monstre à exorciser* (1974a : 158).

L'« extrême indigence », c'est, ici, celle du pays à exprimer. Peut-on tirer une œuvre forte, puissante, d'une réalité en décomposition ?

Beaulieu recourt ici à Jos pour rendre compte de sa vision du Québec – qui recoupe et complète l'interprétation de Faux Indien dans le roman antérieur – : « le Québec constitue le dépotoir de l'humanité », mais paradoxalement, « un formidable bouillon de l'histoire, la matrice d'une nouvelle civilisation » (1974a : 155). Et Jos, qui a pris le déguisement de Don Quichotte, précisera plus loin dans le récit : ce pays est « sans peuple », son « passé n'est qu'une longue et vaine jérémiade », sa « littérature n'est qu'une inqualifiable niaiserie ; avec un diable boiteux, inefficace et bavard comme prince, et des armées d'hydrocéphales pour fidèles » (1974a : 257). Néanmoins, il estime que ce peuple taré, dans sa déréliction, est à la veille de prendre son essor, de quitter son « souterrain pour la lumière » (1974a : 259). C'est pourquoi il a fondé l'Ordre des porteurs d'eau, nouvel ordre chevaleresque dont la mission sera d'indiquer au peuple québécois le chemin et les moyens de sa libération.

Abel, bien sûr, n'est pas dupe des discours grandiloquents de Jos et il ne retient que la partie descriptive et critique de sa lecture du Québec où tout est « d'une extrême dérision, si extrême dérision qu'elle ne peut même pas être tragique car toute grandeur lui a été enlevée, comme s'il fallait absolument que tout se termine en queue de poisson, dans l'absence de temps et d'espace, comme s'il fallait vraiment que tout reste en l'air, inachevé, sans fin dernière » (1974a : 274). Autrement dit, l'Œuvre souffre d'une double impossibilité : une première due aux limites de l'écrivain lui-même, une seconde provenant de la médiocrité du milieu qui ne peut le stimuler. Le pays, en bref, n'est pas digne d'avoir un aussi génial écrivain qu'Abel Beauchemin, faire-valoir autorisé de Victor-Lévy Beaulieu !

C'est sur ce constat désabusé et désespérant d'un double échec – de l'histoire, de l'écriture – que se termine *Don Quichotte de la démanche,* roman qui devrait logiquement déboucher sur le silence. Pourtant *Les voyageries* viendront bientôt relancer l'entreprise et donner une première forme concrète au projet épique, les Jobin relayant les Beauchemin dans un milieu non plus fermé, replié sur lui-même comme l'était Trois-Pistoles, mais ouvert sur le monde et la mer, sur le large : l'univers du voyage aussi bien littéraire que géographique.

L'ÉCRITURE COMME ABSOLU : *LES VOYAGERIES*

Ce nouveau projet globalisant, totalisant, qui fait place à l'avenir, au rêve, à l'utopie, est mis en chantier, et ce n'est sans doute pas par l'effet du hasard, au moment des grandes espérances suscitées par la montée du Parti québécois.

Cette immense entreprise d'écriture – cette invention d'un monde – est traversée et structurée par deux courants, deux tendances, ce que j'appellerai le « roman familial » *(Blanche forcée, Sagamo Job J., Una)* et le « roman de l'écriture » *(N'évoque plus que le désenchantement* [...], *Monsieur Melville, Discours de Samm),* tendances profondément interreliées dans le tissu romanesque mais qu'on peut distinguer pour fins d'analyse.

J'entends ici mettre surtout l'accent sur la dimension scripturaire de l'entreprise en n'oubliant pas toutefois qu'elle apparaît dans le cadre d'un roman d'amour, d'un roman familial porté par trois voix. Celle du père, Job J. Jobin qui, dans *Blanche forcée* (1976), évoque sa rupture avec la mère, France, et ses amours avec Blanche. Celle de la mère, France qui, dans *Sagamo Job J.* (1977), fait entendre sa complainte d'épouse délaissée et malheureuse. Celle d'Una, la petite fille solitaire et monstrueuse, en proie aux phantasmes violents, morbides qui s'emparent de son imaginaire et risquent de la conduire à la folie. Roman d'amour qui se termine par un constat généralisé d'échec : échec du couple (France–Job J.), échec de la famille aussi absolu que définitif, renvoyant chacun à son quant-à-soi et à son inéluctable solitude.

Par ailleurs, en tant que roman de l'écriture, le récit débouche sur le projet de la « grande romancerie de la tribu des

Beauchemin » (Beaulieu, 1980 : 78) à écrire sous le très haut patronage du père et de monsieur Melville. C'est ainsi que les deux « tendances » du cycle se rencontrent, interfèrent et fusionnent, faisant coïncider dans une même visée et un même mouvement l'histoire « restreinte » et « terminée », à ce qu'il semble, des Jobin et l'épopée, toujours à venir, des Beauchemin, projet sans cesse repris et déporté, horizon fuyant servant d'inspiration et de guide à l'écriture.

C'est dans le second tome du cycle, *N'évoque plus que le désenchantement de ta ténèbre, mon si pauvre Abel* (1976a), que cette relance est mise en place, dans ce texte singulier où Beaulieu prend la parole directement, sans recourir à son faire-valoir habituel, Abel, le bien-nommé Beauchemin, mis à distance dans le titre même de l'ouvrage.

Au moment de sa rédaction Beaulieu exerce le métier d'éditeur, ayant été à la fin des années 1960 successivement directeur littéraire aux Éditions du Jour, puis fondateur et animateur de l'Aurore et de VLB éditeur. Son récit se présente donc d'abord comme une réflexion sur le métier d'éditeur et sur les implications que cela comporte sur la pratique d'écriture, l'édition étant un travail qui garde, sinon ramène l'écrivain au réel – dureté de l'industrie du livre ! – tout en nourrissant son imaginaire à travers la lecture d'autrui.

Mais l'écriture c'est d'abord un travail, un exercice, une activité qui semble comporter en soi sa propre finalité, qu'on peut accomplir « naturellement », « spontanément », ne pouvant, comme l'écrit Beaulieu, « faire autrement » (1976a : 14), étant comme appelé et porté par elle, sans qu'on soit en mesure de bien saisir la nature, le sens de cette poussée, de ce mouvement vécu dans la fièvre, la frénésie, la « folie » des mots, la

> démangeaison de l'œuvre, *que ce qui court à fond de train dans les sentiers de la création, dans le ça éclaté du réel et de ce qui ne peut être réel, sur les traces du Melville comme à la poursuite d'une armée se débandant. Je m'appelle Baroque et Rococo, poursuit Beaulieu, à la fois spectateur et spectacle dans la*

grande question inachevée : comment sortir de tout ça
pour produire l'or d'alchimié ? (1976a : 75-76)[5].

Pratique passionnée qui ne peut se vivre, se consumer que
dans l'excès, l'œuvre exigeant pour s'accomplir une implication
totale, à la limite du possible, se nourrissant de l'énergie, de la
foi, du travail, un livre appelant l'autre dans une course effrénée à
la recherche d'un sens qui ne cesse de s'offrir et tout à la fois de se
dérober, « le secret s'éludant de lui-même du secret, en fesant un
autre à côté, mille fois plus provoquant parce que mille fois plus
vaste » (1976a : 51). L'écriture comme reprise d'écritures antérieures, relance, conquête de nouveaux territoires, fuite en avant
d'une machine emballée, surchauffée, véritable spirale avalante,
prise de conscience des limites et de la nécessité inévitable de
toujours et tout recommencer : « Toute écriture, précise
Beaulieu, ne fait que creuser le lit d'écritures autres, toute écriture
ne fait jamais que se recommencer, montée de sa chute, et chute
de sa montée, avec rien de sûr car que sont les mots sinon des
miroirs qui ne retournent rien » (1976a : 111-112).

À quoi rime finalement cette expérience, en quoi mérite-t-
elle qu'on s'y engage tout entier, quitte à s'y perdre ? Sans direction, sans fondement, sans raison, sans sens, l'œuvre est d'une
certaine manière « en trop », elle tourne à vide, n'existe pour
rien : écrite contre la mort, elle en « prend le masque » (1976a :
123) dans son opacité d'objet figé, arrêté (bibelot mort, ornement
qui n'orne rien). D'où la nécessité et l'urgence de lui trouver un
sens : « je m'interroge sur les sens que je voudrais donner à mes
ouvrages » (1976a : 12). Cette question décisive est posée
comme l'enjeu principal de ce livre d'autocritique.

Dans la mesure où l'écriture peut être le lieu d'un travail sur
soi, d'une entreprise de fusion des divers moi centrifuges qui
composent et tiraillent l'être, d'une construction « totalisante »
de la personne, elle mérite d'être placée au-dessus de tout et de
faire l'objet d'une quête passionnée, incessante, sans fin et sans

---

5. Je souligne.

frein, d'un travail forcené qui seul peut susciter le dépassement, en soi aussi bien que dans l'œuvre.

L'écriture, ainsi exaltée, devient pratique de libération par quoi on espère le « salut », et l'écrivain, s'y engageant totalement, choisit en quelque sorte la prêtrise, devenant célébrant et « martyr » de la religion de l'art, crucifié, comme l'écrit Beaulieu, sur « la croix de sa création, lieu de la quête de son Saint-Graal » (1976a : 84-85). Cette posture sacralisant l'art le tire du côté de Flaubert qui se profile dans la figure de l'écrivain comme « moine penché sur son grimoire, comme "bénédictin" » (1976a : 45), image à laquelle il recourt aussi.

Cette survalorisation de la figure de l'écrivain, qui se traduit parfois par des attitudes relevant de la mégalomanie – cette hypertrophie du moi –, est toutefois « compensée » par une très grande humilité devant les écrivains estimés majeurs – ce dont témoignent les ouvrages d'hommage et de reconnaissance consacrés à Hugo, Kérouac, Melville, Ferron – et par une conception de l'écrivain comme « gonflement du collectif », l'œuvre étant « jaillissement de soi, mais de beaucoup plus loin que de soi » (1976a : 112), conception qu'il doit pour une large part à Ferron. En vérité Beaulieu semble osciller entre deux représentations de l'écrivain, la première le faisant à la fois le prêtre et le Dieu de la religion de l'art, la seconde le tenant pour témoin privilégié et caisse de résonance de la société.

Dans cette seconde optique l'écrivain a pour responsabilité de dévoiler la véritable nature d'un pays « non plus incertain mais équivoque », « pays de mimes », « de la reproduction », « pays trop longtemps perroquet », sans « mythe ni même d'histoire » et « apparente impossibilité d'en créer » (1976a : 148-151)[6]. Un

---

6. Dans cette perspective, Beaulieu décrit *Le ciel de Québec* (1969) de Ferron comme un « gigantesque prologue préparant à l'histoire et au mythe. Car qu'est-ce donc que Rédempteur Faucher, sinon le Messie, sinon l'acte même de l'histoire et du mythe, pourtant muet tout au long du roman parce qu'il n'y a encore rien dans le passé capable de le faire dire, parce que contrairement au *Quichotte* et à *Ulysse, sa mythologie se trouve à être en avant de lui, dans ce qui doit devenir et qui n'est pas encore devenu* » (1976a : 151). Je souligne.

pays qui est encore décrit ailleurs comme « spirale inusable et hybride se reprenant toujours, mais rien de plus, créant de la pratique molle, de sorte que ç'a toujours l'impression de tourner en rond » (1976a : 58).

Texte capital à mon sens, car il éclaire de manière lumineuse les rapports de l'écriture et de la collectivité chez Beaulieu, affirmant au début de *Monsieur Melville* par exemple vouloir comprendre « ce qui fait que je suis venu au *monde circulaire* » et « [p]ourquoi j'avance si peu dans l'écriture » (Beaulieu, 1978 : I, 24). Un élément majeur de la réponse est fourni ici : c'est que l'écriture, pratique circulaire – piétinement, course sur place, danse dans un cercle clos, mouvement incessant de reprise à travers les mêmes anneaux, les mêmes boucles – est la contrepartie, le miroir, l'équivalent scripturaire d'une pratique sociale fonctionnant à la réitération, au ressassement, à la dérive, caractéristique d'une collectivité qui n'ose assumer jusqu'au bout son destin. On comprend mieux ainsi pourquoi l'épique, selon Beaulieu, n'apparaît pas possible dans la société québécoise : c'est que son histoire ne l'autorise pas, l'infrahistoire ne pouvant engendrer qu'une littérature sur un mode mineur. La fonction de l'écrivain, dans une telle conjoncture, c'est de faire en sorte que l'histoire (et la littérature) puisse survenir enfin : « Sans ce projet, écrit Beaulieu, que serait, que pourrait être l'écriture ? Sans cette volonté, que pourrait-il bien y avoir dans nos mots ? » (1976a : 151).

Cette réflexion se trouve au point de départ du livre sur Melville, ce livre immense, cet ouvrage majeur, magistral, somme et sommet de l'œuvre de Beaulieu jusqu'à maintenant. Livre « total » qui intègre plusieurs registres d'écriture : des fragments autobiographiques (sur l'enfance et l'adolescence), une réflexion sur l'écriture et sur le discours critique, une lecture de Melville (prétendant elle-même à la totalisation), un roman (à un triple titre, comme fiction sur Melville et les siens, comme moment réflexif dans la vraie saga des Beauchemin, comme élément central des *Voyageries*), un récit historique (sur la société américaine du XIXe siècle), un documentaire (sur la chasse à la baleine), un récit de voyage (sur les mers du Sud) et enfin un *work in progress* (dans lequel le caractère autoréflexif de l'écriture est encore plus accentué que dans les œuvres antérieures). En somme un assez extraordinaire exemple de plurilinguisme dans le roman.

À l'origine une « insatisfaction » face à l'œuvre déjà accomplie, « suite sans logique de fragments, pour ainsi dire la moins bonne part de moi, quelque chose comme du résidu » (1978 : I, 12) et une volonté de « dépassement », de parvenir par les mots à l'expression de la « meilleure part de soi-même, à ce qu'on pressent au fond de soi, c'est-à-dire cette beauté qui doit vous être exclusive, que personne d'autre que vous ne saurait produire, ce qui constitue à proprement parler l'ultime justification de sa vie (mais sans doute bien davantage) » (1978 : I, 12), la littérature étant alors tenue pour une « expérience-limite de l'homme, une assomption de liberté » (1978 : I, 20).

Pourquoi cette ambition prend-elle la forme d'un ouvrage sur Melville et ses environs ? C'est que Beaulieu s'identifie à l'auteur de *Moby Dick,* qu'il se reconnaît en lui, estimant qu'il a été, dit-il « ce que je voudrais être » (1978 : I, 23), c'est-à-dire un écrivain poussé et porté par un « sentiment d'urgence vis à vis de l'œuvre à accomplir » (1978 : I, 34) et par une ambition « totalisante » de tout exprimer de soi et du monde dans une œuvre : « Pour Melville, l'écriture ne peut être qu'une entreprise totalisante et dans laquelle tout ce qu'on est doit se consumer, sans faux partage entre le réel et l'imaginaire [...] ; tout dire dans un livre définitif, tout dire de soi et du reste dans un livre définitif : voilà ce qui sera le projet melvillien » (1978 : I, 53-54). Cette identification, il la poussera très loin, se confondant même par moments avec Melville, parlant à sa place et pour lui, projetant sur lui ses préoccupations, en faisant une sorte de double mythique de lui-même. Il est donc conscient que Melville sera « son » Melville, autrement dit une création, une invention qui, « tout comme moi, ne peut que basculer du côté de la fiction » (1978 : I, 23)[7].

---

7. Tout au long de l'ouvrage ce mécanisme d'identification-projection joue à fond, atteignant son point culminant dans le

Melville c'est aussi l'objet et le prétexte d'un projet plus vaste dans lequel il constitue un moment fort, par lequel il est en quelque sorte annexé, assimilé et qui lui fournit en partie son sens. Ce que Beaulieu souhaite en effet, c'est d'être changé, transformé par et dans son ouvrage, l'écriture étant ainsi praxis créatrice de soi, si bien que l'écrivain désire être devenu à son terme un « moi-même différent de ce que je suis, enfin transformé et armé comme il convient de l'être lorsqu'on veut écrire *La grande tribu* et tout ce qui pourrait encore survenir d'elle » (1978 : I, 24). *Monsieur Melville* se présente ainsi comme une condition à remplir, un préalable à l'écriture du grand projet mythique, toujours appelé et toujours repoussé, point de repère guidant l'écrivain voyageur, mirage tournoyant permettant d'avancer, de produire, de construire par morceaux, par fragments une œuvre qui, tout en attirant vers soi, poussant en avant, se dérobe comme un horizon fuyant. Écrire *La grande tribu,* ce serait en somme tout à la fois accomplir et renoncer au projet de l'œuvre comme totalisation de soi et du monde : d'où sans doute son éternel report.

C'est dans la mesure où *Monsieur Melville* participe du projet épique rêvé dès les origines que la référence à Sartre est significative. Le Sartre retenu et mis à contribution ici, c'est le critique et le théoricien des sciences humaines, l'auteur des *Questions de méthode* et de *L'idiot de la famille*. Ce qui fascine Beaulieu dans *L'idiot de la famille,* c'est le caractère globalisant

---

chapitre sur « Mardi » du deuxième tome, Beaulieu éprouvant alors « l'impression d'être devenu Melville lui-même, en tous les cas la part la plus déchaînée de lui » (1978 : II, 156), et ajoutant : « [...] ma main est devenue la main même de Melville. Je passe les doigts dans mon visage, et je ne le reconnais plus ; ma barbe est devenue la barbe même de Melville, tout comme mon nez, tout comme mes yeux qui se mettent à pleurer, tout comme mes cheveux extraordinairement épais comme une suite de vagues se terminant dans le cou » (1978 : II, 157). Enfin il commence le chapitre qui suit comme ceci : « Je m'appelle Herman Melville. Mettons. » (1978 : II, 159). L'incipit annonce une narration autobiographique d'une quinzaine de pages attribuées à Melville lui-même devenu personnage de mémorialiste : faut le faire !

de la démarche de Sartre, dont il se réclame autant comme
romancier que comme critique. C'est aussi les points de
comparaison que, s'autorisant de Sartre, il dégage entre Melville
et Flaubert (rapprochés notamment dans leur intérêt pour la Terre
Sainte souligné dans le dernier tome des *Voyageries*), dans le
sillage duquel il s'inscrit dans sa quête forcenée du livre, dans la
survalorisation qu'ils accordent l'un et l'autre à la littérature, sur
fond d'incroyance radicale.

C'est cette foi, ce pari quasi pascalien sur la littérature, qui
constitue la singularité de Beaulieu dans le tableau littéraire au
milieu des années 1970. Au moment où la problématique de
l'engagement est dominante, où l'on doit se définir et se situer par
rapport à elle, Beaulieu apparaît comme absent dans un débat qui
semble le laisser froid. Au même moment Jacques Godbout
s'engage à sa manière dans les luttes sociales (l'écologie dans
L'Isle au dragon), André Major reprend à son compte la théorie
sartrienne du dévoilement comme fondement théorique de ses
Histoires de déserteurs et, en poésie, des écrivains comme
François Charron, Philippe Haeck, parmi et avec d'autres, pratiquent une littérature de combat[8]. Beaulieu, dans ce débat, apparaît
en retrait, s'en tenant à la problématique de l'écriture thématisée
depuis le *Oh Miami* [...], reprise conceptuellement dans le
N'évoque plus que le désenchantement [...] et réitérée dans
Monsieur Melville : comment l'Œuvre pourrait-elle survenir
dans un « pays équivoque » qui n'aboutit pas, qui se refuse à son
destin ?

La symbolique du voyage, dans cette optique, est singulièrement éclairante : c'est elle qui assure l'unité et le caractère
totalisant du cycle. La baleine blanche de Melville représente en
effet l'Absolu recherché par Achab dans la quête démente au terme
de laquelle il trouvera la mort. Cet Absolu qu'incarne sur le plan
affectif l'amour-passion, symbolisé par Blanche, après quoi Job J.
court dans le premier volet des *Voyageries* et qui se dérobe,
faisant place à l'amour au quotidien dans sa médiocrité rassurante

---

8. Voir à ce sujet le livre collectif publié sous ma direction en
1989, ainsi que l'ouvrage de Caroline Bayard paru à Toronto en 1989.

avec France. Cet Absolu qui apparaît comme l'objectif ultime poursuivi dans l'écriture dont la couleur est le blanc laiteux de la baleine, qui symbolise donc à sa manière « l'absolu littéraire ». Cet Absolu enfin, que représenterait l'accession du pays à sa souveraineté ; idéal rêvé, mythique, se présentant alternativement sous la forme d'une tentation et d'une interdiction, que seule une transgression révolutionnaire pourrait lever.

C'est sur cette problématique de l'écriture comme absolu que se terminent *Les voyageries* dans le *Discours de Samm,* sur cette conception de la littérature comme « refus global » et seule voie cependant ouverte au dépassement, à l'expression de qu'il y a de meilleur en soi. Cela, dans l'hypothèse optimiste, car l'écriture – et c'est cette dominante qui prévaut ici – est aussi une marche vers la mort, une descente au tombeau, une pratique délétère, mortifère : « elle n'est pas un apaisement, écrit Abel, mais que le gonflement de la mort » (Beaulieu, 1983 : 144), gonflement épousant la forme d'un « éternel retour », d'une incessante reprise du même, de l'identique en-deça de l'apparente multiplicité qu'elle exhibe. Comme la vie, elle n'est que prolongement et quête des origines, recherche de fusion avec la mère et tentative de réconciliation avec le monde plein, non encore fissuré, non encore troué, de l'enfance (telle qu'on se l'imagine).

Ici encore, on le constate aisément, tout se tient et l'ouverture, représentée par *Les voyageries,* s'inscrit aussi de plus d'une manière dans le cadre d'une entreprise surdéterminée par l'archaïque, les origines, « personnelle », renvoyant à l'enfance d'un destin singulier, et « collective » en tant que procédant et participant d'une histoire plus large, trouvant ses racines dans l'épaisseur, la sédimentation d'un vécu historique s'étendant sur plusieurs générations. La poussée nouvelle, la marche en avant surgissent au sein d'un mouvement qui tourne sans cesse sur soi, revient sur ses pas et ses pistes, reprend, en les intégrant, les multiples « moments » d'une vie et d'une œuvre qui renvoient tous, chacun à leur manière, au même terreau, au même tuf.

RELANCE ET MÉTAMORPHOSE DU PROJET ÉPIQUE

Avec *Steven le hérault,* publié en 1985, Beaulieu relance concrètement la vraie saga des Beauchemin, renouant dans les faits avec l'entreprise lancée depuis bientôt vingt ans et mise entre parenthèses depuis *Don Quichotte de la démanche* en 1974. Bien entendu *Satan Belhumeur* constitue en 1981 une amorce de cette reprise, mais il ne s'agit pas tout à fait d'un épisode nouveau de la saga dans la mesure où ce roman reprend et approfondit un texte déjà ancien, le premier en réalité publié par Beaulieu, *Les mémoires d'outre-tonneau,* revus, augmentés et intégrés au légendaire des Beauchemin. C'est donc avec *Steven le hérault* que l'entreprise est vraiment remise sur les rails.

Comme volet de la saga des Beauchemin, *Steven le hérault* poursuit la description sociographique ébauchée dans *Race de monde,* mettant en relief cette fois le personnage de l'oncle Phil – à qui le roman est dédicacé – : personnage coloré de vieil ivrogne lubrique, amateur de bières et de femmes, possesseur aussi des secrets de la famille et recours éventuel pour l'écriture du Livre si le père s'obstine dans son refus entêté de collaborer désormais avec Abel à *La grande tribu.* Dès *Race de monde* Steven était représenté comme le Poète de la famille, écrivain travaillé par la hantise du Livre et par la figure de son incarnation la plus radicale : Joyce sur les traces de qui il était parti à Paris « parce qu'il avait besoin d'une représentation de la beauté qui nous manque affreusement ici, personne ne pouvant faire sortir le Saint-Laurent de ses eaux pour que ça devienne l'Anna Fluvia Plurabelle, le fleuve de toutes les rédemptions » (Beaulieu, 1981 : 215). Après donc une absence prolongée de quinze ans, il rentre à Montréal appelé en quelque sorte par le malheur de la famille et une certaine nostalgie du pays natal que traduisent éloquemment pour lui les vers suivants de T.S. Eliot qu'il récite à Gabriella : « Nous ne devons jamais cesser d'explorer / Et la fin dernière de toute notre exploration / Sera d'arriver là d'où nous étions partis / Et de connaître ce lieu pour la première fois » (Beaulieu, 1985 : 19).

Il s'agit donc de reprendre contact avec la famille (qui est sur le déclin, qui se dégrade, se dispersant aux quatre vents), avec le pays pour le moins équivoque, voire promis à la disparition, de l'après-référendum, et surtout avec Abel, le frère « jumeau », double de soi, rival admiré et détesté qui semble avoir renoncé à l'écriture qu'il tient désormais pour une pratique dérisoire, ses livres ne lui paraissant que « des coups de griffe pour défigurer le silence » (1985 : 139) qui, loin d'assurer sa rédemption, n'ont contribué qu'à le défaire, qu'à le déconstruire comme individu, qu'à l'enfoncer encore davantage dans une solitude absolue, radicale, dans un cercle clos dont il ne parvient plus à s'échapper, condamné éternellement à tourner en rond sur lui-même comme un fauve dans sa cage.

Assez curieusement toutefois il semble que le Livre soit déjà écrit et qu'il appartiendra à Steven, ainsi que le lui dit Abel, de le réaliser, de le « performer », sa mission à lui ayant été de l'annoncer. Les rôles sont ainsi renversés, Abel se posant en hérault et Steven étant destiné à accomplir le Grand Œuvre avec le Père : « Et quinze ans après, s'étonne Steven, le voilà qui renverse l'ordre des choses qu'il a lui-même établi, ce qui le met dans la situation du Hérault et moi dans celle devant la justifier. Quel invraisemblable retournement ! Et que cherche-t-il vraiment au fond de tout ça ? Que je lui dise non et qu'il reste pris avec le Livre ? » (1985 : 151). Acceptant en maugréant le témoin qu'entend lui refiler Abel, Steven emporte le manuscrit du Livre et découvre avec stupéfaction qu'il s'agit en réalité du texte dactylographié de *L'avalée des avalés* de Réjean Ducharme reproduit in extenso et il se demande si c'est bien là « le fameux livre inachevé dont son frère lui avait parlé » (1985 : 228). Quelle est en effet la signification du recours ici au roman de Ducharme ?

Énigme d'autant plus mystérieuse qu'elle se complique d'une référence à la Bible qui est ainsi assimilée au livre projeté par Abel. De la Bible, il est écrit qu'il s'agit du livre qui « avait fondé l'Histoire, et aboli l'Anecdote et donné naissance au Prêtre qui était l'absolu de l'Homme délivré de l'homme, cette image ultime du Christ-Jésus et celle-là aussi de Confusius » (1985 : 150). Le Livre est projeté de la sorte dans la continuité de la

tradition judéo-chrétienne, renvoyé au texte majeur, capital de la
culture québécoise, celui qui l'a marquée et imprégnée d'une
manière décisive, indélébile, dans les couches les plus profondes
de son être. Mais ce n'est pas le seul point d'intersection du roman avec
le texte biblique, la thématique de la rivalité des « deux frères »
reprenant par exemple à sa manière l'antique querelle de Caïn et
d'Abel, Steven faisant figure de Caïn, relayant le personnage
biblique dans le meurtre (à advenir) d'Abel sur lequel se termine le
roman. Curieuse machination là encore, montée par un Abel se
prenant pour le Christ, orchestrant son suicide sous forme d'un
meurtre dont la responsabilité incombera à Steven et qui, le cœur
transpercé, meurt en arrosant de son sang le « Livre défait »
(1985 : 342)[9].

Conclusion désespérée et désespérante d'une « action » qui
se déroule dans la période post-référendaire, lorsque les espoirs
suscités par la victoire du PQ paraissent s'effondrer définitivement
pour faire place au dérisoire, à l'absurde, au non-sens, à l'absence,
au manque historique que la littérature ne saurait à elle seule
combler. Conjoncture dont elle témoigne à sa manière, le « Livre
défait » s'offrant comme métaphore d'un pays à la dérive, en
chute libre, ayant renoncé à son accomplissement, se résignant
comme l'oncle Phil, sa caricature grinçante, à la « petite vie », à
un destin plus que jamais vécu comme « fatalité ».

L'héritage, dernier roman publié, marque véritablement une
coupure, sur le plan stylistique, dans l'œuvre de Beaulieu. Le
récit, pour la première fois, est conduit d'une manière linéaire,
horizontale pour ainsi dire, semblant échapper enfin à la circula-
rité. Cela tient en partie à son appartenance au « genre » feuilleton qui commande un type bien précis de découpage – une scène,
un fragment – et qui impose sa logique, ses contraintes, celle
notamment que « l'histoire » soit vraisemblable, cohérente,
transparente, aisément lisible ; ce qui n'exclut pas, naturellement,
l'utilisation de techniques comme les *flash-back,* mais ceux-ci

---

9. Ce sont les derniers mots du roman.

sont fonctionnellement liés à l'action en cours, au ici et maintenant de l'histoire contemporaine. Il y a donc renversement de perspectives : ce qui compte, c'est un présent que le passé, au besoin, éclaire, alors que, dans la production antérieure, l'essentiel était en arrière, dans le passé de l'enfance, des origines, le présent n'en étant qu'un prolongement inéluctable, un complément obligé.

Envisagé du point de vue du développement d'une entreprise, *L'héritage* apparaît par ailleurs comme une relance, dans une conjoncture nouvelle et avec de nouvelles données, du projet épique, les Galarneau relayant les Beauchemin. Cependant les Galarneau ne constituent pas, contrairement aux Beauchemin, une famille déclassée, dépouillée, dispersée dans le Grand-Montréal, dont les membres rêveraient, avec nostalgie, de Trois-Pistoles, lieu de leur grandeur perdue. Ils ont du « bien », Xavier a la réputation d'être « plein jusqu'aux as » et les enfants (Miriam et Miville) se disputeront l'héritage familial : il s'agit là d'une donnée centrale de l'intrigue du roman. Du nouveau donc dans cette représentation d'une famille financièrement à l'aise, possédant une tradition à respecter, un héritage à faire fructifier et, en cela, assez typique du Québec contemporain.

Au premier plan du récit on trouve l'histoire d'une lutte, d'une déchirure entre « l'ancien » (Xavier pratiquant et défendant une forme traditionnelle d'agriculture) et « le nouveau » (représenté par Miville, plus sensible aux exigences impliquées par l'intégration de celle-ci au marché), cette opposition par ailleurs étant recouverte, surdéterminée par le drame de Miriam, l'inceste, secret honteux partagé avec Xavier et qui brouille les rapports « normaux » qui devraient s'établir entre les membres de la famille. À travers ce premier plan du récit, qui synthétise l'attention dramatique, Beaulieu construit comme en second plan le tableau de la famille élargie (Gabriel et les siens) et des relations villageoises, tableau que complète l'évocation, en contrepoint, du milieu montréalais de la microédition incarné par le curieux homme d'affaires et poète qu'est Philippe Couture. C'est la dimension « monographique » du roman.

Enfin, greffé sur ces deux plans dont la dimension dramatique est évidente, le récit de l'écriture, de la littérature, du Livre qui situe le roman sur un autre registre : celui du lyrisme. C'est par cette dimension que *L'héritage* subvertit en quelque manière le feuilleton, en fait sauter les frontières habituelles, l'ouvre à autre chose que la reproduction spectaculaire de normes standardisées, et questionne dans les faits la logique des rapports marchands de l'industrie du rêve médiatique.

Ne disposant que du premier volet de cette nouvelle saga, il m'apparaît prématuré d'en proposer une analyse extensive. Je m'en tiendrai donc pour l'essentiel à un commentaire sur la mise en scène de la littérature qu'opère à nouveau Beaulieu dans ce texte. Son inscription passe par la mise en place d'une « figure » d'un écrivain, Philippe Couture, qui apparaît à la fois comme « l'envers » d'Abel Beauchemin, sa respectabilité d'homme d'affaires et de gentleman contrastant fortement avec le personnage fantasque, mythomane, excessif qu'est Abel et comme son « double assagi », son complément, légitimant à sa manière, par le profond respect qu'il porte aux livres et aux écrivains et par sa pratique nocturne, la littérature et ceux qui la font. Homme responsable et respectable, Philippe Couture se définit d'abord, sur le plan de l'être et des valeurs, par rapport à la littérature tenue et vécue comme un Absolu dont participe Albertine, figure du lecteur idéal, ce truchement nécessaire par quoi l'écriture arrive, trouve son accomplissement.

L'histoire d'amour de Philippe et d'Albertine, c'est d'abord la rencontre de l'Écrivain et du Lecteur, leur fusion nécessaire pour que puisse naître l'œuvre, le livre, le fruit de la sainte messe dont ils sont les célébrants. La thématisation de l'écriture ne prend pas la forme ici d'une remise en question sur un mode problématique. Tout se passe en vérité comme si on avait enfin trouvé une réponse aux interrogations fiévreuses du Abel du *Don Quichotte de la démanche* et des *Voyageries,* comme si la littérature pouvait désormais s'épanouir dans une sorte de souveraineté tranquille.

À quoi cela tient-il ? Il m'apparaît difficile à ce stade-ci de suggérer des hypothèses sur une évolution toute récente ; il faudra d'abord voir si cette tendance se confirme et, si c'est le cas, chercher des réponses en prenant en compte le dynamisme d'un champ culturel dont le développement repose de plus en plus sur des bases autonomes, dont la souveraineté nationale n'apparaît plus comme condition tout à fait nécessaire de réalisation. En cela il y a vraiment déplacement, prise de distance, écart par rapport à la problématique définie par Aquin à l'époque de *Parti pris* (refus radical de la littérature au profit du politique) et reprise, avec des variantes, par Beaulieu inscrivant ce refus dans la pratique même de l'écriture comme lieu d'un appel ne pouvant engendrer que de l'inaccomplissement, de la déception, obligeant à toujours tout recommencer dans une quête aussi nécessaire que vaine. C'est cela, ici, qui semble devoir être dépassé.

*   *   *

Si l'œuvre de Beaulieu est incontestablement hétérogène, multidimensionnelle, polyphonique, il n'en demeure pas moins qu'elle est traversée et « travaillée » par une problématique centrale, celle du statut et de la fonction de l'écriture dans une société dominée, qui en assure la profonde cohérence.

Dans les premiers romans cette problématique est implicite. Beaulieu décrit une société aliénée et dépossédée sans soulever directement la question du « sens » de l'entreprise d'écrire dans pareil contexte. En 1973-1974 il aborde résolument ce problème dans *Oh Miami, Miami, Miami* et dans *Don Quichotte de la démanche* et il tire la conclusion que cette pratique n'a guère de fondement en société coloniale.

Cela ne l'empêchera toutefois pas de poursuivre et d'approfondir son œuvre dans *Les voyageries,* tout en étant conscient que la littérature ne saurait fournir un sens à l'existence individuelle ni servir de substitut à une Histoire qui n'advient pas ; l'imaginaire, tout délié et inventif qu'il soit, ne peut tenir lieu de réel.

Tout se tient en somme : la dépossession de soi, la dépendance collective et l'échec à faire apparaître le Livre se présentent comme autant d'inscriptions, de manifestations tragiques d'un même non-événement, d'une même Fêlure, d'un même Traumatisme remontant à l'origine, à l'enfance, à l'Histoire, cette écume frissonnante du temps.

Demeurent cependant, malgré tout, la volonté et le désir de rendre compte de l'ensemble du réel et de ses contradictions, le besoin et l'espoir de trouver au détour d'une page, au cœur d'un paragraphe, quelque transcendance, quelque Absolu, qui signifierait l'accomplissement de l'œuvre, la fin de la quête et le retour au silence original, à la plénitude vécue avant que n'apparaisse le langage, par lequel tout à la fois on se perd et on se sauve (et son pays avec soi) dans la blancheur de l'écriture.

(1990)

CHAPITRE IV

La crise d'Octobre 1970 et la littérature québécoise

LA CRISE

Étudier la ou les relations entre les événements d'Octobre 1970 au Québec et les productions littéraires, c'est, à l'occasion d'un événement précis, poser la question plus générale des rapports entre l'Histoire comme processus historique réel, l'Histoire comme lecture/récit de ce processus et les histoires particulières que sont les textes de fiction[1]. L'Histoire elle-même est constituée de « périodes » et d'« événements » selon qu'on envisage les phénomènes dans le long et moyen terme ou dans le court terme. Par exemple, la révolution d'Octobre, lorsqu'on prend en compte seulement sa phase insurrectionnelle, constitue un événement alors qu'elle se présente comme une période lorsqu'on prend en considération les transformations profondes opérées dans la société russe durant les années qui suivirent l'événement. De même, pour prendre un exemple qui nous est familier, la notion de période convient bien pour caractériser la Révolution tranquille opérée par les libéraux de Jean Lesage de 1960 à 1966 alors que l'élection de juin 1960, qui a une grande importance symbolique, constitue en soi un événement mineur.

Qu'en est-il des événements d'Octobre ? Quel est leur statut dans l'histoire contemporaine du Québec ?

Les événements, à mon sens, s'inscrivent comme un moment significatif d'un processus plus large marqué par deux

---

1. Cette pertinente distinction est proposée par Pierre Barbéris, dans *Le prince et le marchand* (1980).

dates : 1960, année de la fin du duplessisme et l'ouverture d'une période nouvelle, celle de la modernisation du Québec dont la première phase correspond à la Révolution tranquille (avec notamment les réformes dans les domaines de l'éducation et des affaires sociales) et qui se poursuivra à un rythme plus lent jusqu'à aujourd'hui sous les régimes politiques qui se succèdent à Québec depuis la défaite de « l'équipe du tonnerre » en 1966.

C'est durant cette période également qu'apparaît et se développe un courant néonationaliste offensif (et parfois agressif sous sa manifestation la plus exacerbée que représente le terrorisme felquiste) dont le RIN, le MSA puis le PQ seront autant d'expressions traduisant l'évolution de la conjoncture au sein du mouvement national. 1976 constitue l'autre date importante, marquant la victoire électorale, parlementaire du néonationalisme au prix cependant d'une dilution de son objectif initial : de l'indépendance à la souveraineté-association. La revendication nationaliste constitue donc la toile de fond de toute la période, avec peut-être une légère mise en veilleuse au début des années 1970, moment où prime la lutte contre le régime Bourassa et où se réalise une certaine alliance «objective» entre le PQ et les centrales syndicales sur la base d'une volonté de débarrasser le Québec d'un régime considéré comme réactionnaire, adversaire à la fois du mouvement ouvrier et du mouvement national. C'est la victoire de cette alliance « objective » qu'expriment les résultats électoraux de novembre 1976.

Des événements eux-mêmes, il n'est sans doute pas nécessaire de procéder à un long rappel. On peut en fait les synthétiser rapidement de la manière suivante : deux enlèvements (le 5 octobre, celui de James Cross ; le 10 octobre, celui de Pierre Laporte) dont l'un sera accompagné de mort d'homme (Pierre Laporte, le 17 octobre) ; occupation du Québec par l'armée le 16 octobre à la suite de la proclamation de la Loi des mesures de guerre ; arrestation de nombreuses personnes soupçonnées de faire partie du FLQ ; victoire de Jean Drapeau aux élections municipales de Montréal tenues le 25 octobre dans un climat de peur et d'hystérie ; puis enfin, dans les semaines suivantes, chasse à l'homme, arrestation des premiers felquistes, libération de James

Cross, départ pour Cuba des ravisseurs, enfin capture des frères Paul et Jacques Rose et de Francis Simard. Le tout se déroule sur environ trois mois, dont trois semaines (du 5 au 25 octobre) sont plus particulièrement vécues sur le mode de la crise. Sur le plan factuel, il ne s'est rien passé durant ces trois semaines qui puisse être considéré comme l'équivalent des opérations militaires menées par les Tupamaros en Uruguay ou encore par les Brigades rouges en Italie, et il n'y eut jamais d'insurrection qu'appréhendée, c'est le cas de le dire ! Reste que ces événements ont pris de l'importance par les lectures qu'on en a faites, par les significations qu'on leur a attribuées et par les conclusions pratiques (de l'ordre de l'action) qu'on en a tirées. Les principales me semblent être les suivantes :

1. Les événements, à toutes fins pratiques, sonnent le glas du terrorisme au Québec dont la première vague remontait au printemps 1963. Tout se passe comme si les partisans de l'action violente réalisaient enfin :

   a) que ce type d'intervention n'atteint pas les effets escomptés, soit la politisation progressive des masses sous l'influence d'actions exemplaires[2] ;

   ---

2. Déjà, en 1965, la stratégie felquiste faisait l'objet d'une critique vigoureuse de la part de Jean-Marc Piotte dans *Parti pris* : au FLQ qui prônait la lutte armée immédiate, Piotte opposait une stratégie qui comportait trois volets : 1. mise sur pied d'un mouvement légal faisant de l'agit.-prop. et de l'éducation politique (objectif que poursuivra en 1965-1966 le MLP – pendant organisationnel de *Parti pris* ; 2. participation aux luttes électorales et parlementaires (sans se faire d'illusions, en considérant ce terrain comme un lieu d'intervention parmi d'autres, nullement privilégié) ; 3. la lutte armée comme étape ultime du processus révolutionnaire. Or, selon lui, le FLQ brûlait les étapes en recourant à la lutte armée avant d'avoir pleinement utilisé les deux premiers types d'intervention ; de plus l'action du FLQ était jugée suicidaire, car elle ne contribuait pas à accélérer le processus révolutionnaire et conduisait en prison des militants qui auraient pu être utiles sur d'autres terrains. Cela dit, cette critique était portée sur fond de sympathie ; entente sur les objectifs : nécessité d'une révolution politique, sociale et économique au Québec ; désaccord sur la stratégie. Voir l'article de Jean-Marc Piotte, intitulé « Où allons-nous ? » et paru dans *Parti pris*.

b)   que l'ennemi est imbattable sur le terrain militaire, du moins dans la conjoncture actuelle et qu'il est donc préférable de l'attaquer sur d'autres terrains.

2.   La gauche québécoise, durement réprimée et réduite à l'impuissance à la suite de la proclamation de la Loi des mesures de guerre, prend conscience de sa faiblesse et de sa vulnérabilité, et décide de se réorganiser selon une conception léniniste « classique » du parti ; les groupes politiques qui naîtront dans les années suivantes (En lutte ! en 1972-1973 ; la Ligue communiste (marxiste-léniniste du Canada en 1975) adopteront le schéma organisationnel de type militaire des Partis communistes et, sur le plan de l'orientation, élaboreront une position stratégique qu'on pourrait qualifier de néofédéraliste : désormais, la révolution devra être pensée et conduite à l'échelle du Canada. La gauche qui, dans sa presque totalité, avait été indépendantiste durant les années 1960, exécute un virage à 180° et se dissocie du mouvement national québécois.

3.   Une partie de cette gauche se rallie au PQ. Pierre Vallières, le plus célèbre des dirigeants du FLQ, accorde son appui tactique au PQ dans *L'urgence de choisir* (1971). Un certain nombre d'ex-animateurs de la revue *Parti pris* rejoignent les rangs de ce parti : Philippe Bernard, dernier directeur de la revue, Gabriel Gagnon, qui deviendra par la suite un des fondateurs de la revue *Possibles,* Gérald Godin, directeur de *Québec-Presse,* puis député et ministre péquiste, etc.

4.   Une partie de la jeunesse – fort active durant la seconde moitié des années 1960 – se démobilise (après l'effondrement du mouvement d'occupation des Cégeps à l'automne 1968 déjà et le phénomène ne cessera de s'accentuer par la suite) et verse dans la contre-culture aspirant à une révolution *here and now* ; *Mainmise,* revue mensuelle fondée en 1970, sera l'expression de ce

courant qui, bien que non organisé sur une base politique, touchera beaucoup de jeunes durant les premières années 1970.

5. Enfin, en intervenant militairement, en n'hésitant pas à faire appel à l'armée, le pouvoir fédéral a indiqué au néonationalisme des limites à ne pas franchir ; il n'acceptera pas la balkanisation du Canada. Cependant la tentative d'associer FLQ et PQ échoue et, paradoxalement, la thèse péquiste de la souveraineté-association sort renforcée de la crise, apparaissant comme une sorte de « troisième voie » entre un fédéralisme encroûté et figé, et l'indépendantisme pur et dur.

LES ÉCRIVAINS DANS LA CRISE :
DES MILITANTS AUX ÉCRIVAINS PROFESSIONNELS

Il faut d'abord signaler qu'un certain nombre d'entre eux seront impliqués directement dans la crise. Gaétan Dostie, Gérald Godin, Jacques Larue-Langlois, Gaston Miron seront arrêtés et emprisonnés, les uns pour quelques jours, d'autres pour quelques semaines, voire quelques mois. Certains – Paul Chamberland, Jacques Ferron – feront l'objet de perquisitions. D'autres dénonceront dans les journaux (surtout dans *Le Devoir*) la Loi des mesures de guerre et les arrestations : Nicole Brossard, Paul Chamberland, Raoul Duguay, Jacques Ferron, Gérald Godin, Jacques Godbout, Pierre Vadeboncœur, lequel établira même un audacieux et quelque peu excessif parallèle entre la situation engendrée par les événements et celle où se trouvait la France en 1944 (!) : « La gauche, écrivait-il dans *Le Devoir* du 30 décembre 1970, en l'occurrence c'est d'une certaine façon la résistance. La droite, c'est l'occupation, militaire ou non, et la collaboration. Je répète que les deux situations ne sont évidemment comparables qu'analogiquement ; mais elles se ressemblent politiquement plus qu'on ne saurait le croire à première vue » (1970 : 11).

De ces écrivains interpellés directement par la crise, certains écriront (Dostie, Ferron, Vadeboncœur, etc.) alors que d'autres, pour des raisons qui leur appartiennent, garderont le silence. Par ailleurs, d'autres écrivains, non directement mis en cause au moment des événements, les mettront en scène sous une forme ou sous une autre dans leurs productions des années 1970 – songeons à Yves Beauchemin, Roger Fournier, André Major, Victor-Lévy Beaulieu notamment. La crise sera ainsi à l'origine d'une production littéraire très diversifiée en raison du statut même des producteurs concernés, du type de relation existant entre les textes et les événements, de la lecture des événements proposée par les textes.

D'un corpus (non exhaustif) d'une cinquantaine de titres, on peut d'abord faire remarquer qu'une quinzaine relèvent soit du récit historique – ces productions sont généralement l'œuvre d'historiens (comme Jacques Lacoursière ou Jean Provencher) ou de journalistes (comme Marc Laurendeau ou Claude Ryan) – soit de commissions d'enquête gouvernementales (Duchaine, Keable, MacDonald). Ces productions, bien entendu, concernent les événements eux-mêmes et n'ont pas grand-chose à voir avec la littérature.

Une deuxième série de textes est le fait de participants directs des événements à des titres divers :

1. Des membres de l'une ou l'autre cellule terroriste impliquée dans la crise : c'est le cas des ouvrages de Jacques Lanctôt, *Rupture de ban* (1979), recueil poétique largement inspiré par l'expérience de l'exil, de Louise Lanctôt, *Une sorcière comme les autres* (1981), autobiographie mettant l'accent sur une réflexion féministe menée par l'auteure à la suite de son engagement aux côtés de révolutionnaires « mâles », souvent chauvins semble-t-il, et de textes de Paul Rose réunis dans le *Dossier Paul Rose* édité par le CIPP.

2. Des victimes arbitrairement arrêtées par la police : Gaétan Dostie, Jacques Larue-Langlois qui écrivent en prison des poèmes de colère et d'espoir, *Poing commun* (1974) et *Plein cap sur la liberté* (1971).

3. Des ex-felquistes, comme Pierre Vallières, d'accord avec les objectifs politiques, économiques et sociaux du

FLQ, qui essaiera de transformer une opération de type commando en action de masse et qui tirera de cette expérience l'autocritique que constitue *L'urgence de choisir.*

4. Des intermédiaires, parfois à leur corps défendant, entre les terroristes et la police : ce sera le cas de Jacques Ferron, la nuit de la reddition des Rose et de Francis Simard, qui a fait le récit de son expérience dans des textes réunis dans *Escarmouches.*

5. Enfin d'une indicatrice de police, Carole de Vault, tentant d'expliquer et de justifier son action dans *Toute ma vérité* (1981).

Tous ces textes, sauf celui de Vallières, sont de l'ordre du « témoignage », ce qui somme toute n'a rien pour surprendre, étant le fait de personnes directement impliquées dans les événements.

Une troisième série de titres est l'œuvre d'observateurs, d'analystes et d'essayistes. À l'intérieur de cette catégorie on peut distinguer des « textes d'intervention » visant soit à justifier des actions passées – ce que fait Gérard Pelletier dans *La crise d'octobre* (1971) – soit à orienter l'action à venir – c'est le cas de *L'urgence de choisir* de Vallières – et des « textes d'analyse » visant à rendre compte des événements et à les replacer dans le cadre plus général de l'évolution de la société québécoise. Donnons, à titre d'exemples : *La vigile du Québec* (1971) de Fernand Dumont, essai d'interprétation historique, *Indépendances* (1972) de Vadeboncœur, réflexion sur la révolution culturelle de la jeunesse, rédigée à l'époque de la crise et en portant inévitablement des traces, *Québec occupé* (Piotte, 1971) de collaborateurs de *Parti pris,* ouvrage présentant une interprétation matérialiste des événements prenant le contre-pied de la lecture de Dumont, etc.

Une quatrième série de titres est le fait d'« écrivains d'occasion », c'est-à-dire d'individus que les événements ont inspirés, qui ont produit sous leur influence des textes d'un intérêt littéraire assez médiocre et qui se sont tus par la suite : c'est le cas des romans de Claude Decotret, *Mourir en automne* (1971),

Pierre Ladouceur, *L'escalade* (1971) et de Michel Lemay, *L'affaire* (1974). Si la valeur littéraire de ces textes demeure problématique, il reste que, du point de vue qui m'intéresse, leur apport est indéniable dans la mesure où ils sont des sous-produits directs de la crise.

Une dernière série de titres, enfin – la plus nombreuse –, est l'œuvre d'écrivains d'imagination « professionnels », ou du moins reconnus comme tels par l'institution littéraire. D'une certaine manière ce sont ces titres qui m'importent le plus dans la mesure où ils sont liés de très près à mon propos théorique ; ces textes, on les retrouve dans les genres littéraires consacrés, du roman (*L'enfirouapé* (1974) d'Yves Beauchemin, *D'Amour, P.Q.* (1972) de Jacques Godbout) à la poésie (*En désespoir de cause* (1971) de Pierre Perrault) en passant par le théâtre (*Une soirée en octobre* (1975) d'André Major). La lecture de ces textes présente un intérêt double que l'on peut formuler sous forme des questions suivantes : quelle image nous fournissent-ils des événements ? quelle interprétation en proposent-ils ? ; comment cette image, cette interprétation s'intègrent-elles à l'ensemble de leur œuvre ? naturellement ou de manière quelque peu « forcée » ?

Ce rapide survol fait nettement ressortir que les productions littéraires (au sens large) engendrées par les événements d'octobre 1970 sont très disparates, témoignant en cela de l'intérêt qu'a éveillé la crise dans les milieux intellectuels les plus divers. Elles se distinguent aussi les unes des autres par les rapports (plus ou moins directs) qu'elles entretiennent avec les événements.

DES TEXTES D'INTERVENTION AUX TÉMOIGNAGES : LE POIDS DES ÉVÉNEMENTS

Certains textes sont suscités, appelés en quelque sorte directement par les événements : il s'agit des écrits rédigés généralement à chaud soit pour témoigner de la crise – c'est le cas de ses participants à un titre ou l'autre – soit pour en proposer une explication. Ces textes eux-mêmes peuvent être répartis, pour fin de présentation et d'analyse, en quatre catégories :

1. Textes d'intervention politique : c'est le cas des ouvrages de Gérard Pelletier et de Pierre Vallières.

Dans son livre sur *La crise d'octobre,* Pelletier se livre à
une opération de justification du recours à la Loi des mesures de
guerre et de manière plus générale de la politique du pouvoir
fédéral durant la crise. Vallières, pour sa part, dans *L'urgence de
choisir,* tire la conclusion que la stratégie felquiste conduit à
l'échec et qu'il faut par conséquent l'abandonner et rejoindre le
PQ, force progressiste, potentiellement révolutionnaire dans le
contexte nord-américain.

Dans les deux cas il s'agit de livres visant à rendre compte
d'une action passée – l'ouvrage de Pelletier – ou à proposer une
stratégie politique pour la période à venir – l'ouvrage de
Vallières – : textes d'intervention donc, au sens fort du terme,
directement suscités par les événements.

2. Textes d'analyse : c'est le cas des ouvrages de Fernand
   Dumont, de Pierre Vadeboncœur, des collaborateurs de
   Québec occupé et d'un numéro de la revue
   Interventions sur Octobre.

Pour Dumont, la crise est un symptôme ; elle met en
évidence de manière violente une réalité que l'on pouvait
pressentir, mais qui avait besoin d'un éclairage cru pour être
parfaitement visible à tous : la non-digestion par la société québécoise de la Révolution tranquille et des bouleversements que
celle-ci a impliqués. Elle appelle à un examen de conscience et à
une recherche de nouveaux consensus. Elle n'est pas lue dans la
perspective du développement du néonationalisme et de
l'affrontement de celui-ci avec les pouvoirs établis ; elle n'est pas
lue non plus en liaison avec la conjoncture socioéconomique
immédiate, avec les problèmes sociaux qui « travaillent » une
grande ville comme Montréal et qu'elle pouvait exprimer à sa
manière. La crise a donc servi essentiellement de révélateur d'un
malaise profond de la société québécoise et d'autres événements,
précise Dumont, auraient pu tout aussi bien remplir la même
fonction ; le caractère spécifique de la crise est ainsi évacué au
profit d'une réflexion d'ordre très général sur la société québécoise.

Pour Vadeboncœur, la crise a été l'objet, dans une large mesure, d'une manipulation du pouvoir ; à ses yeux elle renforce et confirme la thèse centrale d'*Indépendances,* à savoir que toute révolte se situant sur le terrain piégé des relations de pouvoir est vouée à l'échec. L'action felquiste, dans cette perspective, malgré son caractère radical, se situe à l'intérieur de cette problématique : il n'est donc pas étonnant qu'elle ait été récupérée. La seule critique qui puisse échapper à cette récupération est celle qui se manifeste, non pas sur le terrain des systèmes (politiques, économiques, philosophiques, etc.), mais sur celui du « vécu ». D'où le privilège accordé aux révoltes de la jeunesse, souvent irrationnelles mais authentiques car venant des tripes. C'est de ce côté, et non de celui de la politique classique, dont participe à sa manière le FLQ, sans en être conscient, que réside l'espoir[3].

Pour les collaborateurs de *Québec occupé,* qui recourent à une analyse matérialiste, contrairement à Dumont et à Vadeboncœur, la crise ne peut être expliquée qu'en référence au contexte socioéconomique dans lequel elle apparaît, qu'à la lumière des contradictions qui déterminent l'évolution de la société québécoise :

> *Au premier rang de ces contradictions, écrivent Hélène David et Louis Maheu, il faut placer la domination économique que subit le Québec et que manifestent les mouvements incontrôlés des capitaux étrangers ; l'écart économique structurel entre l'Ontario et le Québec, écart perpétué par les principales composantes de la politique économique canadienne ; et les problèmes de ségrégation ethnique qui plongent leurs racines dans les rapports diversifiés que les groupes ethniques maintiennent avec les activités économiques* (1971 : 139).

---

3. Je condense ici énormément une analyse qui, pour être satisfaisante, devrait prendre en compte et examiner attentivement l'image à proprement parler mythique que Vadeboncœur se fait des Québécois, image qui, par plusieurs aspects, s'apparente à celle entretenue par les idéologues les plus traditionnels de cette société.

La crise, d'une certaine manière, est perçue ici aussi comme un symptôme, non pas d'un malaise de société, comme c'est le cas chez Dumont, mais des contradictions sociales profondes du système socioéconomique. Chez les collaborateurs d'*Interventions,* enfin, la crise provoque une réflexion sur le rôle des intellectuels. Déterminant durant les années 1960, selon eux, et singulièrement amoindri depuis la crise, tout se passe comme si celle-ci leur avait fait perdre les intuitions fondamentales de l'époque de *Parti pris* dans un contexte nouveau, marqué par un rejet du nationalisme chez la plupart des marxistes et, à l'inverse, du marxisme par de nombreux nationalistes. Réarticuler ces deux pôles leur paraît donc la tâche de l'heure.

Ce rapide résumé de quelques analyses de l'événement montre bien comment celles-ci trouvent leur ancrage, leurs fondements dans les préoccupations plus générales des auteurs, la crise servant de « point d'appui », de « champ d'application » à des pensées dont les prémisses, les postulats sont souvent diamétralement opposés.

3. Textes poétiques « engagés » : c'est le cas des textes écrits à chaud par certaines victimes de la Loi des mesures de guerre lorsqu'elles se trouvaient en prison.

Je songe notamment à Gaétan Dostie, dont la première partie de *Poing commun* a été rédigée derrière les barreaux, et à Jacques Larue-Langlois, qui a entièrement écrit *Plein cap sur la liberté* durant son incarcération. Pierre Perrault, pour sa part, qui n'a pas subi d'emprisonnement, a écrit *En désespoir de cause,* ces *poèmes de circonstances atténuantes* si bien nommés, dans le feu des événements, manifestant de la sorte sa compréhension et sa solidarité envers ceux sur qui le pouvoir et l'opinion manipulée s'acharnaient.

Comme les textes d'intervention et d'analyse, ces recueils de poésie engagée constituent, sur le mode du « cri », des expressions directes de la crise.

4. Témoignages après coup de participants actifs de la crise : c'est le cas des ouvrages des Lanctôt et de

Carole de Vault. Seul ce dernier ouvrage concerne – à sa manière retorse fort particulière – les événements d'Octobre et leurs suites.

Le recueil de poésie de Jacques Lanctôt témoigne surtout des souffrances éprouvées par celui-ci en exil, de même que de sa fidélité aux idéaux qui l'animaient dans les années 1960 et au moment de la crise. L'ouvrage autobiographique de Louise Lanctôt raconte l'itinéraire politique et personnel de cette femme depuis le départ de Montréal pour Cuba après la libération de James Cross jusqu'à son retour dans la métropole – qui ferme la boucle ouverte neuf ans plus tôt.

Sur Octobre aucune véritable révélation dans ces deux ouvrages qui nous font découvrir des écrivains qui ne se seraient jamais affirmés s'ils n'avaient vécu les événements et l'exil ; en ce sens, ici encore, on peut considérer que la crise a servi de « condition de production » de ces textes.

LA MISE EN SCÈNE FICTIONNELLE :
LE POIDS DE LA LITTÉRATURE

D'autres textes qui sont généralement l'œuvre d'écrivains reconnus par l'institution littéraire, sans être suscités directement par les événements, se présentent comme des mises en scène de ceux-ci sur le plan de la fiction.

Pour fins de présentation, on peut répartir ces écrits selon la nature de la représentation dont les événements y sont l'objet, en trois catégories. C'est ainsi qu'on distinguera :

1. Des textes dans lesquels la crise est « directement évoquée » : c'est le cas des romans de Decotret, Fournier, Ladouceur et de la pièce de Major.

Le roman de Claude Decotret, *Mourir en automne,* raconte le drame personnel, intime de deux personnages : un homme, une femme ébauchant une liaison amoureuse dans le contexte des événements d'Octobre. Ceux-ci sont présents de deux manières : à travers un personnage de révolutionnaire, sympathisant du FLQ, ex-amant de l'héroïne, qui rejoindra le Front lorsque la crise se développera ; par l'évocation, dans la dernière partie du récit, de l'enlèvement de Laporte et de la Loi des mesures de guerre. Mais la thématique dominante de ce roman hybride demeure le drame amoureux et non, comme le suggère son titre, le drame politique. Le roman de Roger Fournier, *Moi, mon corps, mon âme, Montréal, etc.,* est centré sur la crise existentielle vécue par une jeune femme célibataire à Montréal au début des années 1970, drame qu'elle partage en commun avec de nombreuses jeunes femmes célibataires « modernes » qui se demandent comment, pourquoi, au nom de quoi vivre ? Ce drame, par ailleurs, se déroule dans le contexte des événements (et de leur prolongement, en 1971), de telle sorte que l'histoire individuelle du personnage est insérée dans l'histoire collective. La crise, comme telle, interfère directement dans l'existence du personnage à un seul moment, lors d'une descente de police effectuée par erreur à son appartement. Mais elle est tout de même très présente dans le texte : en tant que contrepoint au drame de l'héroïne, qu'élément de comparaison fonctionnant sur le mode de l'analogie ; en tant qu'objet d'analyse de la part du témoin attentif que constitue l'héroïne.

L'action du roman de Pierre Ladouceur, *L'escalade,* commence le lendemain de l'arrestation des frères Rose et de Francis Simard le 29 décembre 1970 ; une nouvelle cellule relance en effet l'action terroriste en enlevant un membre influent de l'*establishment* anglophone et menace de procéder à des assassinats sélectifs. Sur le plan de la chronologie, cette crise fictive se situe donc dans le prolongement immédiat de la crise réelle qui est toutefois présente dans le récit par les discussions qu'ont entre eux les personnages sur les fondements et le sens de leur action. Cela vaut d'être signalé : le roman de Ladouceur est un des rares textes du corpus à prendre en compte de plein front, de manière extensive, la dimension proprement politique de la crise, à en faire la thématique centrale du récit. D'où son incontestable intérêt, en dépit d'une qualité littéraire pour le moins problématique.

Dans *Une soirée en octobre,* André Major montre comment réagissent devant la crise des citoyens d'un petit village isolé du Québec. L'évocation des événements se fait au moyen de la télévision qui informe les villageois sur les grandes manœuvres qui se déroulent à Montréal et dans les capitales (Québec et Ottawa). Par ailleurs, au niveau local, Major met en scène une sorte de mini-crise opposant un représentant du pouvoir (Jérôme, maire du village) à un péquiste (Antoine) venu de la ville, confondu avec les felquistes. Ici encore il y a évocation de la crise réelle, mais dans des termes assez différents de ceux – éminemment politiques – utilisés par un Ladouceur.

2. Des textes dans lesquels il y a représentation de la crise sur le « mode allusif » : c'est le cas des romans de Beauchemin, Beaulieu et Godbout.

Dans *L'enfirouapé,* Yves Beauchemin ne met pas en scène la crise d'Octobre en tant que telle. Celle-ci sert de modèle, respecté dans les grandes lignes, pour le scénario d'une crise fictive du même genre. Cette crise, par ailleurs, est insérée dans le cadre d'un projet individuel de vengeance qui a lui-même une dimension collective dans la mesure où le héros du roman, Maurice Ferland, est représenté comme un prolétaire québécois typique, un porteur d'eau des temps modernes.

Un rêve québécois de Victor-Lévy Beaulieu, roman commencé en février 1970, donc avant la crise, mais terminé après, en novembre 1971, contient quelques allusions explicites à celle-ci : dédicace à Rose Rose, mère des célèbres felquistes, description d'hélicoptères et de voitures de police au début et à la fin du récit, évocation d'un journal ayant pour titre, en page de couverture, *Québec occupé* et, dans l'édition de 1977, page couverture comportant une photographie de policiers casqués, en position de combat, le fusil à la main. Mais la crise ne sert de cadre qu'à l'acte criminel (rêvé ?) d'un alcoolique sortant de Domrémy et cherchant, au moyen d'un meurtre crapuleux, la clef de sa libération. Présence donc fort allusive de la crise qui sert essentiellement de « décor », d'« atmosphère » dont la simple évocation suffit toutefois à donner un caractère extrêmement ambigu à l'entreprise de Beaulieu.

Dans *D'Amour, P.Q.,* la crise n'est pas représentée comme telle dans le récit mais des indices – allusion à un « état de siège », à la condition de « prisonnier » de Thomas – signalent suffisamment que l'action du roman se déroule au moment des événements. Ceux-ci fournissent d'ailleurs à Godbout l'occasion d'exploiter le thème de la cellule d'amour – formée par Mireille et Thomas – qui permet de poser la révolution culturelle (chantée notamment à l'époque par Raoul Duguay sous l'enseigne duquel est placé le roman) en réponse à la stratégie felquiste, implicitement critiquée. Ce thème, surtout présent dans la troisième partie du roman (l'« Act three »), est inséré dans le contexte thématique plus large de la naissance d'un nouvel homme (québécois) et d'un nouvel écrivain (national et populaire).

Dans ces trois romans il y a donc présence, sur le mode allusif, de la crise, mais c'est seulement dans *L'enfirouapé* de Beauchemin que cette thématique figure au premier plan ; dans le roman de Beaulieu, elle apparaît comme vague toile de fond du récit et, dans *D'Amour, P.Q.*, elle est subordonnée à la problématique nationaliste qui sert de fil conducteur à toute l'œuvre de Godbout[4].

3. Des textes dans lesquels la crise fait l'objet d'un « traitement allégorique » : c'est entre autres le cas d'une pièce de Victor-Lévy Beaulieu, *Cérémonial pour l'assassinat d'un ministre* (1978), et de « fictions » d'Évelyn Dumas, *Un événement de mes octobres* (1979).

Écrite en 1977, avec un recul de six ans par rapport aux événements, la pièce de Beaulieu présente un aspect quelque peu distancié : ce n'est pas une « intervention » dans la conjoncture. C'est peut-être ce qui explique que la crise soit ici d'une certaine façon le thème secondaire d'une réflexion sur le pouvoir et sur la lutte des classes. Mais, en même temps, elle sert d'« illustration » au propos en ce qu'elle constitue un moment fort de la lutte séculaire opposant le peuple aux pouvoirs. Elle sert de « décor » donc à cette réflexion et sans doute a-t-elle aussi

---

4. Voir à ce sujet Pelletier, 1981b.

un rôle de « générateur » important du texte qui est structuré comme une sorte de fable montrant l'opposition du Pouvoir et de ses alliés (le Capital et le Travail) à l'homme et ses alliés (Courage et Complice). À travers un traitement allégorique, Beaulieu présente une lecture politique de la crise, et plus largement des conflits sociaux, qui tranche avec la vision généralement anhistorique et apolitique qui sous-tend la plupart de ses écrits.

Les « fictions » d'Évelyn Dumas recoupent et recouvrent la pièce de Beaulieu au moins sur un point : la représentation de Pierre Laporte, désigné ici sous l'appellation de Chassis (de Pouvoir dans *Le cérémonial* [...]), comme une victime de Podar et Ponte (Bourassa et Trudeau) bien décidés à le sacrifier pour mater le Québec et ses velléités d'indépendance. Pour le reste il s'agit à nouveau, sous forme d'une fable, d'un récit sur les événements qui en propose une lecture politique accréditant au moins partiellement la théorie du « complot », lancée par Ferron, puis mise au point par Vallières[5].

Dans les trois catégories de textes, on le voit, la crise sert de support, de point d'appui, de fondement à la représentation : de pré-texte donc au sens fort de l'expression.

LES INTERPRÉTATIONS : DE LA LECTURE POLICIÈRE À LA LECTURE POLITIQUE

Les esquisses d'analyse soumises jusqu'ici suggèrent qu'il n'y a pas une lecture/interprétation des événements partagée par tous les écrivains ; bien au contraire, il apparaît nettement que leurs réflexions et leurs fictions nourrissent (et sont nourries) de lectures différentes, et parfois contradictoires, de la crise. Parmi ces lectures on peut distinguer :

1. Une lecture policière : Ferron est, avec Vallières, le principal tenant de ce type de lecture.

Mais alors que Ferron fonde son interprétation sur des coïncidences souvent anecdotiques, Vallières soutient, dans

---

5. Dans *L'exécution de Pierre Laporte* (1977).

L'exécution de Pierre Laporte, une argumentation cohérente, logique, s'appuyant sur le postulat suivant : Washington, puissance impériale, est opposée à toute scission, fissure dans le bloc que forment les pays de l'Ouest. Pour éviter que cela ne se produise, les dirigeants américains ont prévu des opérations (économiques aussi bien que militaires) pour parer à toute velléité d'indépendance réelle que pourrait manifester l'un ou l'autre des pays du bloc. C'est ainsi, selon Vallières, qu'on aurait conçu le projet Camelot pour le Chili sur le modèle d'un Revolt Project déjà expérimenté au Québec à partir de 1962. La crise de 1970 – l'opération Essai –, dans cette perspective, a été fabriquée par le pouvoir fédéral (et les services de police canadien et américain) pour écraser une fois pour toutes le nationalisme québécois ; les felquistes, dans le meilleur des cas, ont été manipulés, dans le pire, ils ont été complices.

2. Une lecture idéaliste : le livre de Dumont m'en paraît une application exemplaire, bien que celui-ci affirme la possibilité – et la volonté – de concilier ce type de lecture avec une interprétation matérialiste de l'histoire et des sociétés.

En pratique, l'interprétation qui se dégage de *La vigile du Québec* relève pour l'essentiel d'une perspective idéaliste dans la mesure où elle considère d'abord la crise comme un « drame de culture » (Dumont, 1971 : 183) à expliquer en fonction de la « parole collective » des années antérieures. Pour Dumont, je l'ai déjà signalé, la crise est un révélateur de ce que le consensus qui existait dans la population québécoise avant la Révolution tranquille s'est effrité : il y a désormais un divorce entre ceux – la minorité – qui estiment que les réformes n'ont pas été assez profondes et ceux – la majorité – qui jugent que les choses sont allées trop loin. C'est ce divorce, cet effritement du consensus que la crise a exprimé de manière violente. C'est donc à une absence de projet commun que renvoie la crise ; c'est à une réflexion sur cette question qu'elle invite. Replacée dans le contexte plus large de l'évolution des sociétés occidentales, elle témoignerait à sa manière du double besoin – apparemment contradictoire – de

créativité et de stabilité ressenti par nos sociétés ; et
l'indépendance, aux yeux de Dumont, pourrait être l'instrument
privilégié de cette « conjugaison, pour ici, de la créativité et du
souvenir » (1971 : 233).

3. Une lecture matérialiste : ce type d'analyse, je l'ai déjà
souligné, a notamment été pratiqué par les collaborateurs de *Québec occupé*. Dans le domaine de la fiction
on peut en voir une sorte d'équivalent dans
L'enfirouapé de Beauchemin au sens où on trouve à
l'arrière-plan de ce roman, sous-tendant la représentation, une volonté de rendre compte de la rationalité des
événements.

Le roman, sur le plan anecdotique, raconte la tentative de
vengeance d'un héros échafaudant – puis réalisant – un projet
d'enlèvement d'un homme politique qu'il tient responsable de ses
malheurs. La crise sert donc de modèle qu'on reproduit dans les
grandes lignes, bien qu'au point de départ le héros soit animé par
des motifs personnels (qui ont une dimension collective toutefois
dans la mesure où il est dépeint comme un jeune prolétaire
québécois typique). La crise, par ailleurs, dans le prologue qui a
une importance stratégique cruciale dans le récit, est située dans
une tradition historique dont l'élément central est la Conquête,
événement qui marque la dépossession des Canadiens français.
Dans cette perspective, la crise prend tout son sens : elle est
manifestation extrême, radicale de la résistance à l'oppression
nationale.

L'oppression nationale est représentée dans le destin de trois
personnages. Le vieux Lortie, prolétaire québécois, a connu la
Crise des années 1930 et la dernière guerre ; il a dû faire 36
métiers pour gagner sa vie et met ses espérances en René
Lévesque. Marcil, le felquiste, fils d'un cultivateur de Mont-
Laurier venu à Montréal pour gagner sa vie, laissera sa santé à la
Canadian Steel ; son fils est condamné à vivre d'expédients.
Maurice, le héros, originaire du Lac St-Jean, quitte l'école tôt,
monte à Montréal et vivote entre deux emplois peu sûrs et mal
rémunérés.

La crise plonge donc ses racines dans les conditions contemporaines d'exploitation du peuple québécois et dans l'histoire du peuple québécois depuis la Conquête (c'est le sens du prologue). Il y a dans ce roman « compréhension » du terrorisme, mais aussi démonstration de l'impasse à laquelle il conduit : le complot échoue et l'événement est récupéré par le Prince (le pouvoir politique).

Cette analyse, que j'ai résumée en termes conceptuels, structure de façon subtile la mise en scène des actions du roman (qui se laisse lire comme un *thriller*) sans nuire à son efficacité proprement littéraire. Voilà peut-être la plus réussie de toutes les œuvres de fiction pour lesquelles les événements ont servi de prétexte.

4. Une lecture politique : en un sens toute lecture est politique, et notamment celles évoquées ci-haut. Cependant, pour fins de présentation, il me semble qu'on peut accorder une attention particulière à des textes véhiculant des propos, des analyses « explicitement » politiques. C'est le cas, bien entendu, des textes de réflexion politique – des ouvrages de Pelletier et Vallières – mais aussi de certains textes de fiction dont, entre autres, ceux de Beaulieu, Dumas, Ladouceur et Major.

Beaulieu propose deux lectures de la crise, l'une extrêmement ambiguë dans *Un rêve québécois,* l'autre progressiste dans *Le cérémonial* […]. Ambiguë dans le premier cas, car une équivalence est suggérée entre le délire criminel du héros alcoolique et l'acte des frères Rose qui, l'un et l'autre, débouchent sur une impasse. Dans *Le cérémonial* […], cependant, la crise est représentée d'une part comme un moment fort de la lutte des classes, de l'opposition séculaire des exploités et des exploiteurs, et est située d'autre part dans le contexte concret des luttes nationales et sociales qui agitaient le Québec de la fin des années 1960.

Dumas, dans *Un événement de mes octobres,* propose, sur le mode allégorique, une interprétation éminemment politique des événements : ceux-ci auraient été manipulés par les pouvoirs (surtout le fédéral) pour écraser à tout jamais le nationalisme québécois, au prix de la vie de Laporte lâchement abandonné par ses prétendus amis.

Ladouceur, dans *L'escalade,* est l'un des rares auteurs à aborder les problèmes politiques et moraux que pose la stratégie felquiste. Tout d'abord, problème politique de l'efficacité des moyens révolutionnaires dans le contexte québécois. Ce débat, dans le roman, est mis en forme à travers l'opposition d'un militant péquiste – croyant à l'action électorale, parlementaire, à la victoire inéluctable en longue période des forces indépendantistes – et de membres du FLQ qui rejettent cette option considérée électoraliste au profit d'une stratégie d'affrontement armé devant, selon eux, conduire plus vite à la révolution souhaitée. Ensuite, problème moral de la fin et des moyens. Le recours à une stratégie impliquant mort d'homme provoque à nouveau un affrontement entre le militant péquiste et un membre de la cellule felquiste, ses compagnons hésitant devant la pratique de l'assassinat, pourtant théoriquement admis. Ladouceur, je le répète – car c'est ce qui fait l'intérêt de son roman – est l'un des rares auteurs à soulever ces brûlantes questions liées à l'action révolutionnaire.

André Major, dans *Une soirée en octobre,* a choisi de situer la crise dans un petit village du Québec et de montrer comment réagissent aux événements quelques personnages du village et un « déserteur », Antoine, jeune péquiste de Montréal, en fuite à la suite de la proclamation de la Loi des mesures de guerre. La peur caractérise la réaction de la plupart des personnages : Jérôme, député et maire, craint de se faire enlever, Phil, le garçon boucher, a intériorisé le discours officiel des pouvoirs publics et il a peur comme Antoine, le militant péquiste cherchant refuge dans un lieu préservé de la tourmente. Seule Cherry, danseuse, échappe à ce sentiment, gardant sa lucidité, comprenant, grâce à son cynisme, que les hommes politiques manipulent l'opinion. La pièce suggère donc que ce qui s'est passé s'explique par la fourberie de politiciens comme Pierre Elliott Trudeau et par la passivité populaire, de telle sorte que « La Crise d'Octobre est toujours là, toujours possible, du moins tant que les Cherry, Jérôme, Antoine, Ben et Phil seront ce qu'ils sont » (Major, 1975 : 17)[6].

* * *

Les événements d'Octobre, on le voit, sont à l'origine d'une production littéraire (au sens large) relativement considérable. L'étude présentée ici est limitée dans la mesure où elle consiste pour l'essentiel en une première présentation d'ensemble de ces écrits.

Il resterait à effectuer une lecture plus approfondie, plus conséquente du corpus évoqué et à examiner d'autres questions fondamentales. Par exemple, quel rapport ces écrits entretiennent-ils avec l'ensemble de l'œuvre des écrivains concernés ? Dans quelle mesure s'y intègrent-ils naturellement ou de manière quelque peu « artificielle » ? La crise semble avoir eu un effet plus diffus sur les productions littéraires des années 1970 qui ne s'y réfèrent pas directement, mais qui en sont probablement affectées à leur insu. Je songe ici à des productions comme *L'hiver de force* de Réjean Ducharme ou *L'Isle au dragon* de Jacques Godbout : la problématique qui sous-tend ces romans (la critique du politique et, de manière plus générale, de tous les systèmes chez Ducharme ; la question du rôle et des pouvoirs de la littérature et des intellectuels chez Godbout) s'enracine du moins en partie dans la conjoncture ouverte par la crise : ce serait là, il me semble, une hypothèse intéressante à explorer.

On pourrait, si l'hypothèse était confirmée, faire la preuve qu'un événement sociopolitique majeur a des « effets directs »,

6. Cette interprétation est tout à fait cohérente avec la vision du Québec sous Robert Bourassa comme pays à la dérive qui se dégage des romans réunis dans le cycle des *Histoires de déserteurs*. Voir à ce sujet Pelletier (1981a).

aisément vérifiables, dans le champ littéraire et des « effets indirects », médiatisés, peut-être encore plus significatifs dans la mesure où ils sont de l'ordre de l'implicite.

(1982)

CHAPITRE V

De La nuit *aux* Confitures de coings
Le poids des événements d'Octobre 1970

En 1965, *La nuit* de Jacques Ferron paraît pour la première fois chez Parti pris. En 1972, sept ans plus tard, le même éditeur publie une « version entièrement nouvelle »[1] de ce récit sous un nouveau titre, *Les confitures de coings,* version que l'auteur a mise au point l'année précédente et qu'il présente dans une lettre à Gérald Godin comme une « version corrigée » du texte de 1965.

Le sous-titre des *Confitures de coings* fait problème dans la mesure où il ne coïncide pas parfaitement avec l'indication contenue dans la lettre à Gérald Godin[2]. Entre une « version entièrement nouvelle » d'un texte et une « version corrigée » il y a une marge considérable : dans le premier cas, il y a production d'un texte vraiment nouveau auquel le premier a pu servir de générateur – ce qui me semble être le cas, par exemple, dans l'œuvre de Victor-Lévy Beaulieu, des *Mémoires d'outre-tonneau* pour *Satan Belhumeur* –, alors que, dans le second, les modifications, même substantielles à l'occasion, n'affectent pas pour autant la signification d'ensemble du texte.

Qu'en est-il des productions de Ferron ? Seule une lecture attentive, comparative et analytique, des textes de 1965 et de 1972, pourra nous le dire, au-delà des indications explicites –

---

1. Il s'agit du sous-titre de la nouvelle version : il n'est pas précisé si c'est Ferron, ou l'éditeur, qui est à l'origine de ce sous-titre.
2. Lettre à Gérald Godin, datée du 27 juillet 1971, reproduite dans l'édition de 1977 des *Confitures de coings,* p. 8.

mais extra-textuelles – contenues dans le sous-titre de 1972 et dans les déclarations de l'auteur.

Par ailleurs, que la version de 1972 soit « entièrement nouvelle » ou plus modestement et simplement « corrigée », il me paraît intéressant de poser dans un second temps la question des raisons qui ont motivé les transformations opérées sur le texte de base : à quelles considérations stylistiques ou politiques leur étude nous renvoie-t-elle ? Et, pour annoncer tout de suite mes couleurs, il me semble que, dans cette opération, on ne pourra faire l'économie de l'étude des rapports du texte ferronnien à cet événement majeur de l'histoire contemporaine du Québec qu'a constitué la crise d'Octobre 1970.

UNE STRUCTURE RÉCURRENTE : LA QUÊTE

Dans la seconde version comme dans la première, on nous raconte une nuit dans la vie du héros, François Ménard, nuit décisive au terme de laquelle celui-ci retrouve son âme perdue des années plus tôt au début de l'âge adulte. L'action du récit – selon la procédure suggérée par Barthes (à la suite de Propp) – peut être très sommairement décrite comme suit :

État initial : le héros, homme « moyen », banal, typique de la civilisation moderne, gérant de banque résidant en banlieue de Montréal, reçoit une nuit un appel téléphonique qui le reporte à son passé oublié dans la vie quotidienne, passé dont le moment déterminant a été, à l'aube de sa vie adulte, le reniement de ses convictions communistes et l'adhésion – tout au moins explicite, apparente, sinon en profondeur – aux valeurs dominantes.

État terminal : le héros, à la fin d'un parcours de nature initiatique vécu lors de cette fameuse nuit, recouvre son âme perdue et du coup cesse de parasiter celle de sa femme dont il a vécu durant des années : désormais redevenu un être authentique, il pourra reprendre le combat déserté à la fin de sa jeunesse.

Entre ces états (initial et terminal), le parcours, la « boîte noire » de Barthes, comprend les éléments suivants – je schématise ici énormément pour m'en tenir à l'essentiel – :

1. Le départ, à la suite du coup de téléphone de Frank. Le héros se sent investi d'une mission : retrouver son âme.

2. La rencontre avec Frank à la morgue, rue Saint-Vincent. Le héros se remémore alors sa jeunesse : le séjour au sanatorium notamment, la rencontre avec Smédo, la conversion au communisme, l'engagement dans le parti, la manifestation contre l'OTAN, rue Saint-Laurent, l'arrestation et le reniement dont Frank sera l'artisan.

3. L'affrontement à l'Alcazar avec Frank sous forme du « don » d'un pot de confitures de coings empoisonnées. Le héros se souvient à nouveau, cette fois de son passé plus lointain, l'enfance à Louiseville, dans Maskinongé, dont Frank, son alter ego, est aussi originaire.

4. L'initiation amoureuse, dans un hôtel de passe de la rue Stanley, avec Barbara, petite négresse de Sydney (Nova Scotia) – grâce à qui il retrouve pour une large part son âme.

5. Le retour, d'abord à l'Alcazar, où le héros retrouve Frank mort, empoisonné, allongé les bras ballants sur une table de la boîte de nuit, puis à la maison de banlieue, où il retrouve Marguerite et sa vie routinière qu'il aborde cependant désormais sous un jour différent, étant redevenu d'une certaine façon le jeune homme idéaliste qu'il était naguère.

La transformation s'est donc effectuée sur le mode du voyage : voyage dans l'espace-temps d'une nuit décisive, faisant tourner le destin ; voyage dans la redécouverte, à l'intérieur de cet espace-temps, du moi profond remontant à l'enfance et à l'adolescence, moi recouvert durant la vie adulte par un masque voilant l'essentiel, à savoir, comme Ménard l'avait découvert au sanatorium, que « la réalité se dissimule derrière la réalité » (Ferron, [1972] 1977 : 46) et que le paisible banquier cache un « ex » et sans doute, après cette nuit initiatique, un futur révolutionnaire. Ce voyage, ce parcours, on pourrait aussi bien l'illustrer par le schéma suivant :

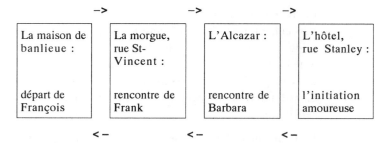

→	→	→
La maison de banlieue :	La morgue, rue St-Vincent :	L'Alcazar :	L'hôtel, rue Stanley :
départ de François	rencontre de Frank	rencontre de Barbara	l'initiation amoureuse
< –	< –	< –	

Ce parcours, à la fois linéaire et circulaire, s'inscrit par ailleurs dans une structure plus englobante que l'on peut représenter ainsi :

le passé <--------------- le présent ---------------> le futur

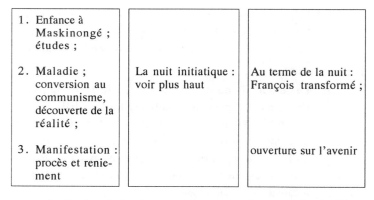

1. Enfance à Maskinongé ; études ;		
2. Maladie ; conversion au communisme, découverte de la réalité ;	La nuit initiatique : voir plus haut	Au terme de la nuit : François transformé ;
3. Manifestation : procès et reniement		ouverture sur l'avenir

Sur le plan de la structure et, par conséquent, de la signification d'ensemble du récit, il y a donc une parenté profonde – pour ne pas dire une parfaite identité – entre les deux versions de *La nuit,* si bien que s'il y a des changements majeurs de la première à la seconde, ce ne sera pas à ce niveau central, déterminant qu'il faudra les repérer, mais à celui des éléments porteurs de la structure : mode de représentation des personnages, déplacements d'accent en ce qui a trait à la thématique du récit, utilisation différente des éléments référentiels, etc. Mais d'ores et déjà on peut conclure, du moins provisoirement, que le texte publié en 1972 constitue sans doute plus une version « corrigée » qu'une « version entièrement nouvelle » du texte de 1965, ce qui ne préjuge en rien de l'importance (capitale ou secondaire) des transformations opérées sur le texte.

LES TRANSFORMATIONS

Diane Potvin (1980), dans une étude comparative rigoureuse, a dénombré 950 unités de variance dans *Les confitures de coings*. Ces unités de variance sont parfois d'ordre mineur – changement de mots, de signes de ponctuation, etc. – parfois d'ordre majeur – ajout ou suppression de paragraphes et même parfois de quelques pages altérant profondément le sens d'un passage. Du point de vue qui m'intéresse, ce sont surtout les transformations de cet ordre qui m'importent, car elles sont de nature à mettre éventuellement en jeu la signification du texte à certains endroits stratégiques, alors que les premières, si j'en juge par les exemples invoqués par Diane Potvin, obéissent à un pur souci de correction stylistique et sont donc, par conséquent, d'une portée très limitée.

Première transformation significative : le titre qui, de *La nuit,* devient *Les confitures de coings* avec précision en sous-titre qu'il s'agit d'« une version entièrement nouvelle de *La nuit* » ; à quoi on peut rattacher l'ajout de l'« Appendice », aussi accompagné d'un sous-titre, « Le congédiement de Frank-Archibald Campbell ». Cet appendice est extrêmement important, dans la mesure où il éclaire la genèse du texte et en propose une lecture fort révélatrice ; on y reviendra plus loin. Deuxième changement à signaler au niveau du métatexte : la disparition, dans *Les confitures de coings,* de l'extrait d'un poème de Duncan Campbell Scoth [sic], figurant en épigraphe de *La nuit,* et son remplacement par une dédicace à madame Elizabeth Bednarski.

Dans le texte même, les modifications quantitativement les plus importantes portent sur le premier chapitre. À noter d'abord – il s'agit de la transformation la plus considérable et l'une des plus significatives du récit – le développement sur trois

168   LE POIDS DE L'HISTOIRE

pages, dans *Les confitures de coings,* du premier paragraphe de
La nuit, et plus précisément de sa première phrase. Celle-ci, dans
la version de 1965, s'énonçait comme suit : « Je n'ai jamais
pensé que j'étais un imbécile ; j'en avais quand même le salaire »
(Ferron, 1965 : 9). Dans la version de 1972, elle est corrigée :
« Je n'ai jamais pensé être un imbécile et personne ne me l'a
dit ; je ne l'aurais pas cru » ([1972] 1977 : 15) et prolongée, approfondie dans une longue méditation de trois pages sur la
condition de solitude absolue dont tout homme est prisonnier :
« On a beau faire, chacun reste soi, l'autre reste l'autre [...] on ne
vit jamais, malgré qu'on en ait, qu'avec soi seul » ([1972]
1977 : 16). Ce sont là des échantillons d'un propos repris sous de
multiples formes dans ce substantiel ajout.

La seconde transformation d'importance – sur le plan quantitatif tout au moins – apportée dans le premier chapitre concerne
le personnage de Marguerite. Ici encore Ferron procède par ajout,
développant sur quelques pages la description de Marguerite, qui
tenait en trois paragraphes dans la version de 1965. Pour l'essentiel, toutefois, ce portrait prolonge plus qu'il ne modifie
l'esquisse de 1965 : l'épouse du narrateur-héros est toujours
représentée comme une femme passive, bonne ménagère, sachant
se contenter de peu et guère préoccupée par la poursuite du bonheur. La seule véritable modification concerne l'attitude du
narrateur-héros à l'égard de son épouse. Alors que, dans la version
de 1965, il n'était pas sûr d'être responsable de son malheur, il en
paraît convaincu dans la version de 1972 : « Un homme qui ne
serait pas responsable du malheur de sa femme, écrit-il, n'est pas
un homme » ([1972] 1977 : 21)[3]. Cette seconde « correction »
recoupe et complète en un sens la première, contribuant à accorder
au récit un caractère plus intimiste que dans la version de 1965.

La troisième transformation opérée dans le premier chapitre
a trait au personnage de Frank. Dans *La nuit,* la représentation
initiale de Frank est plutôt neutre, tandis que, dans *Les confitures
de coings,* elle est polémique. Dans le texte de 1965 en effet,

3. Ce thème – il est intéressant de le noter – est repris et développé dans *Les roses sauvages,* texte écrit et publié à la même époque.

Frank, à toutes fins utiles, lorsqu'il est mis en scène pour la première fois, n'est pas décrit (1965 : 14) ; dans le texte de 1972 il est évoqué successivement comme un « prophète », un « géant », le « représentant des Rhodésiens montréalais ? Le policier légiste ? », un « pseudo-politicologue, une doublure peut-être du policier légiste » ([1972] 1977 : 25-26), toutes images – et surtout les dernières – qui le peignent comme un personnage inquiétant, hostile, dont il faut se méfier et qu'il faut considérer comme un ennemi. Frank étant le second personnage en importance du récit, ce changement est particulièrement significatif.

La quatrième – et dernière – modification n'affecte pas un personnage, cette fois, mais la représentation d'un élément référentiel : le NPD (Nouveau parti démocratique). Dans *La nuit*, ce parti est décrit comme « un parti socialiste, le plus respectable, qui, tout en restant loin du gouvernement, lui fournissait les idées quand d'aventure il était réduit à l'extrémité d'en avoir » (1965 : 12). Bien entendu cette description comporte une part d'ironie, car le narrateur-héros précise bien qu'il ne s'est inscrit à ce parti que lorsqu'il eut atteint le statut de gérant de banque, établissant ainsi une sorte d'équation entre la respectabilité du parti « de gauche » et sa propre respectabilité personnelle de nouveau notable. Dans *Les confitures de coings,* l'ironie fait place à la colère et c'est dans des termes vitrioleurs que ce parti est dépeint :

> *je m'inscrivis au P.S.D, parti plus ou moins socialiste, plutôt moins que plus, issu de la C.C.F., qui allait devenir le N.P.D., et je n'étais pas loin de me faire l'effet, pauvre de moi, dans ce parti de tout repos, dans cette* guimauve *au fond* écœurante, *dans cet* attrape-nigaud *pour les idéalistes et les gens de bonne volonté, dont on ne savait que faire, d'un extrémiste* ([1972] 1977 : 23)[4].

Dans les chapitres suivants, les transformations, à quelques exceptions près, seront généralement moins importantes sur le

---

4. Je souligne.

plan quantitatif et surtout moins significatives. C'est ainsi, à titre d'exemple, qu'un sergent de police au service des forces de répression lâchées contre les manifestants anti-OTAN, baptisé Wagner dans *La nuit* – sans doute « en l'honneur » du ministre de la justice de l'époque, partisan d'une politique musclée à l'égard des forces contestataires de la société québécoise –, deviendra, dans *Les confitures de coings,* le sergent Melançon, nom neutre n'évoquant aucun personnage officiel connu, substitution qui trouve sans doute ses raisons dans la relative éclipse de la scène politique de Claude Wagner en 1972.

Plusieurs « corrections » sont de cette nature et donc peu pertinentes à mon propos. Aussi je me contenterai de relever rapidement celles qui me semblent comporter plus de conséquences. Je signale d'abord la présence, dans le texte de 1972, de Jean Drapeau (non nommé dans le texte de 1965) associé à Pax Plante et à son entreprise douteuse – selon le narrateur-héros – de moralisation publique : Plante est traité d'« énergumène moraliste » et Drapeau est qualifié d'« annonciateur des bains de sang » ([1972] 1977 : 57). Je signale ensuite l'amputation, dans *Les confitures de coings,* d'une strophe d'un poème de Samuel Butler qui était présente dans *La nuit,* suppression parmi tant d'autres qui, selon Guy Monette (1983), traduirait une volonté de l'auteur de chasser l'occupant à tous les niveaux, de le poursuivre dans ses derniers – et moindres – replis, « soustraction » par ailleurs compensée par l'ajout d'un poème du « cousin Rodolphe » absent du texte de 1965 ([1972] 1977 : 74-76).

Plus importantes encore sont les modifications apportées à la représentation de Frank et du narrateur-héros. Dans un passage stratégique de *La nuit* qui concerne les rapports entre les deux principaux protagonistes du récit, Frank est défini comme un Écossais alors que, dans le passage équivalent des *Confitures de coings,* il est ramené à sa qualité générique de Britannique (1965 : 61) ([1972] 1977 : 56). Il s'agit là d'une modification de taille lorsque l'on sait que, pour Ferron, s'il y a possibilité d'entente pour les Québécois avec les Écossais, les Irlandais, les Gallois –

nations dominées par l'Empire britannique –, il n'en va pas de même avec les Anglais, puissance impériale dominatrice[5]. Dans la même veine, le narrateur-héros décrira encore Frank dans *Les confitures de coings* comme un « étranger amical, pourtant mon ennemi » ([1972] 1977 : 87), passage qui ne figurait pas dans *La nuit* et qui accentue le caractère objectivement hostile du personnage de Frank. À cette « britannisation » de Frank, si l'on me passe ce néologisme, va correspondre un « enquébécoisement » encore plus prononcé du narrateur-héros devenant un symbole de la collectivité nationale dans un passage capital suivant immédiatement la reproduction d'un extrait du Gotha de Frank :

> *Ces considérations distinguées et sans doute intelligentes me laissent indifférent. J'étais de nationalité québécoise, assurément, un peu comme je me serais nommé Ducharme ou Lachance, captif de mon origine, participant à un discours commencé avant moi, y ajoutant mon mot, ma phrase, un point, c'est tout. Que pouvais-je faire de plus, surtout après cette nuit où je venais de renouer avec un temps perdu, la première personne d'un pluriel particulier, nous familial ou nous national, que m'importait, avec un temps qui ne m'était rien de plus qu'un espace, une ambiance, l'air qu'on respire, indispensable, certes, mais auquel on ne pense pas ? Je ne revendiquais que le droit de m'isoler en moi-même et de m'y dissoudre en paix* ([1972] 1977 : 96).

Enfin, dernière modification majeure : la disparition du passage sur l'Effelquois. On sait qu'au retour à sa maison de banlieue le narrateur-héros de *La nuit* rencontre un Effelquois en train d'effectuer des corrections à un poteau indicateur. Ménard lui fait un signe de complicité auquel l'autre finit par répondre, abolissant ainsi la distance entre les générations unies, tout compte fait, dans un même combat qu'elles mènent chacune à leur

---

5. Ce que démontrent, chacun à sa manière, *Le ciel de Québec* et *Le salut de l'Irlande.*

manière avec des armes différentes. Or ce passage, dont la signification politique ne saurait être sous-estimée, n'a pas été repris dans *Les confitures de coings*.

En somme les transformations les plus significatives du texte ont trait :

1. Au titre, modifié, comme le dit l'auteur dans l'appendice, pour insister sur le poison, donc sur la nécessité de se débarrasser de Frank et de ce qu'il représente.

2. Au personnage de Ménard dont la « dimension intérieure » est accentuée d'un côté – ce qui implique du coup un traitement plus élaboré du personnage de Marguerite – de même que, de manière un peu paradoxale, sa dimension collective est approfondie d'un autre côté.

3. Au personnage de Frank présenté dans la seconde version comme un éventuel complice.

4. À la disparition du passage sur l'Effelquois.

Comment rendre compte de ces transformations, importantes dans la mesure où elles débordent le cadre de préoccupations d'ordre purement stylistique, mais néanmoins « secondaires » dans la mesure où elles n'affectent pas la structure de base du récit ?

FERRON ET LA CRISE D'OCTOBRE 70

Les critiques de l'œuvre de Ferron – notamment Diane Potvin et Pierre L'Hérault – ont fait état bien entendu de ces modifications et compris que les événements d'Octobre 1970 en étaient dans une large mesure responsables. Mais, en raison même de son approche – sémiologique –, Diane Potvin, en pratique, a eu tendance à accorder une importance négligeable à ce facteur qu'elle évoque mais qu'elle n'analyse pas. Quant à Pierre L'Hérault, il insiste surtout sur les motivations stylistiques ayant pu servir de fondements aux modifications et estime que certains changements – notamment la disparition du passage sur l'Effelquois – trouvent leur raison d'être dans les textes ajoutés en 1972 : « La créance » et l'appendice (L'Hérault, 1980 : 241-242). Or il me semble qu'il faut aller plus loin et reconnaître que la crise d'Octobre 1970, loin d'être seulement une toile de fond liant plus ou moins lâchement les deux versions de *La nuit,* constitue le principal facteur explicatif des transformations opérées en 1972 sur le texte de 1965.

Sur les événements et leurs alentours, Ferron a beaucoup écrit, d'une part dans le cadre de chroniques d'actualité, publiées dans des journaux et des revues et réunies par la suite dans *Les escarmouches* (1975), et d'autre part dans l'appendice aux *Confitures de coings.* De la lecture de ces textes il ressort que l'écrivain s'est intéressé essentiellement à la signification de la crise – dont il propose ce qu'il faut bien appeler une interprétation policière – et au rôle qu'y ont joué, à leur niveau et à leur manière, les anglophones du Québec traditionnellement reconnus comme « libéraux ».

L'interprétation policière de Ferron repose sur les éléments suivants :

1. Certains des felquistes de 1970 étaient des personnages douteux, des gens « masqués », si bien qu'on peut avancer l'hypothèse qu'ils étaient « d'accointance » avec la police (Ferron, 1975 : I, 96)[6], soit comme complices et donc parties prenantes du complot, soit comme victimes manipulées par le pouvoir.

2. Cette manipulation a une longue histoire, le FLQ ayant été, dès l'origine en 1963, sous la direction d'agents doubles, notamment d'origine belge, qui l'ont « fabriqué » et « restent actifs » encore aujourd'hui (1975 : I, 224)[7].

---

6. Ailleurs il écrira encore que « Cuba s'est empressé de prêter main forte à Ottawa en accueillant des Felquistes douteux, fabriqués sur mesure à même la postérité de Charlie Lanctôt » (1975 : I, 203).

7. Ferron soutient toujours ce point de vue en 1982.

3. Certains des membres du premier réseau felquiste en 1963 provenaient des Jeunesses communistes ; or le parti communiste, réduit à presque rien après la deuxième guerre mondiale, servait officiellement d'« officine de police », de « poste d'observation » (1975 : I, 97-98) utilisé pour surveiller, contrôler et manipuler les éléments contestataires de la société québécoise ; à l'appui de cet élément, Ferron invoque sa propre expérience d'ex-militant communiste.

4. La crise a été provoquée par les pouvoirs publics fédéraux pour mettre au pas les forces nationalistes du Québec ; même un présumé pacifiste comme Pearson, prix Nobel de la paix, aurait été partie prenante d'un vaste complot visant à discréditer le PQ en l'associant au FLQ[8]. Si bien que, l'un dans l'autre, « il y eut des conspirations en une seule, celle des terroristes qui par quelques exploits comptaient accélérer la marche de l'histoire, celle de la police et de l'establishment qui comptaient sur ces exploits pour imposer une fameuse terrorisation sociale » (1975 : I, 176)[9].

En somme, malgré sa sympathie pour certains terroristes, dont au premier chef les frères Rose auxquels il a consacré un texte émouvant dans le magazine *MacLean* en mars 1971[10], Ferron, dans l'ensemble, se méfie énormément du FLQ et de tout ce qui lui ressemble de près ou de loin, dans la mesure où ces mouvements sont aisément manipulables comme l'a éloquemment démontré, selon lui, la crise d'Octobre 1970.

---

8. Opération qui, selon Ferron, sera aussi tentée contre le parti acadien : « L'apparition d'un F.L.A., écrit-il en 1973 de retour d'un voyage à Moncton, ne m'a pas fait tellement plaisir : les Acadiens, me semble-t-il, ont déjà reçu leur part de violence. Qu'y apprendront-ils ? Que F.L.A. et Sécurité s'articulent pour mieux sévir et réprimer » (1975 : I, 198).

9. Cette théorie du « complot » a été reprise et approfondie par Pierre Vallières dans *L'exécution de Pierre Laporte*, ouvrage d'ailleurs dédicacé à Ferron.

10. Repris dans le premier tome d'*Escarmouches*, p. 103-118.

Dans cette entreprise de « terrorisation sociale », les intellectuels et les hommes politiques se sont révélés sous leur vrai jour en partisans ou adversaires de la manœuvre d'intimidation. Les forces conservatrices, comme on pouvait s'y attendre, ont appelé et appuyé les mesures de répression. Mais les représentants des forces « progressistes », et singulièrement les démocrates anglo-saxons, libéraux « de gauche » ou « compagnons de route » du NPD, comment se sont-ils comportés devant l'événement ? En défenseurs du *Law and Order*, en l'occurrence en apologistes de la Loi des mesures de guerre.

Ainsi, Frank Scott, se ralliant à Trudeau, après des « années de fourberie inconsciente » passées à la CCF puis au NPD, admettait « à un âge avancé que, membre d'une minorité dominante, c'était outrager le sens commun que se prétendre homme de gauche, et qu'à l'instar de tous ces Messieurs de la McGill University il était au fond un Rhodésien et qu'en faisant de son mieux il pouvait tout au plus atteindre le centre droit dans l'éventail des partis » (1975 : I, 135). Et dans l'appendice aux *Confitures de coings,* Ferron écrit que « délaissant ses frauduleuses utopies, jetant le masque, il s'est acoquiné sans vergogne à ce pauvre et misérable Pierre Trudeau, fils poisseux de Champlain et des Jésuites, à ce sacristain besogneux, tout renfrogné d'une religion révolue qu'est Gérard Pelletier [...] » ([1972] 1977 : 104).

Scott, bien entendu, représente plus que l'individu Frank Scott : il symbolise – comme son double fictif, Frank Campbell – la communauté anglophone prétendument progressiste de Montréal qui, dans ce moment de vérité qu'a constitué la crise, s'est révélée sous son vrai jour de minorité dominante tenant à ses privilèges et à son pouvoir.

La crise, en somme, pour Ferron, est le résultat d'un complot du pouvoir fédéral contre le nationalisme québécois, complot facilité par la participation aveugle, naïve de quelques jeunes idéalistes, terroristes trompés et manipulés, instruments d'une opération de terrorisation sociale de grande envergure dont fut victime une population aux abois. Elle a eu par ailleurs pour résultat de faire apparaître sous leur jour véritable de présumés progressistes, faux alliés des « forces vives » de la nation québécoise : à ce titre, elle a servi de « révélateur », permettant de délimiter très nettement le camp du peuple québécois et de ses amis, et celui de ses adversaires.

LA CRISE COMME FACTEUR D'INFLÉCHISSEMENT DU SENS DU ROMAN

Ceci posé, on comprend comment la crise, telle que perçue par l'écrivain, explique dans une très large mesure les modifications apportées dans le texte en 1972. On a vu plus haut que les modifications majeures ont trait à quatre éléments : le titre, les personnages de Frank et du narrateur-héros, le passage sur l'Effelquois. Outre celles-ci, le texte de 1972 présente tout un ensemble de modifications qu'on peut considérer mineures et dont peut rendre compte, pour l'essentiel, une simple évocation de l'évolution de la conjoncture entre les deux périodes de rédaction. C'est ainsi, par exemple, que la disparition en épigraphe de l'extrait du poème de Duncan Campbell Scoth [sic] obéit, selon Guy Monette, à une volonté d'effacer dans l'œuvre toute trace de l'occupant, du moins aux endroits stratégiques du récit. De même, la description virulente du NPD est alimentée par la prise de position de certains de ses membres connus, dont Frank Scott se ralliant à Trudeau durant la crise d'Octobre ; ce faisant, Ferron se montre très sévère – et assez injuste – pour un parti qui fut le seul, dans sa grande majorité, en votant contre le projet de loi décrétant les mesures de guerre, à refuser au « fils poisseux de Champlain et des Jésuites » les pleins pouvoirs qu'il exigeait. Enfin la représentation de Jean Drapeau comme personnage sanguinaire trouve ses assises dans l'attitude fortement répressive manifestée par le maire de Montréal au cours des événements.

Outre cette influence sur des modifications mineures apportées au texte de 1965, la crise (ou plus précisément la lecture qu'en fait Ferron) aura des conséquences sur des éléments clés de *La nuit*.

À commencer par le titre. Dans l'appendice, Ferron écrit que s'il préfère maintenant, à la suite des événements, *Les confitures de coings,* c'est « pour insister sur le poison » ([1972] 1977 : 105). Et effectivement ce changement de titre contribue à sa manière à ce qu'on pourrait appeler la « polémisation » du texte en mettant l'accent sur l'instrument matériel de la revanche du héros : le cadeau empoisonné qu'il fait à Frank. Le premier titre, *La nuit,* ne contenait pas, du moins explicitement, cette connotation, insistant plutôt sur le parcours initiatique effectué par le héros, sur ses retrouvailles, lors d'une nuit décisive, avec son moi authentique. Le second titre, lui, met en évidence la condition essentielle de cette reconquête (à dimension collective) d'une identité qui demeure problématique : l'élimination des ennemis, et d'abord des plus dangereux d'entre eux – les « libéraux » de McGill –, considérés à tort comme des alliés. La crise a indiqué, selon Ferron, l'urgence de cette tâche : « Il faut faire vite, derrière nous les ponts sont coupés, il n'y a plus de salut que dans l'occupation complète du pays... » ([1972] 1977 : 148). C'est sur cet appel que se termine l'appendice, invitant, dans la lutte qui va s'engager, à faire plus que jamais preuve de ruse – faute d'une force qu'on ne possède pas – à l'instar d'un Ménard utilisant avec efficacité l'arme à première vue dérisoire des confitures de coings.

Ce Ménard, Ferron a admis, toujours dans l'appendice, qu'il était un avatar de lui-même, victime d'une humiliation (le renoncement à son identité et à son authenticité) non pas tant personnelle que collective, car celle-ci constitue le lot de toute la communauté québécoise en situation de subordination face à une arrogante minorité dominante. On a vu, par ailleurs, que la dimension intérieure du personnage était approfondie dans *Les confitures de coings,* ce qui peut paraître paradoxal compte tenu de la politisation accrue du texte, mais qui ne l'est pas vraiment dans la mesure où les individus, chez Ferron, n'existent jamais à l'état d'atomes isolés. Ils appartiennent toujours, en effet, à une communauté plus vaste – familiale, paroissiale, nationale, etc. – de laquelle ils héritent une dimension essentielle de leur être, si bien que, séparés du groupe, ils sont perdus, comme l'illustrent éloquemment les exemples d'Aline Dupire dans la *Lettre d'amour* et de l'épouse de Baron dans *Les roses sauvages* (1971).

Cette intériorisation du personnage traduit, en outre, une préoccupation plus pressante, chez le Ferron du tournant des années 1970, qui se manifeste notamment dans des productions comme *L'amélanchier, Les roses sauvages, Du fond de mon arrière-cuisine,* etc., qui témoignent de sa rencontre décisive avec la marginalité et la folie au Mont-Providence et à Saint-Jean-de-Dieu. Mais cette nouvelle préoccupation, dont le Ménard de 1971 est porteur, n'invalide pas la dimension collective du personnage, dont la « libération » ne pourra prendre son vrai sens qu'insérée dans celle de la communauté québécoise. Il n'y a pas de salut individuel possible en situation d'oppression nationale et les événements de 1970 en ont à nouveau fait la preuve : d'où le caractère exemplaire – symbolique et collectif – de l'aventure de François Ménard, déjà affirmé en 1965, réaffirmé et renforcé en 1971.

Frank, l'alter ego de Ménard, son simulacre anglais, est, quand à lui, rejeté par l'auteur de l'appendice qui le considère désormais comme un « ridicule épouvantail à corneilles, une manière d'imbécile presque aussi méprisable que ce Hugh MacLennan... » après l'avoir longtemps traité « avec révérence et une sorte d'amitié non seulement dans *La nuit* mais aussi dans *La charrette* et *Le ciel de Québec* » ([1972] 1977 : 105).

Dans *La nuit,* Frank était représenté comme un ennemi certes, mais avec lequel on pouvait discuter et éventuellement s'entendre. Le personnage, je l'ai rappelé, était d'ailleurs défini d'abord comme Écossais et non comme Anglais, membre actif de l'Empire britannique. De plus, il possédait une sorte de double statut, à la fois d'adversaire réel du narrateur-héros et de double de celui-ci qui l'avait en quelque sorte intériorisé. Si bien que le combat était d'abord à livrer en soi, contre soi pour se transformer, et non pas tant contre l'autre qui pouvait même devenir un allié.

Dans *La charrette,* Frank est décrit à nouveau essentiellement comme un Écossais de bonne volonté qui, non seulement veut « comprendre » le peuple québécois mais lui appartenir, se réclamant dans un poème (1968 : 88-89) de cette nationalité. Cependant les Québécois demeurent sceptiques, ne disant ni oui ni

non à cette demande de naturalisation. Le narrateur-héros du récit –
nouvel avatar de l'écrivain, étant au surplus médecin comme
celui-ci – a même tendance à trouver cette volonté d'«enquébécoisement» de Campbell incongrue et assez absurde, bien que
sympathique. Quant à Linda, personnage à travers lequel la
question nationale est posée dans le roman, elle dira à Frank :
« Surtout plus un mot de la supposée nationalité québécoise !
Ta dérision, garde la pour les Écossais » (1968 : 123). Le drame de
Frank finalement, c'est qu'il n'a pas de véritables attaches :
« Écossais, l'Écosse ne lui appartenait guère, ni le Québec,
quoiqu'il en eût. Au fond c'était un homme détaché, plus porté au
vagabondage qu'à la religion d'État» (1968 : 108). Sans ancrage
historique précis, il est donc condamné à errer, comme le lui dira
encore Linda, en « grand Don Quichotte inutile » (1968 : 115).
Au total il apparaît donc ici plus comme une victime que comme
un ennemi et c'est à ce titre qu'il est dépeint avec sympathie.

Dans *Le ciel de Québec,* le Frank mis en scène ne
s'appelle plus Archibald Campbell mais Frank Anacharsis Scot ;
cependant il est évident qu'il s'agit bien, sous ce nom nouveau,
du même personnage. Dans la première partie de cette grande
chronique des années 1930, Frank est représenté comme
missionnaire dans les Territoires du Nord-Ouest où il prend la
décision, comme le Campbell de *La charrette,* de
s'«enquébécoiser» : « Dorénavant, dit-il, je me nommerai
François-Anacharsis» ([1969] 1979 : 118). Cette conversion
semble tout à fait ridicule à son père, le *bishop* Dugald Scot, qui
estime que les Québécois n'accepteront pas son fils « parce qu'ils
ont chacun leur petit privilège et qu'ils y tiennent mordicus, à ce
petit privilège, au point qu'ils auront peur de le perdre en vous
voyant vous départir des prérogatives de votre naissance. Vous
leur ferez peur tout simplement et ils ne sont pas des gens, que je
sache, à vous en être reconnaissants... » ([1969] 1979 : 259).
Doute qui est également partagé par Chubby Power, politicien
irlandais parfaitement assimilé, lui, et par l'abbé Surprenant –
personnage qui sert souvent de porte-parole à Ferron – qui confiera
à Frank : « Laissez-moi seulement vous prévenir que quoi que
vous fassiez, vous ne pourrez jamais vous enquébécoiser à fond ;

votre paradis perdu restera anglican ; vos tartines risquent fort de vous laisser dans la bouche un arrière-goût de liberté anglaise » ([1969] 1979 : 351-352). En dépit de ces conseils, Frank entreprend son « enquébécoisement » en se déniaisant dans un bordel de la rue Saint-Vallier et en se mettant au service des villageois de Chiquette, lieu, dans le récit, d'une possible renaissance québécoise. *Le ciel de Québec,* donc, « finit bien » par l'évocation de l'enfant sauveur, Rédempteur Fauché, et par la « conversion » de Frank en Québécois. En cela il exprime le versant optimiste du nationalisme de Ferron, croyant en l'avenir d'un Québec « ouvert », où il y a place pour les Frank...

C'est cela qui est remis en question dans *Les confitures de coings* et l'appendice à la suite des événements de 1970 ; d'où la description polémique de Frank comme « représentant des Rhodésiens montréalais », « policier légiste », « pseudo-politicologue », donc comme flic au service des forces de répression anti-québécoises. La crise de 1970, à ce titre, a forcé chacun à choisir son camp, en ne permettant plus les prises de position ambiguës, mettant ainsi crûment en lumière la duplicité de certains présumés amis du peuple québécois. Dans la mesure où le personnage de Frank les incarne dans *Les confitures de coings,* on comprend le traitement que lui a réservé Ferron.

Dernière modification majeure apportée au texte : la disparition du passage sur l'Effelquois. *La nuit* est publiée en 1965, donc, au début du mouvement terroriste qui marque de façon spectaculaire l'éveil du néonationalisme québécois. À cette époque le FLQ jouit d'une indéniable sympathie – voire de complicité – dans les milieux indépendantistes de gauche. *Parti pris,* revue fondée à l'automne 1963, se considère même d'une certaine façon comme un front intellectuel de libération du Québec. Et lorsqu'elle critiquera en 1965-1966 la stratégie felquiste, ce sera sur fond de sympathie : entente sur les objectifs (nécessité d'une révolution politique, sociale et économique au Québec), mais désaccord sur la stratégie[11]. Il était somme toute normal que

---

11. Voir à ce sujet Piotte (1965).

Ferron, « compagnon de route » de *Parti pris,* militant indépendantiste, témoigne de compréhension – voire de son appui – au
FLQ. C'est cela que manifeste le passage de l'Effelquois dans *La
nuit.* Cette sympathie, on en trouve aussi une expression dans *Le
salut de l'Irlande,* roman publié en 1970 mais écrit avant les
événements : le héros du livre, Connie Haffigan, Irlandais, se
convertit au felquisme tandis que ses frères aînés, eux, entrent
dans la police... Si, en 1971, Ferron, reprenant *La nuit,* fait
disparaître le passage de l'Effelquois, c'est qu'il a compris que la
stratégie felquiste est vouée à l'échec et que, de plus, elle se prête
à toutes les manipulations comme les événements l'ont montré.
Que Ferron ait eu ce pressentiment dès 1963, comme il l'a laissé
entendre dans des entrevues au début des années 1980, on peut
bien sûr en douter – *La nuit* et *Le salut de l'Irlande* inclinent
plutôt à penser le contraire –, mais ce n'est pas ce qui m'importe
ici : ce qui est essentiel, c'est de constater qu'en 1971 un passage
capital du texte de 1965 disparaît et que cette modification est
attribuable dans une très large mesure – sinon entièrement – à la
lecture que l'écrivain a faite des événements d'Octobre 1970.

*   *

*

Alors *Les confitures de coings,* « version entièrement
nouvelle » ou plus simplement « corrigée » de *La nuit* ? Cette
question a un caractère un peu académique, avouons-le, et on peut,
à la limite, tout aussi justement répondre d'une façon ou d'une
autre. Ce qui me paraît plus intéressant, c'est de souligner qu'il y
a à la fois profonde continuité d'un texte à l'autre et rupture au
niveau d'éléments importants, mais non stratégiques, du récit.

Continuité sur le plan de la structure et de la signification
d'ensemble du texte. La matrice originelle de *La nuit* – quête de
l'identité personnelle et collective sur le mode d'un parcours
initiatique – informe aussi *Les confitures de coings* et trouve son
enracinement dans la problématique nationaliste que Ferron s'est
donnée à la fin des années 1950 et qui sert de toile de fond à toute
son œuvre.

Rupture au niveau d'éléments importants du récit qui témoignent, à leur manière, de l'évolution de la conjoncture sociopolitique et culturelle au Québec durant les années 1960. Je n'insiste pas là-dessus, ayant évoqué quelques-uns de ces changements au fil de mon texte ; je rappelle seulement, très rapidement, qu'en dix ans, les milieux nationalistes sont passés d'une conception « décolonisatrice » de la situation du Québec, inspirée par la lecture de Fanon, Memmi, Sartre, à une définition plus « fonctionnaliste » – le Québec comme élément à part entière du bloc américain sur qui pèse bien sûr une certaine oppression nationale –, ce qui s'est traduit, sur le plan politique, par une évolution de la revendication d'indépendance à celle de la souveraineté-association. Dans ce processus la crise d'Octobre 1970 a joué un rôle non négligeable et l'œuvre de Ferron en rend compte à sa manière.

(1982)

CHAPITRE VI

L'avant-garde culturelle et littéraire des années 1970 : l'art en question

UNE DÉCENNIE DE CRISE

Les années 1970-1980 constituent une décennie de crise. Sur le plan économique les sociétés capitalistes occidentales, après une longue période d'expansion et de prospérité, entre 1950 et 1970, sont mises à rude épreuve, par l'inflation d'abord, le chômage ensuite. Pour la protection du pouvoir d'achat au début de la période, contre les fermetures d'usines et les coupures de postes à la fin, de longues et parfois violentes luttes s'engagent sur le terrain, mettant aux prises des syndicats qui se radicalisent et des patrons de choc, voire l'État lui-même. Dans ce contexte, une pratique syndicale « de combat » se développe qui trouvera son expression théorique dans les célèbres manifestes des grandes centrales syndicales publiés au début des années 1970. Chacun à leur manière ces manifestes prônent un syndicalisme de classe et de masse qui trouve ses fondements dans une volonté de changer le système social et économique, de substituer le socialisme au capitalisme.

Sur un plan plus événementiel, la période s'ouvre sur deux faits marquants : les élections du mois d'avril 1970, qui signalent la percée électorale décisive du courant néonationaliste (le PQ obtient 24 pour cent des voix exprimées), et la crise d'Octobre dont la signification politique sera déterminante pour les années à venir.

Ces facteurs – structurel (la crise économique) et conjoncturel (les événements d'Octobre) – vont se conjuguer et créer des conditions favorables à l'apparition et au développement de groupes politiques marxistes-léninistes : l'organisation En lutte ! est mise sur pied en 1972-1973, la Ligue communiste (marxiste-léniniste) du Canada est fondée à l'automne 1975. Au fil des années, des milliers de jeunes gens seront partie prenante de ces groupes soit comme militants, soit comme sympathisants. Il y a donc là un vaste mouvement social dont on ne saurait nier l'importance (quoi qu'on en pense, ou quoi qu'on ait pu penser par ailleurs de son orientation et de ses pratiques politiques).

Dans cette nouvelle conjoncture vont surgir, tant chez des individus que chez des groupes, les préoccupations propres à l'avant-garde culturelle (dans sa fraction « politisée ») : comment, concrètement, mettre en accord pratiques artistiques (et littéraires) et projet révolutionnaire de transformation de la société ?

Parti pris, d'une certaine manière, avait déjà posé cette problématique durant la décennie précédente. En 1968, la revue disparaît, étant incapable de gérer ses contradictions internes, et ses animateurs se dispersent : certains rallient le PQ (Gabriel Gagnon, Gérald Godin), d'autres versent dans la contre-culture (Paul Chamberland, Pierre Maheu), tandis que certains prennent une retraite politique définitive (André Major) ou provisoire (Jean-Marc Piotte).

La contre-culture, courant minoritaire dans les années 1960, s'impose comme mouvement significatif dans lequel se reconnaissent des milliers de jeunes au début des années 1970 : la création de *Mainmise* en 1970, à ce propos, constitue un révélateur. Dans le sillage de ce courant apparaissent de nouveaux enjeux : l'écologie, la santé, le féminisme (qui connaîtra un essor fulgurant durant la période, ce dont témoignent notamment ses publications *Québécoises deboutte, Les Têtes de pioche, Des luttes et des rires de femmes,* etc.).

De nouvelles revues sont fondées : *Stratégie,* trimestriel, en 1972 ; *Mobilisation,* mensuel, d'abord organe du FLP (Front de libération populaire) de 1968 à 1970, puis revue marxiste-léniniste indépendante au début des années 1970 ;

Presqu'Amérique, à l'automne 1971 ; *Brèches,* au printemps 1973 ; *Champs d'application,* à l'hiver 1974 ; *Chroniques,* en janvier 1975, etc. La plupart de leurs animateurs sont des intellectuels (et parfois des militants) ou des écrivains qui auront donc à se poser le problème du rapport de leur engagement sociopolitique et de leur pratique artistique (et littéraire) : ce sera notamment le cas de François Charron, Madeleine Gagnon, Philippe Haeck, Patrick Straram, etc.

Des troupes de théâtre, de manière autonome ou sous la pression des groupes politiques, s'engageront dans une démarche analogue et pratiqueront des formes de théâtre soit carrément propagandistes (ce sera le cas des troupes du 1er mai, du théâtre À l'ouvrage, du théâtre Euh ! à Québec), soit, à tout le moins, d'intervention (cas du Parminou, du Théâtre des cuisines, des Gens d'en bas à Rimouski, etc.).

Des cinéastes (Denys Arcand, Gilles Groulx, Arthur Lamothe dans une certaine mesure) produiront des films engagés, sinon militants (*On est au coton* d'Arcand, *24 heures ou plus* de Groulx).

Des peintres et des sculpteurs, de même, s'impliqueront socialement et politiquement en mettant leur art au service de luttes populaires, ou, plus radicalement encore, au service de groupes politiques : songeons entre autres à Serge Bruneau, François Charron, Marcel Saint-Pierre, Armand Vaillancourt, etc.

Que signifie l'apparition de cette avant-garde protéiforme, bruyante et envahissante, à ce moment précis de l'histoire récente du Québec ? Comment, d'une part, cette histoire en constitue-t-elle les conditions de production en quelque sorte ? Et, d'autre part, que nous dit ce courant sur la société dans laquelle il surgit et se développe ?

L'AVANT-GARDE : QUELLE AVANT-GARDE ?

Avant de tenter de répondre à ces questions, il m'apparaît nécessaire de préciser rapidement ce que j'entends ici par cette notion d'avant-garde, aussi répandue que galvaudée, trop souvent utilisée comme concept passe-partout désignant des productions hétérogènes qui n'ont en commun que leur non-appartenance à l'univers des œuvres légitimées par l'institution, aussi bien, par exemple, les productions les plus raffinées et élitistes des écrivains formalistes que les pratiques les plus engagées du théâtre d'intervention. La notion peut-elle définir aussi adéquatement les deux phénomènes ? Et, si non, laquelle des deux réalités décrit-elle le mieux ?

Il semble que le terme ait été utilisé pour la première fois à l'époque de la Révolution française dans une acception militaire. On le trouve comme titre d'un journal d'un corps d'armée : *L'avant-garde de l'armée des Pyrénées orientales* [1].

Dès l'origine donc, le terme est chargé d'une connotation militaire (l'avant-garde désigne des combattants de première ligne), et élitiste (ce sont les meilleurs qui précèdent le gros des troupes), connotation que l'on retrouvera dans l'avant-garde politique et dans l'avant-garde artistique.

Le terme, tout en gardant son caractère offensif, prendra bientôt une acception politique (généralement progressiste, mais parfois réactionnaire). Il est en effet d'abord utilisé par les républicains, les libéraux et les socialistes utopiques (disciples de Saint-Simon et de Charles Fourier), par ceux donc qui désirent un changement social et qui se perçoivent comme des pionniers. Cette tradition se poursuit dans la théorie marxiste de l'organisation politique : chez Marx, où la classe ouvrière est définie comme avant-garde de la future humanité sans classes ; chez Lénine, où le parti est conçu comme avant-garde de la classe ayant un rôle dirigeant à jouer. Le parti recrute les éléments les plus avancés de la classe et ainsi se définit et joue effectivement un rôle d'avant-garde dans les partis se réclamant du marxisme (les PC et les variantes hétérodoxes de ceux-ci : organisations maoïstes, trotskystes, etc.). Vers la fin du XIXe siècle, en France, le terme est également utilisé par la droite : c'est ainsi qu'on peut évoquer une avant-garde royaliste qui se poursuivra jusqu'en 1924 et une avant-garde chrétienne (le « christianisme social ») qui

---

1. Voir à ce sujet l'article de Marian Calinescu (1974).

durera jusque dans les années 1960. Mais pour l'essentiel, dans sa dimension politique, le terme réfère aux mouvements politiques de gauche (surtout à ceux d'inspiration marxiste).

Son utilisation passe ensuite (ou plutôt de façon concomitante) sur le plan artistique et littéraire. L'expression apparaît d'abord dans le cadre des réflexions menées par les ancêtres du socialisme. Saint-Simon, par exemple, fait des artistes, avec les savants et les producteurs (industriels et ouvriers), les pivots de son projet de réorganisation sociale (les artistes en étant en quelque sorte les hérauts, les prophètes). Cette conception « romantique » – que l'on retrouve également chez Fourier – se traduira notamment par l'idée, l'image du poète comme « régénérateur » de l'humanité – elle inspire aussi bien le jeune Émile Zola qu'un Alfred de Musset –, comme quelqu'un donc qui, à sa manière, intervient dans l'histoire, accompagne le mouvement social : il n'y a donc pas, dans cette perspective, coupure, fossé entre l'artiste et la société, opposition entre avant-garde artistique et avant-garde politique (mais bien fusion).

C'est plus tard dans le siècle qu'il y aura chez certains artistes (dont Charles Baudelaire) une réaction contre ce qui leur paraît un embrigadement de l'art et une tendance à concevoir l'avant-garde uniquement sur le plan artistique et littéraire. Sera considéré comme d'avant-garde ce qui est nouveau, ce qui rompt avec la tradition : tout artiste qui expérimente, qui crée des formes nouvelles pourra être qualifié d'avant-gardiste (que son travail soit individuel ou non, lié à un projet social ou non). C'est cette conception qui anime pour une large part les avant-gardes du début de notre siècle – conception que l'on retrouve également dans certains courants de la néo-avant-garde apparue depuis 1968.

Chez les théoriciens, on retrouve deux conceptions dominantes de l'avant-garde : pour certains, la notion désigne essentiellement des phénomènes artistiques et littéraires ; pour d'autres, elle comporte une double dimension : artistique et littéraire, mais aussi sociale.

Pour Adrian Marino (1975) – théoricien roumain – l'avant-garde constitue essentiellement un phénomène artistique trouvant toutefois ses fondements dans une certaine manière de concevoir l'existence (privilégiant le mouvement, ce qui bouge). Ainsi définie, elle se caractérise :

1. par l'attention à ce qui est en avant, à ce qui précède ;

2. par son caractère offensif, combatif, par rapport à ce qui est perçu comme dépassé (par exemple, la position d'André Breton sur le roman), donc, à ce titre, par un certain dogmatisme ;

3. par sa volonté de rupture non seulement avec ce qui est dépassé, avec la tradition, mais aussi avec la situation présente, avec les productions reconnues par l'institution ;

4. par la violence de ses propos (par exemple, les manifestes du surréalisme) et des gestes qu'elle induit (Benjamin Péret crachant sur les prêtres, etc.) ;

5. par son orientation vers le futur, l'avenir, sa dimension prophétique et visionnaire : créer un art nouveau pour une civilisation nouvelle, différente.

Pour Marian Szabolcsi (1975) et Peter Bürger (1984), qui représentent l'autre tendance, l'avant-garde se caractérise :

1. par une volonté de surmonter la rupture apparue au XIXe siècle entre les artistes et le public, rupture qu'elle constate et qu'elle veut dépasser pour recréer une unité entre l'art et son public ;

2. par le privilège accordé à la vie, à l'action sur l'art, les pratiques artistiques et littéraires étant intégrées à un projet de transformation plus global de la société ;

3. par des négations, sur le plan formel, des structures privilégiées par la tradition.

Pour ma part, j'estime avec Szabolcsi qu'on peut désigner comme avant-garde « les courants, les tendances disposant d'un *programme* bien défini sur le plan esthétique, philosophique et, dans bien des cas, *politique* » (1975 : 43). Il s'agit donc d'un phénomène collectif (« courants », « tendances ») se produisant sur les plans artistique et politique, dépassant (intégrant) les phénomènes individuels, impliquant plus, autre chose que l'innovation, l'expérimentation : « l'avant-garde, écrit encore Szabolcsi, est un phénomène qui se produit à une certaine période de l'histoire et requiert avant tout une analyse *historique* » (1975 : 51)[2].

Dans l'ensemble des manifestations qui expriment les préoccupations de cette avant-garde durant les années 1970 au Québec, je privilégie ici deux exemples particulièrement significatifs et révélateurs : celui d'une production collective, d'une revue culturelle, *Stratégie,* et celui, plus singulier, mais non moins exemplaire, de la trajectoire du poète François Charron.

STRATÉGIE : DE L'ANALYSE DES PRATIQUES SIGNIFIANTES À LA LUTTE IDÉOLOGIQUE

Fondée à l'hiver 1972, dissoute à l'automne 1977 à la suite du ralliement des membres de son comité de rédaction aux organisations marxistes-léninistes, *Stratégie* est sans doute dans le champ culturel de la période la revue la plus importante, celle qui est au cœur des débats, discutant et polémiquant avec les revues alternativement amies et concurrentes que sont *Chroniques, Champs d'application, La Barre du jour,* etc.

D'une certaine manière elle renoue, dans un contexte nouveau, avec la tradition de *Parti pris.* Non pas qu'elle ait connu le rayonnement de cette revue qui a dominé massivement et sans conteste la scène culturelle et littéraire des années 1960 ; *Parti pris,* en effet, était lu par des milliers de jeunes – artistes, étudiants, intellectuels –, ce qui est loin d'être le cas de *Stratégie,* qui n'a guère rejoint – dans le meilleur des cas – que quelques centaines de personnes.

---

2. Voir aussi à ce sujet, l'article de René Loureau (1972).

Cependant, si on peut la considérer comme la revue la plus significative de la période, celle qui donne le ton, c'est d'une part parce qu'elle a duré plus longtemps que ses concurrentes (deux ans et des poussières pour *Chroniques,* deux ans – et seulement sept numéros – pour *Champs d'application*) et d'autre part, et surtout, parce qu'elle a lancé la plupart des débats par rapport auxquels les intellectuels auront à se définir durant la décennie : l'utilité « sociale » de la sémiologie, le rapport du marxisme à la psychanalyse, au féminisme, la lutte pour une nouvelle culture (prolétarienne), etc. Sur une période de cinq ans on peut dire que les rédacteurs de *Stratégie* auront connu toutes les « tentations » théoriques et politiques auxquelles étaient exposés les écrivains, artistes et intellectuels de l'époque.

C'est pourquoi, dans une étude de l'histoire des idées de cette décennie, on ne saurait faire l'économie de l'analyse de cette revue, véritable laboratoire, lieu d'élaboration et d'expérimentation d'idées et de pratiques – surtout dans le champ littéraire – qui d'une certaine façon feront date.

LES DÉBUTS : LA SÉMIOLOGIE « SUBVERSIVE »

Stratégie est fondée à l'hiver 1972 par un groupe de jeunes écrivains – François Charron, Roger Des Roches notamment – et d'étudiants en littérature de l'UQAM. La composition du comité de rédaction et le moment où la revue est lancée ne seront pas sans influencer très directement l'orientation initiale de la nouvelle publication.

Au début des années 1970, la conjoncture culturelle et politique est en effet très différente de celle qui, au début des années 1960, servait de toile de fond à la naissance de *Parti pris.* Cette période était marquée pour une part, sur le plan politique, par l'éveil du néonationalisme québécois, lui-même aiguillonné par les luttes de libération nationale qui se déroulaient alors en Afrique (particulièrement en Algérie), en Indochine et en Amérique latine, pour une autre part, sur le plan culturel, par le rayonnement des théoriciens de la décolonisation (Berque, Fanon, Memmi, Sartre).

Durant la première moitié des années 1970, il y a, sur le plan politique, stabilisation et institutionnalisation du néonationalisme québécois dans le PQ ; une frange importante de militants de gauche qui s'y étaient identifiés jusque-là s'interrogent sur cette option de leurs années antérieures à la suite, notamment, des événements d'Octobre 1970. Sur le plan culturel, les théoriciens de la décolonisation sont éclipsés au profit du structuralisme (tel qu'incarné par Barthes, Foucault et leurs disciples dans le champ de la littérature et de la philosophie, et par Althusser, Poulantzas dans ce qu'on a convenu d'appeler le structuro-marxisme) et de la sémiologie, disciplines en pleine ascension qui fascinent les nouvelles générations d'intellectuels québécois.

On ne se surprendra donc pas de voir les animateurs de *Stratégie* sauter dans le bateau de la sémiologie. Pour la plupart étudiants à l'UQAM, université récemment créée et vouée, en vertu même de ses lettres patentes, à l'exploration des diverses formes de la « modernité », c'est pour ainsi dire tout naturellement qu'ils se tourneront vers cette nouvelle « science » : « Notre discours, écrivent-ils dans le premier numéro de la revue, (situé à l'intersection de la linguistique, de la psychanalyse, de la logique formelle, de la sociologie, etc. et de la re-définition des objets de ces disciplines) est celui, en développement, que l'on désigne sous le nom de sémiotique » (Comité de rédaction de *Stratégie,* 1972 : 5).

Ce travail est situé dans la filiation et le prolongement de la réflexion amorcée depuis quelques années par certaines revues européennes, comme *Tel quel, Poétique, La Nouvelle Critique,* etc., revues dans lesquelles on retrouve une tendance structuraliste et formaliste avérée couplée, dans des proportions très variables selon les publications, à une orientation marxiste ; au Québec, par ailleurs, on reconnaît l'intérêt de la démarche d'un groupe comme celui de *Champ libre* qui, à propos du cinéma, véhicule des analyses pertinentes et stimulantes[3].

---

3. Le groupe qui publiait la revue *Champ libre* (qui ne comptera que quelques numéros) favorisait le développement de ce qu'il appelait un cinéma d'intervention politique et se situait sans ambages dans une

Orientation sémiologique donc et, sur le plan des objets, choix privilégié, parmi les diverses formes de « pratiques signifiantes » (c'est le sous-titre initial de la revue) de la littérature, à la fois en tant que corpus de productions et discours d'accompagnement – critique ou de célébration – à questionner : « Ce qui signifie : déconstruction des notions (création, auteur, œuvre, vraisemblance, représentation, style, sens, lecture, etc.) servant à parler l'objet et mise en œuvre d'une théorie et d'une terminologie visant à construire un nouvel objet de connaissance » (Comité de rédaction de *Stratégie,* 1972 : 4).

Cependant il est intéressant de noter que cette démarche, d'emblée, ne se borne pas au seul terrain de la littérature : ce qui est visé à travers le travail de réflexion et de déconstruction qu'on entend opérer sur celle-ci, c'est l'idéologie (dominante) qu'elle véhicule à son insu. Si bien que la théorie du fonctionnement du discours poétique qu'on prétend élaborer se fera parallèlement à « la mise en œuvre d'une théorie de l'idéologie (de ses formes et lieux de formation, de ses caractères, de ses effets) elle-même articulée à une théorie de la formation sociale » (Comité de rédaction de *Stratégie,* 1972 : 5).

De façon assez significative, dans ce texte – éditorial –, on ne se réfère jamais explicitement au marxisme qui, du coup, apparaît subordonné au projet sémiologique, et cela même si on lui emprunte dans une large mesure, mais de manière implicite les fondements de sa théorie de l'idéologie. Toutefois, dans un important article de ce premier numéro, un collaborateur de la dernière équipe de rédaction de *Parti pris,* la moins « nationaliste », la plus près des théoriciens du structuro-marxisme, Narcisso Pizarro publiera une longue – et laborieuse ! – réflexion visant à intégrer la nouvelle « science du discours et du texte » à la « réflexion marxiste sur les fondements d'une science des formations sociales » (1972 : 7).

---

perspective de lutte de classes, la sémiologie étant conçue par lui comme un outil, un instrument d'analyse utile mais subordonné au travail politique.

À l'origine, dès le premier numéro de la revue, on trouve donc les deux orientations – sémiologie et marxisme – qui inspireront sur le plan théorique les collaborateurs de *Stratégie* jusqu'au moment où cette « cohabitation » n'apparaîtra plus possible à la suite de la radicalisation et de l'âpreté des débats provoqués par le type d'interpellation que les groupes marxistes-léninistes imposent alors aux groupes et revues progressistes.

Sur le plan du contenu, *Stratégie* se propose d'intervenir à trois niveaux : celui de la théorie (du discours poétique, de l'idéologie, etc.) ; celui de l'analyse des pratiques discursives en privilégiant la littérature, mais sans négliger l'ensemble des autres pratiques signifiantes ; celui de la fiction innovatrice en lien avec la réflexion conduite sur le plan théorique. « Cette pratique textuelle visera notamment à déconstruire l'idéologie littéraire à l'intérieur d'elle-même et à faire obstacle à la circulation de l'idéologie qu'elle a pour fonction de reproduire » (Comité de rédaction de *Stratégie,* 1972 : 6).

Le premier numéro est conforme à ce programme : l'article de Pizarro, déjà évoqué, apporte une contribution théorique dans le domaine de la « reproduction » des « produits signifiants » ; un article de Gaétan Saint-Pierre analyse et discute – à défaut d'une pratique de fiction – les *Recherches pour une sémanalyse* de Julia Kristeva, alors étoile montante – et filante – dans le champ de la sémiologie d'avant-garde ; et enfin des poèmes de François Charron et Carole Hébert traduisent l'intérêt de la revue pour les nouvelles formes de production poétique.

Le second numéro (printemps-été 1972) se situe dans le prolongement direct du premier. On y retrouve à nouveau des textes de fiction (de François Charron, Roger Des Roches, G.B. Jassaud) et une analyse critique des *Chants de Maldoror* par Jérôme Élie (sa première et dernière contribution à la revue). Un essai sur la « sémiologie du hockey », de Paul Rompré et Gaétan Saint-Pierre, s'avère particulièrement intéressant en ce que son propos déborde largement le contenu annoncé par son titre : plus que d'un essai de sémiologie au sens restreint, il s'agit, en réalité, d'une analyse politique de l'idéologie sportive, non seulement du hockey, mais du sport professionnel en général. Par là, d'une part, une « pratique signifiante » autre que la littérature, et une pratique de masse par surcroît, apparaît comme une préoccupation majeure des collaborateurs de la revue et, d'autre part, sur le plan théorique, l'orientation sémiologique, conservée comme axe de travail, subit une sorte de glissement, devenant insensiblement, comme l'écrit dans un autre article Jean-Pierre Roy, « un instrument indispensable à une "lecture matérialiste" du "texte social" » (1972 : 15).

Cela ne signifie pas pour autant que le marxisme soit désormais le courant dominant à la revue. Dans le numéro suivant, au contraire, c'est l'orientation sémiologique qui semble revenir en force dans des textes de Marc Angenot sur les « actants romanesques » – article relevant essentiellement de la narratologie –, de Claude Labelle sur « l'ordre symbolique » – glose, dérive à partir des *Écrits* de Lacan – et de Michelle Provost sur le « fonctionnement du texte pictural ». Le numéro, par ailleurs, est formé de « pratiques de la fiction » parmi lesquelles il faut signaler « deux modèles d'assaut » de François Charron, écrits prenant à partie deux piliers de l'institution littéraire québécoise : Georges Boulanger, poète nationaliste des années 1920, et Jean-Guy Pilon, poète de la « Terre-Québec » et directeur de l'influente revue *Liberté*. Il y a là effectivement un travail de déboulonnage, de déconstruction qu'on retrouve peu par ailleurs dans ce numéro qui s'inscrit fort aisément dans les perspectives tracées par l'éditorial du premier numéro de la revue. En fait c'est dans la livraison suivante qu'aura lieu la première des deux ruptures qui marqueront l'histoire de *Stratégie*.

PREMIER VIRAGE : VERS UNE RADICALISATION POLITIQUE

Le premier changement de cap de *Stratégie* n'est pas dû seulement à une évolution, un mûrissement de la pensée des collaborateurs de la revue : il a ses racines dans la conjoncture. Le numéro de l'automne 1973 paraît en effet quelques mois après la publication du premier numéro du journal *En Lutte !* (1er mai 1973) qui allait devenir l'organe officiel du groupe politique du même nom. Or, et cela est extrêmement révélateur de la

« pression » que les groupes commencent déjà à exercer – qui prendra dans un premier temps la forme de la « séduction », puis plus tard, au moment de la concurrence féroce entre En lutte ! et la Ligue communiste du Canada, celle de la « contrainte » –, un encart publicitaire d'*En Lutte !* est inséré à la fin du numéro de *Stratégie*. Ce fait n'est pas anodin : à sa manière il constitue un signal que quelque chose commence à bouger à la revue.

Ce changement, on en trouve une formulation choc dans ce type de discours privilégié par les groupes et militants progressistes qu'est l'autocritique (qui s'accompagne souvent d'un autodénigrement de nature névrotique). Dans « Lutte idéologique et sémiologie », un texte collectif, on convient aisément que des numéros antérieurs ont pu donner une impression de « dispersion », de manque d'unité, et on explique que cela est dû à une attitude trop « libérale », à une « absence de ligne politique cohérente à la revue » (Comité de rédaction de *Stratégie*, 1973 : 8). Désormais les textes seront choisis et publiés d'abord en fonction de la « ligne idéologique et politique », ensuite seulement en raison de leur intérêt scientifique qui est ainsi subordonné au primat de la « ligne juste ».

Dans la lutte qui oppose la bourgeoisie et le prolétariat – lutte qui se déroule sur les plans économique, politique, culturel – *Stratégie* entend intervenir prioritairement au niveau de l'instance idéologique, travailler au développement d'une « idéologie prolétarienne », ce qui signifie, négativement, « travailler à l'affaiblissement généralisé de l'idéologie bourgeoise » (Comité de rédaction de *Stratégie*, 1973 : 11), tâche – et là-dessus les rédacteurs de la revue sont conscients, sinon modestes – qui n'est toutefois pas centrale, mais bien subordonnée à la lutte sur le terrain économico-politique. Cependant la lutte idéologique est utile dans la mesure où elle peut amener des militants d'organisations syndicales, populaires, de groupes de pression à adopter les positions de la classe ouvrière.

Les membres de *Stratégie* savent donc à qui ils s'adressent : aux militants ouverts, en recherche, considérés comme « progressistes » de la petite bourgeoisie et non aux membres de la classe ouvrière elle-même. Pour atteindre de larges couches de cette petite bourgeoisie, la revue se propose d'être à l'avenir plus « lisible » tout en tenant à éviter le piège du populisme. Ce qui veut dire en clair : recourir à un langage, sinon moins théorique du moins plus accessible et aborder des réalités bien concrètes. C'est ainsi par exemple qu'on entend traiter dans les numéros subséquents de l'appareil scolaire, des pratiques pédagogiques, etc.

Par ailleurs, on admet, et c'est aussi extrêmement révélateur du virage qui est en train de s'opérer, que les rapports entre sémiologie et théorie marxiste ne vont pas de soi, qu'il y a sinon contradiction du moins tension entre ces deux « déterminations » centrales du travail qui s'effectue à la revue. On écrit même (autre façon d'affirmer le primat de la ligne politique) que la sémiologie doit être utilisée comme « arme idéologique apte à démystifier ce qui marque les contradictions sociales » (Comité de rédaction de *Stratégie,* 1973 : 15-16). Le sous-titre de la revue, « pratiques signifiantes », est maintenant perçu comme « ambigu », sinon suspect, et, de fait, il fera place au numéro suivant à celui, plus clair en effet, de « lutte idéologique ». Cette radicalisation politique de la revue va se manifester également dans un texte de François Charron sur « Littérature et lutte de classes » (1973a).

Si la pratique matérialiste de la textualité – telle que prônée par *Tel quel* par exemple – fait l'objet d'une appréciation positive, ses limites n'en sont pas moins signalées : elle ne constitue au mieux en effet qu'une rupture intrabourgeoise n'opérant qu'une légère brèche dans la conception dominante de la littérature, incapable qu'elle est de « poser correctement son rapport au politique [...] elle devient donc peu à peu l'envers masqué, la ligne moderne de la culture réactionnaire bourgeoise » (Charron, 1973a : 117).

Au Québec, le travail textuel des collaborateurs de *La Barre du jour* relève, selon Charron, d'une « idéologie réactionnaire d'une écriture ne produisant que des caractères, des mots sans relation les uns avec les autres, des discours sans idéologie ». Le formalisme, dans cette perspective, « cautionne les valeurs culturelles bourgeoises, les "rafraîchit", les "rajeunit". Il perpétue l'art pour une élite » (1973a : 118). À ces formules péremptoires on peut mesurer le chemin parcouru par la revue en moins d'un an et demi : fortement valorisé à l'origine, le travail textuel (le formalisme) est condamné sans appel, considéré comme une variante – sophistiquée – de la littérature bourgeoise décadente. En lieu et place on prône une littérature au service de la classe ouvrière qui fasse une large part, non seulement au travail sur le texte, mais au contenu, au « signifié », par exemple à « l'intervention de conflits actuels dans la fiction » (Charron, 1973a : 121). À ce stade-ci, toutefois, la dimension programmatique du travail projeté est assez courte : ce n'est que dans les numéros 8 et 9 qu'on en trouvera une formulation plus satisfaisante, plus extensive. Du moins ce texte a-t-il le mérite d'indiquer de façon très nette l'orientation nouvelle de la revue dans le champ de la littérature : produire des œuvres qui soient des contributions à l'édification d'une culture et d'une littérature prolétariennes.

Par ailleurs le numéro comporte deux analyses sémiotiques, dans la tradition de la revue, l'une sur la chronique de Maurice Côté du *Journal de Montréal* (« Les Montréalais en parlent »), l'autre sur le discours d'un journal à sensations (« *Allo Police* »). Francine C. Lebel et Michelle Provost, pour leur part, se livrent à ce qu'elles appellent un « exercice de tir » (sur *Un rêve québécois* de Victor-Lévy Beaulieu), insistant sur l'ambiguïté et, pire, le côté réactionnaire de ce roman généralement reçu comme novateur. En ce qui regarde la création, un poème de François Charron (« Ici plus tard ailleurs maintenant ») tente d'illustrer ce que pourrait être une pratique progressiste en littérature.

En somme si on n'a pas renoncé encore à l'analyse des « pratiques signifiantes », il est clair qu'on met de plus en plus l'accent sur la lutte idéologique qui deviendra le mot d'ordre – et le sous-titre – de la revue à compter du numéro suivant.

Ce numéro – le septième –, premier à loger explicitement à l'enseigne de la « lutte idéologique », s'avère intéressant à plus d'un titre. D'une part, conforme aux intentions déjà explicitées des rédacteurs, il est tout entier consacré à l'analyse de l'appareil scolaire qui joue, à l'évidence, un rôle central comme relais de transmission de l'idéologie dominante. Il attire l'attention sur un certain nombre de points chauds dans le système scolaire :

l'enseignement du français, de la littérature, les expériences pédagogiques prétendument nouvelles (comme celle de Multi-Media), l'exploitation des enseignants à la leçon (les chargés de cours), l'« affaire des sciences juridiques » de l'UQAM, etc. D'autre part le comité de rédaction prend à sa charge la responsabilité collective de l'ensemble du numéro, aucun texte n'étant signé. C'est là une façon concrète de lutter contre le libéralisme et l'individualisme décriés dans les numéros précédents ; cette tendance ne cessera de se consolider par la suite. Enfin une nouvelle formule d'enquête et d'écriture est mise à l'essai dans le cadre d'une entrevue avec les animateurs de *La Strappe*, journal visant un enseignement révolutionnaire.

Il ne me paraît pas important, dans le cadre de ce texte, d'insister plus longuement sur ce numéro, dans la mesure où il ne contient vraiment rien de nouveau sur le plan de l'analyse et de la théorie. Je souligne seulement rapidement qu'il correspond tout à fait à l'orientation définie au numéro précédent.

Les numéros suivants, huitième et neuvième, par contre, méritent plus d'attention dans la mesure où ils reprennent et approfondissent la problématique de l'écriture amorcée au numéro de l'automne 1973 (n°s 5-6). Trois textes vont marquer, comme autant de bornes, le passage d'une conception « textualiste » de la littérature (en tant que travail sur le matériau qu'est la langue) à une conception *propagandiste,* réduisant celle-ci à une fonction utilitariste, la subordonnant étroitement au travail politique désormais prioritaire.

Le premier de ces textes, publié dans le numéro huit de la revue, entend poser de manière globale la problématique des rapports entre littérature et politique. De façon assez significative, même s'il contient des éléments polémiques, il ne procède pas – du moins pas complètement – par exclusives et professions de foi mais plutôt sur le mode du questionnement, de l'interrogation. Ce n'est que dans le numéro suivant que ces scrupules seront levés et que les affirmations et condamnations péremptoires deviendront des pratiques admises et en quelque sorte ritualisées.

Le point de départ de ce premier texte – présenté comme le fruit d'un travail de réflexion entrepris depuis un an à la revue –

est une remise en cause du formalisme. Replacé dans le contexte historique des années 1960 et du début des années 1970, ce courant fait l'objet d'une évaluation positive en tant que « réaction positive et saine contre toute la mystique de la littérature » traditionnelle par définition réactionnaire. Situé dans le contexte des années 1974-1975, il fait cette fois l'objet d'une évaluation négative dans la mesure où il a acquis une trop grande autonomie, « oubliant les conditions économiques, politiques et idéologiques à l'intérieur desquelles toute œuvre littéraire est produite » (Comité de rédaction de *Stratégie,* 1974c : 10). Cette forme de pratique littéraire – comme toute autre forme d'ailleurs – n'est admissible que « subordonnée à la lutte politique, lutte pour l'instauration d'un pouvoir ouvrier au Québec » (1974c : 11).

Ces prémisses posées, prémisses qui auront à l'avenir un statut de postulats, *Stratégie,* étudiant – et jugeant – les productions littéraires québécoises, commence par les distribuer en deux grands courants : l'humanisme et le formalisme.

L'humanisme, comme on s'en doute, est condamné sans appel tant dans sa tendance élitiste (Marcel Dubé, Anne Hébert, Jean-Guy Pilon, etc.) que dans sa tendance populiste (Victor-Lévy Beaulieu, Michel Tremblay, etc.). En cela rien de très nouveau : il s'agit d'une explicitation, d'une reprise sur le mode polémique du thème de la déconstruction, projet, on s'en souviendra, à l'origine de la revue.

Ce qui est plus nouveau, par contre, c'est le rejet radical du formalisme dans sa tendance qualifiée de post-surréaliste (qu'incarneraient au Québec les écrits d'un Roger Des Roches par exemple) dans la mesure où celle-ci conçoit et pratique la littérature comme substitut d'une action visant à transformer concrètement le monde existant. Par ailleurs, le formalisme dans sa tendance qu'on qualifie de textuelle est admis comme une « étape importante vers le développement d'une littérature progressiste » (Comité de rédaction de *Stratégie,* 1974c : 33). Admis donc, mais non sans réserves, et subordonné à la mise en chantier d'une forme de littérature tenue pour supérieure : la littérature progressiste qui demeure à construire et dont on affirme qu'elle pourrait l'être par « l'intervention de conflits actuels ou historiques dans la fiction » (1974c : 33) ou encore par un traitement politique de réalités sociales non immédiatement politiques, mais néanmoins en lien avec ce qui se passe sur le plan des rapports politiques (la délinquance, la drogue par exemple). Dans la tradition littéraire québécoise on ne voit guère que L'afficheur hurle de Chamberland comme amorce, préfiguration de ce que pourrait être une telle littérature – qui est donc toute à produire.

Le deuxième de ces textes, publié dans le numéro neuf, à nouveau consacré aux rapports entre littérature et politique, se présente comme une charge à fond de train – un véritable jeu de massacre – contre tout ce qui apparaît, comme son titre l'indique, « Opportunisme et marche arrière (dans le champ culturel) » (1974a).

C'est ainsi que sont interpellés avec vigueur les anciens intellectuels considérés progressistes (comme Paul Chamberland, Raoul Duguay, Pierre Maheu, André Major, Pierre Vallières, etc.) dont on déplore la « démission politique », soit qu'elle ait pris la forme d'une désertion pure et simple du terrain politique, soit qu'elle ait emprunté le mode du repli sur des positions estimées réactionnaires comme la contre-culture par exemple. La condamnation, ici, ne va pas sans regrets et sans un effort de compréhension : comment expliquer en effet que des artistes, des écrivains engagés durant les années 1960 aient choisi une forme ou l'autre de repli sur soi ? Type de réponse avancée : ces intellectuels étaient coupés de la pratique militante. Leur travail s'effectuant surtout – sinon uniquement – sur le plan intellectuel, ils ont été facilement perméables à « toutes les formes de récupération et de déviation » (Comité de rédaction de Stratégie, 1974a : 15). Ceci dit, on souhaite qu'ils se ressaisissent, qu'ils se reprennent en main dans la mesure où leur « marche en arrière a pour première conséquence d'affaiblir considérablement le champ de la lutte idéologique ». Et, ajoute-t-on, « ce retrait graduel de la lutte est d'autant plus grave qu'il coïncide avec la montée de la répression au Québec » (Stratégie, 1974a : 16). Il y a donc dans cette critique une forme de reconnaissance et un appel à reprendre du service adressé à d'anciens combattants.

Cette attitude, sur fond de sympathie, ne vaut cependant pas pour ceux qu'on considère – et traite – comme de vulgaires opportunistes : Jacques Godbout, Claude Jasmin, le journaliste Jacques Guay, Tex Lecor, Robert Charlebois, le Frère Untel et, dans une moindre mesure, Victor-Lévy Beaulieu, tous « vendus » à l'idéologie dominante et profiteurs de l'« industrie culturelle ».

Et l'on craint que cet opportunisme ne s'installe également dans le champ de la culture parallèle ; selon *Stratégie,* en effet, « nombre d'intellectuels opportunistes et coupés des luttes » s'agitent dans des lieux comme *Mainmise, Hobo Québec, Cinéma-Québec, Cul-Q,* etc., et on déplore que ceux qui se disent progressistes n'osent pas les dénoncer et s'y opposer : « L'ennemi principal dans le champ culturel c'est précisément l'avant-garde opportuniste de la culture bourgeoise, c'est-à-dire sa future vieille garde » (Comité de rédaction de *Stratégie,* 1974a : 12).

Cette entreprise de dénonciation des opportunistes et de critique (comportant un appel à reprendre le combat) des démissionnaires constitue le volet négatif du travail à faire dont le volet positif sera l'édification d'une « littérature de libération ». Le contenu – le programme – de ce que pourrait être cette « littérature de libération » sera exposé dans le troisième texte significatif de cette période.

Qu'est-ce en réalité qu'une « littérature de libération » ? *Stratégie,* après avoir établi qu'il ne s'agit en tout cas pas d'une écriture de contestation « dont le rôle dominant est la transgression du code linguistique et/ou des normes du récit » (Comité de rédaction de *Stratégie,* 1974b : 60), c'est-à-dire de productions dont l'enjeu ne dépasse pas le champ littéraire, en distingue diverses modalités.

Première forme : la littérature – instrument de prise de conscience, mettant en scène des problèmes sociaux, mais sur un mode descriptif et non critique. Exemples : *Après la boue* de Gilbert Larocque qui thématise une question comme celle de l'avortement, *La guerre yes sir* de Roch Carrier qui constitue une satire de la guerre et de la crise de la conscription, etc. Deuxième forme : la littérature – instrument de politisation et de mobilisation, où on tente de dépasser le constat dans des appels à la révolte, voire à la révolution. Exemples : *L'afficheur hurle* de Paul Chamberland, « Ici plus tard ailleurs maintenant » de François Charron et, à un degré supérieur, le travail des troupes de théâtre comme D'la shop à Montréal et le Euh ! à Québec qui est directement branché sur les luttes populaires et syndicales, qui constitue donc à sa manière une intervention dans la conjoncture. Troisième et dernière forme : la littérature militante, forme privilégiée par *Stratégie,* mais qui demeure largement à inventer ; on songe ici à la production de textes pour les télévisions communautaires, à la réalisation de documents vidéo, à la confection d'affiches, etc.

Cette conception de la littérature militante, on le voit, implique dans une large mesure la mise à mort de la littérature, du moins telle qu'on la conçoit généralement. L'écrivain est appelé à se nier au profit du propagandiste. Le politique non seulement se subordonne le littéraire mais littéralement, l'avale, l'engloutit, le fait disparaître.

Dans le neuvième numéro, d'ailleurs, conséquents avec cette orientation, les rédacteurs de *Stratégie* préféreront le travail du théâtre D'la shop (théâtre militant) à celui du Grand cirque ordinaire (théâtre populaire). Le numéro 10, consacré à la publicité, au journalisme et à la télévision, s'inscrit tout naturellement dans la foulée des deux numéros précédents, mais contient dans un court texte de présentation l'annonce du prochain – et dernier – virage de *Stratégie* : l'adoption inconditionnelle des positions marxistes-léninistes.

SECOND VIRAGE : LE « GRAND BOND EN AVANT » DANS LE MARXISME-LÉNINISME

Cet alignement explicite sur les positions marxistes-léninistes va être scellé, selon le scénario habituel privilégié par *Stratégie,* dans un texte de présentation, d'allure fortement programmatique, intitulé « Notre champ d'intervention », qui ouvre le numéro 11 de la revue[4]. Ce texte, comme ceux de même nature publiés antérieurement, comporte, d'une part, un rappel des positions antérieures de la revue et une autocritique sévère de celles-ci au nom, bien sûr, d'une certaine logique dialectique et, d'autre part, ce qui retiendra surtout mon attention, un énoncé d'intentions (un programme) pour les numéros à venir. On rappelle à nouveau, mais de façon encore plus appuyée que dans les numéros précédents, que le politique doit désormais être au poste de commandement et que le travail culturel (autant dans sa dimension critique que dans sa dimension créatrice) doit lui être subordonné. Cependant, ceci posé, on estime toujours que la lutte sur le front idéologique, bien que secondaire, n'est pas sans intérêt, la lutte des classes se situant aussi sur ce terrain-là. Dans cette perspective, c'est « l'ensemble [...] des [...] pratiques progressistes militantes que, dans leurs contradictions, *Stratégie* veut refléter » (1975e : 3).

Plus précisément la revue entend axer son travail dans trois directions : le combat contre le libéralisme, la lutte idéologique dans le champ culturel et le développement de ce que l'on appelle une alternative progressiste dans le domaine de l'art et de la culture en général.

Le combat contre le libéralisme devra être mené, d'une part, contre le libéralisme de l'État bourgeois, idéologie de façade qui sert à camoufler sa nature foncièrement répressive, et, d'autre part, contre sa pénétration au sein du mouvement ouvrier et des forces progressistes. Pénétration qui prend trop souvent la forme d'un « marxisme fumeux » (Comité de rédaction de *Stratégie,*

---

4. Avec ce numéro la revue emprunte un nouveau format, de type magazine, qu'elle veut conforme à sa nouvelle orientation : « "élargir" notre public et [...] toucher non plus seulement la couche intellectuelle de la petite bourgeoisie (tels les enseignants et les étudiants des niveaux scolaires collégial et universitaire), mais [...] rejoindre d'autres couches petites-bourgeoises tels les secrétaires, les fonctionnaires, les enseignants des niveaux primaire et secondaire, etc. Nous désirons donc devenir plus "accessible" en changeant le ton "spécialisé" de nos articles et en réduisant le coût d'achat de la revue » (*Stratégie,* 1975e : 9).

1975e : 7) qu'incarne de manière exemplaire, pour *Stratégie,* une revue comme *Chroniques.* En pratique – c'est une caractéristique générale des groupes de gauche de la période, une de leurs « maladies infantiles » – il y aura glissement progressif de la critique de l'État bourgeois à celle du « marxisme fumeux », concentration du tir non plus sur ce qui était donné au point de départ comme ennemi principal, mais bien plutôt sur ce qui était considéré comme ennemi secondaire, « contradiction au sein du peuple » pour paraphraser Mao. J'y reviendrai plus loin en évoquant la polémique engagée contre *Chroniques.*

Les paragraphes consacrés à la « lutte idéologique dans le champ culturel » constituent plutôt des rappels que des énoncés nouveaux, sauf qu'au lieu d'insister comme antérieurement sur la dimension critique de l'entreprise, on met l'accent sur sa dimension positive : le développement d'une idéologie et d'une culture prolétariennes à propos desquelles la revue entend « formuler certaines propositions » (Comité de rédaction de *Stratégie,* 1975e : 10) qui ne figurent toutefois pas dans le texte « Notre champ d'intervention ».

Enfin on entend dégager une « alternative progressiste » premièrement – et ce n'est pas nouveau ça non plus – par la critique des pratiques culturelles bourgeoises, deuxièmement par la popularisation des pratiques artistiques et culturelles progressistes et militantes – ce qu'on avait commencé à faire dans les numéros précédents – et troisièmement par la constitution de dossiers sur des questions culturelles générales telles que le problème linguistique, la censure, etc.

En somme, ce programme de travail inspirait déjà pour l'essentiel le travail antérieur de *Stratégie* à partir du numéro de l'automne 1973. Ce qui est nouveau, ce qui marque un pas décisif, qu'on pourra rétrospectivement interpréter comme une fuite en avant, c'est la volonté manifeste de placer les pratiques et analyses à venir sous la bannière du marxisme-léninisme tel que conçu et pratiqué dans le Québec de l'époque, c'est-à-dire comme reprise, réitération, *remake* du communisme pratiqué par la IIIe Internationale durant les années 1920 (avec son mot d'ordre célèbre de lutte « classe contre classe ») tel que réactivé par Hoxha en Albanie et Mao en Chine dans un contexte international tout à fait différent.

La critique des pratiques culturelles bourgeoises prendra pour cibles les objets suivants : la Charte québécoise des droits de l'homme, considérée comme « entreprise de l'idéologie dominante, entreprise réformiste » (Comité de rédaction de *Stratégie,* 1975a : 38), la contre-culture définie comme « forme néo-libérale de l'idéologie bourgeoise en lutte, dans les années 1960, contre une idéologie bourgeoise conservatrice » (Comité de rédaction de *Stratégie,* 1976a : 77), la psychanalyse « subversive » et le féminisme tel qu'incarné par le journal *Les Têtes de pioche.* Sur ces deux derniers points il importe de s'arrêter un peu plus longuement, étant donné leur importance, tout en tenant compte du fait que *Stratégie,* lorsqu'elle s'attaque à ces questions, est déjà résolument engagée sur la voie de sa dissolution.

La psychanalyse, en effet, fait l'objet d'une condamnation globale tant dans sa tradition freudienne classique, n'étant, selon *Stratégie,* « qu'une forme libérale de l'idéologie bourgeoise en lutte (sur certaines questions spécifiques comme la folie, la raison, la sexualité, etc.) contre une forme autoritaire et conservatrice de cette idéologie de classe » (Comité de rédaction de *Stratégie,* 1976-1977b : 80) – étant bien entendu que « Freud est un petit-bourgeois libéral qui combat certains préjugés dominants et certains "excès" de la société bourgeoise, mais qui ne va pas "trop loin", ne leur opposant rien de plus que le réformisme » (1976-1977b : 81) – que dans sa *version « marxiste »* (représentée par Reich, Marcuse et leurs disciples québécois de *Chroniques*) ne reconduisant à sa manière que « *l'idéologie anarcho-libérale de la déviance* » (1976-1977b : 87)[5]. La psychanalyse, en somme, est refusée en tant que théorie du sujet individuel au nom du marxisme-léninisme, théorie du sujet collectif et de la lutte des classes.

---

5. C'est *Stratégie* qui souligne.

Ce type d'argumentation, de raisonnement vaudra également pour le féminisme « radical » incarné par *Les Têtes de pioche* accusées de surestimer l'importance de l'antagonisme hommes-femmes, de faire des hommes l'ennemi principal des femmes alors que « l'ennemi principal est *la société divisée en classes*. Pour le cas qui nous occupe, *le mode de production capitaliste avec la bourgeoisie exploiteuse* » (Comité de rédaction de *Stratégie,* 1976-1977d : 97)[6]. Le féminisme, on le remarquera, ne fait pas l'objet, comme la psychanalyse, d'une réprobation globale et sans appel ; on admet même le bien-fondé de certaines de ses revendications. On n'en estime pas moins que sa lutte doit être intégrée et subordonnée au mouvement tenu pour plus vaste de la lutte des classes.

Des *dossiers,* par ailleurs, seront constitués sur « l'enseignement du français », dénonçant l'attitude normative et « obscurantiste » de Lysiane Gagnon, auteure d'une série de reportages percutants sur ce sujet dans *La Presse* (Comité de rédaction de *Stratégie,* 1975d : 25-30), et sur le « réalisme socialiste », visant à faire ressortir « l'actualité » de ce type de pratique artistique dans le contexte actuel et proposant aux écrivains et artistes de s'en inspirer dans leurs productions (1975c : 4-27).

Enfin, en ce qui a trait à la popularisation des pratiques culturelles progressistes, on présentera des entrevues avec les animateurs du Cinéma d'information politique, de la troupe de théâtre Euh ! de Québec, du groupe Kinopeste, cinéastes se proposant de produire des films « prolétariens ». Dans la même veine on visera à constituer une sorte de « mémoire populaire » en rappelant des expériences significatives tentées en ce sens dans le passé. C'est ainsi qu'on produira un historique de la « bande dessinée québécoise » du début du siècle, qu'on évoquera l'expérience du *Searchlight,* journal de l'Union des marins canadiens (1937-1949), d'inspiration communiste, et, *last but not least,* qu'on publiera une entrevue avec Joris Ivens et Micheline

---

6. C'est *Stratégie* qui souligne.

Loridan, auteurs du film *Comment Yukong déplaça les montagnes,* de même qu'on célébrera, dans le même numéro de la revue, les hautes vertus éducatives des livres d'images chinois pour les jeunes[7].

La polémique avec *Chroniques* se profile sur cette toile de fond durant la période intercalaire entre l'adhésion à l'orientation marxiste-léniniste et la dissolution de la revue. S'il m'apparaît important de l'évoquer rapidement ici, c'est qu'elle me semble caractériser très concrètement les débats qui faisaient alors rage entre les différents groupes de gauche.

Je rappelle brièvement que *Chroniques* est le titre d'une revue mensuelle fondée en janvier 1975 par un « collectif de production » regroupant des anciens de *Parti pris* (Jean-Marc Piotte, Patrick Straram), des professeurs de l'UQAM (Noël Audet, Madeleine Gagnon, Céline Saint-Pierre) et des intellectuels se situant dans leur sillage (Thérèse Arbic, Thérèse Dumouchel, Laurent-Michel Vacher, etc.). Via Piotte (et dans une moindre mesure Straram) on peut dire que c'est la filière de *Parti pris* qui refait surface (dans sa tendance « marxiste »). Cependant, il ne faut pas s'y tromper : la revue *Chroniques* ne se présente pas comme, et n'est pas, un *remake* de *Parti pris.* La conjoncture a trop changé pour que cela soit possible au milieu des années 1970. Aussi, le « programme » de *Chroniques* est-il beaucoup moins ambitieux que celui qui animait la célèbre revue des années 1960. Assez curieusement il ressemble à celui de *Stratégie* durant la période qui va de l'automne 1973 à l'été 1975 : faire la critique des productions culturelles bourgeoises dans une perspective de lutte de classes et travailler au développement d'un art et d'une

---

7. C'est ainsi qu'on écrira : « Hormis le geste concret de soutien vis-à-vis de la Chine socialiste que constitue le fait de les faire connaître dans notre pays, il faut néanmoins chercher à exploiter au maximum le ferment révolutionnaire qu'ils contiennent ; il faut chercher à adapter à notre pays, à nos conditions matérielles actuelles, bref à notre situation concrète les nombreux enseignements que l'on peut en tirer au niveau de leurs qualités idéologiques et politiques ; il faut faire valoir avec eux et à travers eux la cause de notre révolution prolétarienne » (*Stratégie,* 1976-1977c : 49).

culture révolutionnaires. Lorsqu'on lance *Chroniques* cependant, *Stratégie* entreprend son grand « bond en avant » vers le marxisme-léninisme et se trouve donc, d'une certaine manière, « en avance » par rapport à la revue de ses « aînés » (certains chroniqueurs – Audet, Gagnon – enseignant effectivement aux animateurs de *Stratégie*, étudiants en littérature de l'UQAM). De là à affirmer que la polémique entre les deux revues constitue une sorte de querelle des Anciens et des Modernes, il y a une marge que je ne franchirai pas. Je constaterai toutefois qu'il y aura effectivement aussi entre les revues une compétition pour l'obtention d'un certain pouvoir culturel et politique ; cependant, ceci dit, une telle analyse s'inspirant des travaux de Bourdieu risquerait, à mon sens, de passer à côté de l'essentiel, c'est-à-dire la présence déterminante, dans ce débat, du mouvement marxiste-léniniste[8].

Le premier texte de *Stratégie* – placé éloquemment sous la caution morale de Mao, dont on cite en exergue un passage condamnant le « libéralisme » – est présenté par ses auteurs comme une contribution au débat, un geste positif visant à interroger dans *Chroniques* des « déviations idéologiques susceptibles de faire courir à la ligne officiellement progressiste de la revue de graves dangers » (Comité de rédaction de *Stratégie*, 1975b : 59).

Le premier de ces « dangers » – cela ne surprendra pas – c'est d'accorder à la psychanalyse la même importance (ou presque) qu'au marxisme. Or, pour *Stratégie*, « Le marxisme et la psychanalyse ne sont pas à égalité », la psychanalyse ne pouvant intervenir qu'au niveau « de l'insertion plus ou moins réussie de l'individu dans le monde social et des représentations imaginaires » (Comité de rédaction de *Stratégie*, 1975b : 60). Autrement dit on ne reconnaît pas à la psychanalyse, de par sa nature et son objet, d'autre statut que celui d'être une sorte de « champ d'application » du marxisme, intégré et encadré par celui-ci. Sur ce point précis, *Stratégie*, d'une certaine manière, de

---

8. Sur ce point on comprendra que j'éprouve des réserves à l'endroit de ce type de thèse que soutient Pierre Milot à propos notamment de la concurrence entre En lutte ! et la Ligue communiste du Canada (voir Pelletier, 1986 : 17-40).

son point de vue, a raison dans la mesure où, à *Chroniques,* on prétend effectivement concilier marxisme et psychanalyse dans le cadre d'une réflexion globalisante sur la société.

Le deuxième « danger », qui découle nécessairement du premier, consiste à faire trop de place dans la revue aux phénomènes de « déviance » : délinquance, folie, problèmes sociaux réels qu'il faut prendre en ligne de compte bien sûr mais dont les victimes ne sauraient être privilégiées comme « sujets révolutionnaires », ainsi qu'on le fait à *Chroniques,* comme s'ils étaient les plus aptes à transformer les systèmes sociaux (Comité de rédaction de *Stratégie,* 1975b : 62). Ce danger, comme le premier, renvoie en dernière analyse au fait de surestimer le sujet individuel, l'individualisme étant, avec le libéralisme, la grande « tentation » qui menace les rédacteurs de *Chroniques* et qui risque de les détourner de la vocation révolutionnaire qu'ils se sont donnée à l'origine.

Le troisième « danger », complémentaire des deux premiers, est donc le « libéralisme », c'est-à-dire le manque de fermeté dans l'élaboration et la défense d'une ligne politique au profit d'une vague attitude « progressiste » autorisant toutes les « déviations ». Si bien que ce qui caractérise *Chroniques,* c'est une « disparité des lignes politiques » : « une sorte de coexistence pacifique de positions souvent opposées et qui se reconnaît enfin à travers une sorte de refus de mener la lutte idéologique dans ses propres rangs » (Comité de rédaction de *Stratégie,* 1975b : 64-65).

C'est donc sur ces trois plans que *Stratégie* questionne *Chroniques,* avec une ouverture d'esprit qui n'existera plus, quelques mois plus tard, après que la revue mise en cause aura répliqué en taxant *Stratégie* de dogmatisme et de sectarisme (*Chroniques,* 1976 : 20-43). Le second texte de *Stratégie* sera nettement plus critique que le premier, constituant ni plus ou moins qu'une exécution de *Chroniques,* une excommunication de ses rédacteurs comme opportunistes et donc, en quelque sorte, comme « traîtres » à la classe ouvrière, ce qui, à l'époque, était considéré comme l'injure suprême, après quoi tout dialogue, toute confrontation devenaient impensables et impossibles.

Dans cette perspective, il m'apparaît peu utile de commenter longuement ce texte qui innove peu par rapport au premier, si ce n'est par sa forme et son ton, impératif, tranchant comme un couperet de guillotine. J'ajoute seulement que le désaccord entre les deux revues, au-delà des questions théoriques, s'accentue sur le terrain politique, *Stratégie* reprochant à *Chroniques* sa conception du parti comme organisation de masse et réitérant sa propre conception du parti – théorisée, si l'on peut dire, par Staline dans l'opuscule *Des principes du léninisme* – comme « détachement d'avant-garde de la classe ouvrière » (Comité de rédaction de *Stratégie*, 1976b : 91). À la suite de quoi la revue *Chroniques* est condamnée et rejetée aux poubelles de l'histoire parce qu'elle propage, dit-on, une « ligne politique de plus en plus unifiée, de plus en plus uniformément traversée par l'opportunisme » (1976b : 94).

La polémique avec *Chroniques* constitue une illustration particulièrement éloquente de la logique manichéenne qui inspire désormais les analyses et pratiques de *Stratégie,* logique « folle » qui bientôt la conduira sur la voie de l'autodissolution.

L'AUTODISSOLUTION
AU PROFIT DU MOUVEMENT MARXISTE-LÉNINISTE

La perspective de l'autodissolution sera envisagée au numéro d'automne-hiver 1976-1977 (n⁰ˢ 15-16) dans la conclusion d'un éditorial, intitulé « À propos de la situation actuelle de la revue » : « La continuation de *Stratégie,* se demande-t-on, est-elle *possible* et *souhaitable* dans la mesure où se pose la question de la pertinence d'une revue défendant la plate-forme et le domaine de *Stratégie* [...] ? ». Plus loin, dans l'hypothèse où on répondrait oui à cette question, on s'interroge sur « la forme de liaison la plus juste et la plus utile qui doit exister entre *Stratégie* et le mouvement marxiste-léniniste ? » (1976-1977a : 10).

La question est par ailleurs posée au terme d'un long article qui en rappelle la genèse. Sont évoqués, d'une part, les « facteurs externes » qui expliquent en partie l'évolution de la revue depuis le numéro 11 (essentiellement le développement du mouvement marxiste-léniniste qui incite en quelque sorte la revue à se positionner par rapport à lui), d'autre part, les « facteurs internes », c'est-à-dire le fait que certains animateurs de la revue sont sympathisants actifs des groupes, que ce soit En lutte ! ou la Ligue communiste.

La revue cependant n'en demeure pas moins caractérisée, selon ses rédacteurs, par une attitude attentiste et centriste, attentiste dans la mesure où elle hésite à s'engager dans les débats qui agitent alors le mouvement marxiste-léniniste, centriste dans la mesure où, tout en reconnaissant que le politique doit être au poste de commandement, elle n'en tire pas les conclusions organisationnelles que cela implique : « Dans cette perspective, *Stratégie* apparaît un peu comme un îlot progressiste faiblement lié aux masses en général ainsi qu'aux communistes en particulier » (1976-1977a : 7).

Que faire ? Comment dépasser cette attitude attentiste ? On envisage divers moyens dont celui de déborder du cadre de la revue et de fournir des contributions, comme groupe ou à titre individuel, aux publications marxistes-léninistes. Toutefois les rédacteurs sont conscients qu'il peut s'agir là aussi d'une voie de diversion, d'une façon d'escamoter le vrai problème qui est celui du ralliement aux groupes, ralliement par ailleurs difficile dans la mesure où leurs sympathies vont, qui à En lutte !, qui à la Ligue communiste : « En somme on se trouve en face d'une situation un peu absurde où le bond en avant est rendu difficile tout comme est inacceptable le maintien de l'état idéologique actuel de la revue » (1976-1977a : 9).

La solution à cette impasse, ce sera bien sûr l'autodissolution décrétée et claironnée en page couverture du dernier numéro de la revue, selon une pratique fort répandue à l'époque[9].

---

9. Le plus beau cas, pour employer un langage médical, étant l'autodissolution de *Mobilisation*, geste de dénégation politique s'exprimant selon un mode névrotique, à proprement parler délirant. Là-dessus on lira avec intérêt un texte de Gordon Lefebvre (1977-1978), ex-animateur du Centre de formation populaire (CFP), un des

Cette autodissolution survient au terme d'une série de rencontres, étalées sur plusieurs mois, entre *Stratégie, En lutte* ! et la Ligue communiste. Ces rencontres, écrit-on dans le « bilan critique » qui en rend compte, ont eu « pour premier résultat concret de renforcer chez nous le point de vue de la dissolution » qui avait déjà été envisagé, on l'a vu, comme possibilité, choix logique pour les rédacteurs de la revue, et on estime que cette « dissolution n'est ni une défaite, ni une démission, ni un

---

rares groupes à avoir résisté victorieusement à la grande offensive marxiste-léniniste de la période.

Ce type de pratique, par ailleurs, n'est pas une « nouveauté » lorsqu'il intervient à *Stratégie*. Déjà, au début des années 1970, En lutte ! avait proposé la liquidation de ce qu'on appelait des « organisations intermédiaires » ; c'est ainsi qu'un mouvement de masse important d'appui aux luttes, le Comité de solidarité avec les luttes ouvrières (CSLO) avait été démantelé en 1974, que l'Agence de presse libre du Québec (APLQ) s'était dissoute au profit des groupes, que des troupes de théâtre (le Euh !, Les gens d'en bas) se mettront au service d'En lutte ! Si on me permet un témoignage personnel, je dirai qu'il en allait de même en région. À Rimouski, par exemple, en 1973-1974, un Comité de solidarité des travailleurs avait été mis sur pied lors de la grève des employés de Québec-Téléphone. En lutte ! proposera l'année suivante qu'on le dissolve, appliquant en région la même logique qu'à Montréal : les « organisations intermédiaires », gangrenées par « l'économisme », sont à rejeter, car elles détournent les ouvriers de leur vocation révolutionnaire qui trouve son lieu d'exercice par excellence dans le parti. Quelques années plus tard, lorsque, avec quelques camarades, je fonderai La librairie socialiste de l'Est dans l'espoir sans doute utopique de recréer autour de celle-ci un second « comité de solidarité », En lutte !, en plein processus d'unification du mouvement marxiste-léniniste, sollicitera une rencontre avec nous dans l'espoir de nous rallier. Devant notre refus, pour nous « punir », il retirera ses publications de nos rayons. Au même moment les trotskystes de la Ligue ouvrière révolutionnaire (LOR) proposeront également de nous rencontrer, ce que nous n'accepterons pas. La Ligue communiste, enfin, alors au faîte de sa puissance, se contentera de nous stigmatiser comme contre-révolutionnaires et n'ouvrira donc aucune discussion de quelque nature que ce soit avec nous. C'est ce « climat » – qualifié, dans le langage officiel très fortement codé des groupes, de « franche camaraderie » – qui le plus souvent imprégnait les « débats » de la période ; j'imagine qu'il a dû en être un peu de même dans celui entretenu par *Stratégie* avec En lutte ! et la Ligue communiste.

abandon. Elle constitue au contraire un pas en avant, un progrès, un saut qualitatif décisif» (Comité de rédaction de *Stratégie,* 1977 : 5).

Il s'agira dorénavant de travailler, au sein même du mouvement marxiste-léniniste, au développement « d'une politique culturelle marxiste-léniniste». À ce propos, le programme de travail que se donnent les désormais ex-rédacteurs de *Stratégie* est en gros le même que celui qui les animait jusque-là : critiquer l'idéologie bourgeoise dans toutes ses dimensions, populariser les traditions et les acquis du mouvement communiste dans le champ culturel. C'est sur ce plan-là qu'ils comptent intervenir au sein des groupes, espérant que ceux-ci sauront comprendre toute l'importance de la « lutte idéologique».

D'une certaine manière ils ne s'abolissent donc pas en tant qu'intellectuels et travailleurs culturels, ils ne se nient pas au profit du militant, mais veulent inscrire leur action et leur réflexion dans un cadre plus large, sous la direction d'organisations qui ont une ligne politique «juste» susceptible de fournir une orientation plus concrète à leur travail. Que les organisations se soient emparées de leurs préoccupations, c'est une autre histoire – qui demeure à écrire – ; retenons ici que c'est sur cet espoir que les rédacteurs de *Stratégie* mettent fin à l'entreprise, donnant une conclusion logique à un cheminement engagé deux ans plus tôt, conclusion qui prend sa signification aussi à l'intérieur du processus plus général du développement du mouvement marxiste-léniniste et de la fascination qu'il exerce alors sur les intellectuels petits-bourgeois.

L'ITINÉRAIRE DE FRANÇOIS CHARRON : DES LENDEMAINS QUI CHANTENT AU TEMPS DES INCERTITUDES

De tous les écrivains et producteurs culturels apparus dans le champ de l'avant-garde depuis le début des années 1970 au Québec, François Charron est peut-être le plus important : en tant qu'intellectuel militant, ayant joué un rôle clé à *Stratégie* et à *Chroniques,* principales revues du courant ; en tant que producteur de textes « fictionnels » sans doute le plus prolifique de cette génération (une vingtaine de titres, la plupart publiés aux Herbes rouges) ; en tant que révélateur des principales tendances (« tentations ») vécues par les artistes et les écrivains de la période se situant dans le champ de la modernité et de l'avant-garde.

De plus d'une manière sa trajectoire peut donc, à juste titre, être qualifiée d'exemplaire et, la rappeler, ce sera, d'une certaine façon, évoquer celle de toute une génération.

Par commodité on peut, dans cet itinéraire, distinguer quatre phases (étant entendu que les frontières entre celles-ci ne sont pas toujours tranchées au couteau) :

1. Phase de « déconstruction » du discours littéraire dominant (1972-1973).

2. Phase de littérature militante (et parfois carrément propagandiste) au moment de la montée et de l'expansion du mouvement marxiste-léniniste (1974-1977).

3. Phase où il y a tentative de conciliation entre littérature militante (liée à la lutte des classes) et littérature du moi (expression de pulsions individuelles) : phase qui correspond à la participation à *Chroniques* (1977-1978).

4. Phase de retour à la singularité, à l'individualité, à la différence suite à la relecture de Borduas et à l'expérience de la peinture (sous l'influence des automatistes) (1978 et après).

« DÉCONSTRUCTION » DU DISCOURS LITTÉRAIRE DOMINANT (1972-1973)

Cette phase coïncide – et est cohérente – avec la politique mise de l'avant dans les premiers numéros de *Stratégie.*

Il s'agit, on le sait, dans le cas des pratiques textuelles alors valorisées, de travailler « à déconstruire l'idéologie littéraire à l'intérieur d'elle-même et à faire obstacle à la circulation de l'idéologie qu'elle a pour fonction de reproduire » (Comité de rédaction de *Stratégie,* 1972 : 6). Concrètement cela prendra deux formes : Une première forme, que Charron qualifiera, dans une entrevue à la revue *Chroniques* en mars 1975, de « carnavalesque », sera caractérisée par le mélange des tons et des styles, par l'ébranlement des structures habituelles (anciennes et modernes) de la poésie et du sens lui-même. Le poème « L'entrée », publié dans le premier numéro de *Stratégie,* m'apparaît un bon exemple de cette manière :

L'entrée

Hummeur par l'axident à ses chevaux j'ouvre
la parenthèse pour te dire quelques lignnnn
quelques mots d'plus. la couverture de la
Shop *r'gard la belle vache disant que c'était hier*
et troisse et quatre dames tendent à vos arpents
repris dans un désir chaotique qui vous parle
d'la seule tache clair d'la pièce si l'bon Dieu
l'veut : j'entends que l'bonDIEU y parle de l'as
jolie piquet qu'on déplume et les bras de pâtés
de suie la véritable montagne s'escalade la crème glac
é

aborde la question du fonctionnement des menbrs
liquidée puisqu'j't'aime ! et deux tois ptits
mots, mais il était trop tard

« ensemble la nuyt comme une femme ouvrir
ce qui suit, je prononcerai l'étoile la nuy
pour sans transition la campagne »
(Charron, 1972 : 65).

On notera : l'absence de structuration globale du texte ; sa composition par fragments véhiculant des bribes de sens ; sa disposition graphique particulière (mots en retrait introduisant des ruptures dans la forme même du poème) ; la déconstruction (décomposition-recomposition) des mots (« Hummeur », « axident », « lignnnn », etc.) ; enfin, et c'est l'essentiel, l'ébranlement du sens lui-même (que dit, que signifie le poème ?). Par là le discours poétique – comme expression de significations dans un haut langage, comme discours épuré, stylisé, visant à l'essentiel – est mis en cause, questionné de l'intérieur par une pratique de démontage, de déconstruction destinée à en montrer la vacuité et la vanité.

Une seconde forme – plus polémique, combative, offensive – empruntera elle-même deux voies, deux manières :

a)   la désacralisation du discours poétique par l'insertion de réalités économiques et sociales qui généralement n'y ont pas place, et ce, dans un langage joual. À titre d'exemple, j'évoquerai les deux premières strophes du poème *Projet d'écriture pour l'été '76*.

1– par boutte sur chacune dé entrées y faudra que j'vous dise qu'chu tanné exploitation capitaliste y faut qu'ça intervienne dans ma démesure c't'au d'ssus d'toute l'écriture doé pas passer à côter d'la connaissance du fondamental d'la société lé confidences à p'tit train dans 'dépottoèr tut ! tut ! tut ! de chiens d'écrivains qui s'frottent la pissette su l'barreau d'la chaise pi vot' sacro-saint travail d'la jolie forme cui cui cui c'pas l'cas icitte jériboère de saint-christophe j'enfile mon manteau pi dehors à l'usine de textile d'saint-jérôme cé l'occupation lé travailleurs tiennent le coup faut l'dire pi chier sur la blancheur dé poétiques sonorités ben quiout

2– bourgeoisie / prolétariat e rien comprendre d'la domination y'a-tu moyen d'être cruche à c'point-là pi qu'vous allez vous faire parler en calvaire prendre un livre renommé l'déchirer dans un nouvel assemblage cé l'insulte à l'idéologie littéraire d'la personne inspirée l'cou étiré vers la f'nêtre sniffant du côté d'la lune / l'travail textuel vient 1- d'la pratique sociale des hommes 2- d'l'Intervention d'un discours lié à cette pratique / reflet qu'y'active position politique dans l'texte on doit câsser la pipe aux intellectuels de salon qu'y'en connaissent pas plus long qu'leur nez accoutumés à répéter lé mêmes schèmes fictions d'illuminés (Charron, 1973d : [5-6]).

On remarquera d'abord que la déconstruction, cette fois, n'a pas lieu principalement au niveau du sens : il y a volonté de détruire les belles images, « la jolie forme », les « poétiques sonorités », donc le discours poétique lui-même en tant que discours à part, spécialisé, conçu pour quelques initiés, les privilégiés de la culture. On notera ensuite qu'il y a insertion de la réalité du travail – l'« exploitation capitaliste », « l'usine de textile d'saint-jérôme » – dans un langage joual (près du discours parlé). Dans un contexte nouveau, celui de la crise des années 1970, Charron renoue donc à sa manière avec la problématique élaborée dix ans plus tôt par *Parti pris* : la littérature, notamment par le recours au joual, doit exprimer l'oppression nationale et l'aliénation sociale du peuple québécois, s'abolir s'il le faut en tant que littérature au profit du projet sociopolitique de transformation révolutionnaire de la société québécoise.

b) l'attaque – sur le mode de la parodie notamment – des productions littéraires bourgeoises reconnues par l'institution. Ce sera l'objet des textes réunis dans *Littérature/obscénités* dont « le but principal » est d'ébranler l'idéologie de la nature humaine en art, idéologie condensée, intensifiée dans ce que l'on nomme « création ». Ce que l'auteur veut montrer : « la réalité de classe de tout discours, poétique y compris » (Charron, 1973e : 164). La charge, sur le mode parodique, contre le poème de Jean-Guy Pilon, « Rivage », extrait de *Saison pour la continuelle*, constitue une éloquente illustration du combat que Charron entend alors mener « contre toute forme de mysticisme et d'idéalisme poétique » (1973c : 7).

RIVAGE	*RAVAGE*
Tu es la terre et l'eau	*Toé pi la terre pi l'eau*
Tu es continuité de la terre	*qu'tu continues à m'pogner*
Et permanence de l'eau	*la permanence du boutte*
Le souffle d'or t'irise	*qui m'coupe le souffle*

Né de toi
Je retourne à toi
Comblé de la vie que je cueille
Dans l'eau ou Je m'enfonce
Chaque vague roule de tes
reins
Me projette sur ton rivage
M'arrache de la terre
Et me fait de nouveau m'y
briser

Mon seul regard m'absorbe
Dans l'eau des mers
Et de tes yeux que je devine
De l'autre côté de la terre

Car tu es terre et eau

Plus haute que toute terre
Plus charnelle que toute eau

r'charge moé
avec tout tes pets
à toé comblé d'l'odeur que
J'cueille (tu m'l'enfonces
jusqu'aux reins ayoill !)

que j'te déboites un peu
la face arrache ta
couette fa moé la sentir

que j't'absorbe par la queue
pi qu'ma crème t'peinture
le cul que j'devine comme
un aliment qu'yentre en
action
qui tranche net la
conversation
ôte toé de d'là qu'ma terre
t'mâche les jos charnels

Le poème de Pilon véhicule une thématique amoureuse à travers des images devenues en quelque sorte des stéréotypes, sinon des clichés dans la poésie d'inspiration nationaliste des années 1960 au Québec : association de la femme aux éléments (à l'eau, à la terre ; à la permanence, à la stabilité), à la naissance et à la renaissance. Le tout se présente dans une forme elle-même acceptée et reconnue depuis des décennies : le vers libre classique.

Charron reprend la même thématique mais en la ravalant, la rabaissant, la vulgarisant, l'amour étant d'abord affaire de « cul » (« m'pogner », le « boutte », « pets », « queue », « jos », etc.), et le joual, privilégié comme son moyen d'expression. Son objectif est de montrer que la poésie noble de Pilon est une « obscénité ». Ce qu'elle cache, c'est ce que le poème de Charron dit crûment (la réalité du corps, du sexe, de la matière) : en ce sens elle est idéaliste (hors du réel, et renforçant de ce fait l'idéologie dominante) et doit être combattue. C'est l'objet de la parodie et de la charge à fond de train qui la suit contre Pilon et, de manière plus générale, contre les poètes idéalistes[10]. Cette phase de « déconstruction » (sous ses divers modes) – essentiellement critique, négative – sera relayée par une phase militante, constructive, positive : la poésie au service du développement d'une culture prolétarienne.

UNE POÉSIE MILITANTE (1974-1977)

À l'automne 1973, *Stratégie* connaît son premier virage en direction du marxisme-léninisme. Dorénavant il ne s'agira plus seulement de combattre les productions bourgeoises, mais de contribuer à l'édification d'une culture prolétarienne. La sémiologie est conservée comme instrument de travail mais subordonnée à la lutte idéologique.

C'est dans cette perspective que Charron écrit *Interventions politiques, Enthousiasme, Propagande,* tous titres plus éloquents les uns que les autres logeant à l'enseigne de ce que l'on pourrait appeler une littérature de combat. « Ici plus tard ailleurs maintenant », un long poème publié d'abord dans *Stratégie* puis repris dans *Interventions politiques,* constitue un excellent exemple de ce type d'écriture. À titre d'illustration, et pour ne pas allonger démesurément ce texte, je me contente de reproduire la première page qui se présente ainsi :

ici plus tard ailleurs maintenant
le geste de solidarité historique se joue
    à mort (l'œil vif) à mort à mort à mort
    1930, une des plus noires années de la Chine. Pour
    le peuple travailleur, il n'y a que l'atroce misère
    empêcher le beau sourire
    la volonté de rester libre s'explique par la né-
    cessité d'appuyer l'élément révolutionnaire de
    tout son pouvoir dé-créateur

---

10. Faute d'espace je ne cite pas ici ce long texte auquel je renvoie le lecteur (Charron, 1973b).

ainsi se nomme le départ : contre
contre les écrivains
> *réactionnaires*
> *romantiques*
> *formalistes*
> *idéalistes*
> *anarchistes*
> *surréalistes*

ici la pensée passe et déchire leurs illusions (colère)
la référence : elle n'a qu'une idée en tête : se sauver,
s'enrôler dans l'Armée Rouge, tirer vengeance,
toujours la même conduite   d'où je parle
militantisme le but : faciliter la compréhension du
décor
> *l'écrit familié je le rature*
> *y mettre à la place le non-dit   orient*
> *là où s'est accompli le passage*
> *capitalisme/socialisme*
> *découper dans son texte la volonté   la fermeté*
> *changement qui s'affirme* (Charron, 1974 : 47).

Ce passage appelle – entre autres – les remarques
suivantes :

1. Les fragments du texte soulignés sont constitués de
    citations tirées du *Détachement féminin rouge,* ballet
    révolutionnaire conçu dans le cadre de la grande
    révolution culturelle prolétarienne en Chine, et évo-
    quent l'événement central, passé à l'état de mythe, de la
    « longue marche » de la révolution chinoise sous la
    direction de Mao, le plus grand révolutionnaire de notre
    époque pour les groupes marxistes-léninistes. Le
    poème traduit de la sorte la fascination des militants de
    la période pour la Chine de la révolution culturelle,
    n'hésitant pas, sous l'impulsion de Mao, à déclencher
    la révolution dans la révolution, s'engageant dans une
    lutte acharnée contre les privilégiés du nouveau régime,
    contre les bureaucrates des appareils d'État, visant à

briser la séculaire séparation du travail manuel et du travail intellectuel en envoyant les étudiants aux champs, renouant ainsi avec l'idée et la pratique de la révolution comme processus ininterrompu, permanent, se poursuivant même après la prise du pouvoir d'État par les forces du progrès.

Cette évocation de la révolution chinoise remplit bien entendu un des objectifs de la littérature progressiste : mettre en scène des conflits historiques réels dans la fiction. En outre, elle a pour fonction de montrer que la lutte ici – au Québec, au Canada – n'est pas une simple lutte locale, mais qu'elle s'insère à sa manière dans un contexte mondial dans lequel la Chine joue un rôle de premier plan, de phare, qui doit servir de guide aux révolutionnaires de tous les pays.

2. La lutte des classes telle qu'elle se déroule au Québec et au Canada est incorporée au tissu poétique. C'est le « non-dit orient » que l'écrivain a pour mission de dévoiler, de révéler en s'appuyant sur le marxisme (« lire étudier les ouvrages marxistes (science et philosophie historique) » (Charron, 1974 : 50). L'objectif est la conquête par les ouvriers du pouvoir d'État, le rôle des intellectuels étant subordonné à cette tâche : « servir le peuple » (1974 : 56) – mot d'ordre des groupes politiques de la période ici comme ailleurs. (Pour mémoire je rappelle que *La Cause du peuple* était le titre d'un journal maoïste français patronné par Sartre au début des années 1970).

3. Cette entreprise implique le refus et la dénonciation de la littérature dominante (sous ses formes romantique, formaliste, idéaliste, surréaliste, etc.) qui n'est que « propagande au service de la bourgeoisie » (Charron, 1974 : 48), même lorsqu'elle prend un visage « populiste », chez un Michel Tremblay par exemple, qualifié d'imbécile. En lieu et place est prônée une littérature de lutte, de combat accompagnant, scandant le combat social : « pratiques artistiques = pratiques

sociales pas de culture au-dessus des encadrements sociaux » (1974 : 55). Ce qu'on exprimera encore dans le poème « Intervention politique » de la manière suivante :

Ceci est un texte littéraire
J'en appelle aux gens solidaires
ne lisez plus ce qui ne traduit pas le
malaise lisez politique *partout en tout temps*
toute pratique doit servir à ébranler
le pouvoir en place
ne vous bandez plus les yeux insistez
lisez culture : masque à relever
lisez luttes lisez contradictions
lisez littérature au service des classes dominées
(Charron, 1974 : 18)[11]

4. Conséquente avec ce projet poético-politique, l'écriture de Charron est éminemment prosaïque. Les poèmes se présentent en effet sous la forme d'une sorte de discours politico-théorique énoncé par fragments juxtaposés, distribués à la queue leu leu, avec priorité absolue du signifié (du message) sur le signifiant (sur les formes) ; en cela il s'agit de textes relevant plutôt de la prose que de la poésie (au sens où Sartre les définit). Bien sûr, par moments, cette écriture se fait plus lyrique, tenant plus du « souffle » – pour reprendre une image qu'affectionne le poète – que de l'imprécation (voir, par exemple, la dernière strophe d'« Ici plus tard ailleurs maintenant ») ; il n'en reste pas moins que c'est le premier aspect qui domine, et de loin, sa production de cette période. À la limite cette écriture de combat deviendra même, comme le dit expressément le titre d'un recueil, écriture de propagande au service d'une organisation politique (ce dont témoignent les

---

11. C'est Charron qui souligne.

« affiches » publiées dans la dernière partie d'*Interventions politiques*).

« Agitations », poème d'abord publié dans la revue *Chroniques,* en mai 1976, puis repris dans le recueil *Propagande* (1977), peut être considéré comme un échantillon particulièrement représentatif de cette conception hyper-militante de la littérature.

Le poème s'ouvre sur l'envoi suivant :

> *affrontons mille et un périls*
> *menons la lutte nuit et jour*
> *la ligne se trace à même le corps des millions*
> *de travailleurs*
> *traversons villes et campagnes*
> *montrons la matière arrachée*   *sans nom*
> souffle contre l'ennemi
> *le monde est là qui nous attend*
> *prenons-le mordons la terre*
> *détachons-nous des anciennes lois (vibration de l'air)*
> (Charron, 1977b : 3)[12]

Je me contenterai ici encore de quelques brèves remarques. Ce texte a été écrit à l'hiver 1976, à l'occasion de la fête du 1er mai ; il s'agit donc de ce qu'on a qualifié, à *Chroniques,* d'un « poème de circonstance ». Dans la revue, le poème est précédé, en exergue, d'un texte de Maïakovsky (« Déployez les rangs de la marche ! »), référence qui, d'une part, annonce l'orientation politique du texte et lui donne le ton, d'autre part, évoque l'événement capital de l'imagerie communiste : la révolution russe de 1917, dans les traces de laquelle tout mouvement révolutionnaire doit s'inscrire à sa manière[13].

---

12. C'est Charron qui souligne.
13. Dans *Propagande,* publié un an et demi plus tard, cette citation n'est pas reprise. Pourquoi ? Je formule l'hypothèse que cette « évacuation » tient à l'alignement alors total de Charron sur les positions marxistes-léninistes, à la lumière desquelles le poète russe ne pouvait apparaître que comme décadent en tant que formaliste et en

Le texte est conçu comme une contribution à une lutte en cours (pour le socialisme, pour la construction du parti révolutionnaire) que l'avant-garde communiste stimule, fait avancer par ses actions. Notons à nouveau la prégnance du « modèle chinois » qui exerce une irrésistible séduction chez les militants et les intellectuels des organisations marxistes-léninistes qui connaissent une expansion fulgurante, leur « âge d'or », durant les années 1976-1977.

Le poète utilise le « nous » – exprimant ainsi sa fusion (souhaitée) avec l'avant-garde organisée et le peuple –, abolissant ainsi (ou plutôt visant à abolir) la distance entre lui-même et ceux au nom de qui il parle. Il ne s'agit plus maintenant de « servir le peuple », puisqu'on en fait partie (du moins le croit-on), mais de participer à ses luttes en les chantant (et non pas en se contentant de les chanter). Il y a donc volonté d'être autre chose – et plus – qu'un écrivain « compagnon de route » : un militant parmi et comme les autres. Il y a encore une fois priorité absolue du signifié sur le signifiant, primat du politique (auquel la littérature est subordonnée) et d'un objectif bien précis : la construction du parti révolutionnaire.

Les deux exemples évoqués ici, bien que représentatifs, ne constituent qu'un bien mince prélèvement sur l'abondante production militante du Charron de cette période durant laquelle, selon une formule consacrée, le politique devait être au poste de commandement.

TENTATIVE DE CONCILIATION :
LUTTE DES CLASSES ET PULSIONS (1977-1978)

Cette phase de militantisme « pure et dure » n'ira pas sans questionnements de nature à ébranler son caractère monolithique, questionnements qui surgissent dans le contexte du passage de Charron de *Stratégie* (de plus en plus alignée dogmatiquement sur les positions marxistes-léninistes) à la revue *Chroniques* (se

---

tant que compagnon de route critique du processus révolutionnaire en cours.

tenant sur des positions marxistes mais faisant place à la psychanalyse, à la modernité littéraire et se montrant accueillante, compréhensive face à l'émergence du féminisme, ouverte à des problèmes sociaux comme la déviance (délinquance et folie notamment).

Charron qui, en 1974, soutenait des positions marxistes assez orthodoxes (comme en témoigne une entrevue accordée à Philippe Haeck et Patrick Straram, le Bison ravi, en avril 1974)[14] va opérer un glissement vers des positions plus souples à compter du début 1975.

En février 1975 il publie un premier texte dans *Chroniques*, intervenant dans le cadre quelque peu « extérieur » d'une tribune libre, d'une « ligne ouverte ». Il s'agit d'une lecture critique du recueil *Nattes* de Philippe Haeck qui vient de paraître aux Herbes rouges. Ce qui l'intéresse dans ce recueil – et c'est significatif d'une ouverture nouvelle chez lui – c'est la dialectique du je et du nous que fait jouer Haeck, évitant ainsi la double erreur de « 1. nier le subjectif au profit d'un extérieur tout puissant (qui dicterait sans effet de retour ses conditions à l'individu) ; 2. oublier l'objectif au profit d'un "sujet omniscient" (qui serait à son tour libre (!) de dicter ses conditions aux rapports réels d'existence) » (Charron, 1975 : 8-9).

Cette reprise en compte du subjectif, du moi, des pulsions, on en trouvera une nouvelle manifestation quelques mois plus tard, toujours dans *Chroniques* dont Charron est devenu – entretemps – membre du collectif de production. Il s'agit cette fois d'un commentaire critique de *Filles-commandos bandées* de Josée Yvon, livre perçu comme « symptôme du pourrissement de cette société d'extorsion et de consommation » (Charron, 1976c : 57). Mais ce « symptôme de pourrissement » ne fait pas simplement l'objet d'une dénonciation : malgré son caractère outrancier, vulgaire, confus, réactionnaire par de nombreux aspects, malgré

---

14. Réalisée en avril 1974, destinée à *Hobo Québec,* cette entrevue ne devait être publiée qu'en mars 1975 dans *Chroniques* en raison de désaccords intervenus entre Haeck, Straram et la rédaction d'*Hobo Québec.*

son manque de perspectives – il n'offre pas d'issues, pas de solutions aux impasses qu'il met en scène –, le texte de Josée Yvon est reçu chaleureusement en tant qu'étape – négative – vers autre chose : « défendre une cause qui est la nôtre à tous : *anti-capitaliste et anti-patriarcale,* pour le communisme » (1976c : 65)[15].

Ce qui est intéressant ici à nouveau, c'est la prise en considération de nouvelles dimensions du social (drogue, prostitution) qui dépassent le seul plan politique conçu comme face à face bourgeoisie – prolétariat (déclassant, secondarisant tout le reste) : le féminisme, ici, apparaît notamment comme un enjeu central de la période et est mis sur le même pied que la lutte contre le capitalisme : est ainsi reconnue une nouvelle facette du *privé comme politique.*

Enfin, dernier signe de cette ouverture au je, aux pulsions, un texte important, publié en novembre 1976 dans *Chroniques* (dont Charron est devenu secrétaire à la rédaction) et intitulé « La lutte idéologique dans le champ culturel » –, entraîne une discussion polémique avec *Champs d'application,* revue qui vient de s'engouffrer dans un marxisme-léninisme super-orthodoxe, coulé dans le béton. Contre la condamnation portée à l'endroit du surréalisme par les rédacteurs de *Champs d'application,* Charron s'insurge et estime que, si ceux-ci ont raté l'articulation de leur travail poétique avec le marxisme et la psychanalyse, ils ont eu le mérite du moins de la tenter et de montrer que les « problèmes sexuels, c'est politique, ça nous regarde » (Charron, 1976b : 45). Plus loin il écrit encore qu'on ne peut « ignorer les problèmes de l'inconscient, de la sexualité et, plus globalement, du sujet dans la société », mais il ajoute que cette prise en compte devra s'effectuer dans le cadre de « la théorie marxiste-léniniste et de la pensée maotsetoung » (1976b : 55).

Je rappelle enfin que Charron et trois autres membres du dernier collectif de la revue – Jocelyne Lefebvre, André Morf, Marcel Saint-Pierre – démissionneront en octobre 1977, sur la base d'une prise de position politique de gauche, dénonçant le

---

15. Je souligne.

libéralisme et l'opportunisme de *Chroniques*. Il ne faudrait donc pas voir durant ces années (1977-1978) seulement la dimension « ouverture » de la pensée et du travail poétique de Charron ; en vérité il serait préférable de parler d'oscillation, de mouvement fait d'avancées et de reculs (tout à la fois de cramponnement à l'orthodoxie marxiste-léniniste et d'accueil aux problèmes soulevés par la reconnaissance de l'existence du je, du désir, des pulsions, etc.). De cela je donnerai trois exemples : l'ouverture au féminisme dans « Bientôt », texte qui clôt le recueil *Enthousiasme* (1976a), la manifestation du je privé dans *Du commencement à la fin* (1977a), l'expression du sexuel dans *Feu* (1978b) et plus particulièrement dans le texte « Langues » écrit en 1975.

« Bientôt », il n'est pas sans intérêt de le signaler, est dédicacé à « Madeleine Gagnon et toutes les autres ». Or celle-ci, on s'en souviendra, publiait deux ans plus tôt, en 1974, *Pour les femmes et tous les autres*. Ce faisant, Charron saluait une figure de proue du féminisme radical « de gauche » et manifestait, dès le seuil du texte, sa volonté de concilier le féminisme et la lutte des classes.

Car le combat contre la société capitaliste et ceux qui la contrôlent et en profitent demeure à l'ordre du jour et suscite toujours chez le poète des cris de colère :

> […] *dites-vous bien ceci : on vous aura*
> *dans le détour et bang ! à la fosse ! on vous*
> *rééduquera ! qui ça ? les masses ! des noms ?*
> *sans nom ! ça vous agace ? ça vous fouille*
> *ça vous tripouille ? ça vous tropfouille ?*
> *ça vous surprend en train de cultiver votre*
> *petit égo troué ? persécuté ? torturé ? piqué ?*
> *mutilé ? vous crèverez ! pour vous puants*
> *archi-vieux archi-caves archi-creux ! pour vous*
> *bourgeois dix mille ans ça suffit pas ?* (1976a : 48).

Et les femmes – pas seulement celles qui travaillent à la production directe –, les ménagères aussi surtout, sont invitées à quitter leurs cuisines et à s'engager dans le combat social contre la société capitaliste et patriarcale, pour une société où les rapports entre les femmes et les hommes seraient égalitaires :

> *ménagères de tous les quartiers réveillez-vous*
> *levez-vous prenez sur vous élancez-vous*
> *surmontez pentes et rivières déjouez les*
> *embuscades montrer des dents bon rien ne*
> *pourra nous retenir ainsi remaniant nos goûts*
> *nos idées nos façons d'agir depuis des siècles*
> *qu'on fait des choix pour nous qu'on fait*
> *des choix en nous soyons plus fort plus fort plus fort*
> *vraiment plus forts déployons de plus en plus*
> *d'efforts un jour bientôt nous y arriverons*
> *nous franchirons les ponts nous établirons*
> *des liens côte à côte allons cette fois*
> *soyons un dans l'outrepassement ressaisissons*
> *les choses dans l'enchaînement qui nous travaille*
> *et nous brise et nous active* (1976a : 50).

Ce combat – et là-dessus le discours de Charron se démarque du discours marxiste-léniniste de l'époque généralement très puritain – implique une remise en question du mariage comme institution et un plaidoyer pour la liberté amoureuse (et sexuelle) :

> *mais qui a intérêt à réglementer le lit ?*
> *à dire l'amour c'est toute la vie ! vous*
> *me demandez ce que j'en pense ? eh bien ça*
> *empeste à compter les gouttes !* (1976a : 49).

On le voit : il y a oscillation entre, d'une part, une reconnaissance de luttes spécifiques à mener par les femmes (contre le système patriarcal) et, d'autre part, subordination de celles-ci à la lutte des classes. Ce flottement tient à ce qu'on veut, tout à la fois, prendre en compte cette réalité nouvelle, massive, incontournable qu'est le féminisme, et maintenir la conception marxiste classique de la lutte des classes : d'où un mouvement pendulaire d'allers et de retours (d'avancées et de reculs) qui témoigne, et c'est ce qui me semble important, d'une incontestable ouverture.

Cette ouverture au féminisme est accompagnée d'une préoccupation nouvelle pour l'individu : la vie privée et, plus précisément, les rapports amoureux et sexuels. *Du commencement à la fin,* chant d'amour et de révolte, témoigne de cet intérêt pour des réalités largement occultées, refoulées dans la vision du monde marxiste-léniniste telle que vécue au Québec au milieu des années 1970. Cependant la célébration des rapports amoureux, sexuels n'est pas dissociée de la lutte contre l'exploitation[16] : l'amour est aussi camaraderie, source d'énergie appelée à se déverser, à se canaliser dans la lutte politique qui demeure prioritaire. Ce texte ne relève donc pas – pas encore, ça viendra seulement au cours des années suivantes – d'une problématique accordant au privé une dimension politique, valorisant du coup celui-ci. Il y a ici une certaine subordination du privé, ou plus justement une autonomie relative de celui-ci, qui suppose une reconnaissance d'une spécificité de cette sphère de la vie, mais qui n'en fait pas l'axe central de l'existence tant individuelle que collective. On note donc à nouveau, sur ce terrain comme sur celui du féminisme un mouvement pendulaire (deux pas en avant, un pas en arrière) qui traduit et trahit une crise dans le mur de ciment des certitudes marxistes-léninistes.

La sexualité, enfin, constitue la thématique centrale, sinon unique, du recueil *Feu,* publié en 1978 mais écrit, semble-t-il, en 1975 ; ce délai est-il dû à un phénomène d'autocensure du poète préférant garder le silence sur cette voix de l'inconscient, des pulsions s'agitant en lui en pleine période d'engagement

---

16. À titre d'exemple, je renvoie le lecteur à *Du commencement à la fin* (Charron, 1977a : 26-27), où l'on nous donne à lire une scène d'amour qui est aussitôt suivie d'une évocation de l'exploitation capitaliste :
Plus loin   des villages abandonnés nous
rappellent les populations expulsées
souillées par l'accumulation et le marché
à la recherche d'abris neufs   d'aliments [...]
Tout le texte est construit sur cette alternance, cette dialectique du nous (formé par le couple) et de la communauté dans laquelle il s'insère et lutte.

politique ? Ce n'est pas impossible et ce serait, en un sens, fort logique dans la mesure où le politique alors devait être au poste de commandement et déterminer les conduites des individus, tant privées que collectives. Quoi qu'il en soit, ce qui frappe dans ce recueil, c'est le recours à un langage direct, cru pour exprimer le discours amoureux[17] ; l'utilisation, dans cette perspective, du joual (« pines », « minou », etc.) comme véhicule le plus apte à traduire cette réalité ; enfin, l'insertion du politique venant, par fragments disséminés au fil du texte, accompagner, scander le discours amoureux et donc, d'une certaine manière, l'encadrer (« écoutez on milite pour une autre vie on se lève pour appuyer les masses » (Charron, 1978b : 13), « donner à tous le droit de s'affirmer désapprouver la distribution bourgeoise des biens des livres des comportements soumis et asexués » (1978b : 45). Et ce ne sont là que deux échantillons prélevés sur un corpus beaucoup plus vaste[18].

En somme si l'on dresse le bilan de cette période qui, chronologiquement, recoupe en partie celle évoquée précédemment, on peut conclure qu'il y a reconnaissance de la réalité des individus, de l'existence d'une sphère de la vie privée possédant une autonomie relative ; de la réalité du féminisme et de la spécificité de certaines de ses luttes ; de l'importance de la sexualité et de l'inconscient, mais tout ceci, et c'est capital, dans le cadre global de la conception marxiste-léniniste de l'histoire et du combat contre le capitalisme. C'est pourquoi il est préférable de parler ici d'oscillation plutôt que de rupture : celle-ci interviendra en 1978, année qui inaugure une nouvelle phase dans l'itinéraire de Charron.

---

17. À titre d'exemple, donnons cet extrait de *Feu* :
encore ! *plus loin* ! tendant le bassin libérant l'enfourchure prolongeant des ondes pures un porc à moitié décalotté une truie dilatée qui s'embrassent à pleine bouche qui s'enlacent qui bougent les cent bras dégagés lui – empoigne la motte rousse qu'elle forme affluant ! elle – grogne et frotte soudain s'élargit le suce pendant qu'il salive comme un fou (1978b : 29. C'est Charron qui souligne). Pour d'autres extraits du même genre, voir aux pages 6-7, 11, 24, etc.
18. Voir aussi, dans *Feu*, aux pages 35, 47, 50, etc.

LE CHOC DE L'AUTOMATISME :
FIN DES CERTITUDES (1978 ET APRÈS)

Si Charron quitte *Chroniques* à l'automne 1977 sur des positions de gauche, il évolue ensuite très rapidement, abandonnant l'année suivante ses croyances marxistes-léninistes sous le choc notamment – car d'autres raisons (politiques et personnelles) y furent sans doute pour quelque chose – de sa relecture de Borduas et des automatistes. Deux textes « théoriques » rendent compte de cette rupture : *Qui parle dans la théorie ?* (1979a) et *La passion d'autonomie, littérature et nationalisme* (1982a). Dès la première page de *Qui parle dans la théorie ?* Charron place sa réflexion sous l'éclairage de « l'expérience automatiste » (1979a : 11), du *Refus global* et de ceux qui s'inscrivirent dans son sillage, qui lui ont fait comprendre « l'inutilité des perroquets » (1979a : 13), du recours à toute thèse, à tout discours de maîtrise auquel est préféré un texte qui soit lui-même une « expérience qui épuise le contraignant des ordres et des méthodes » (1979a : 11). D'où la production d'un discours fragmenté, alogique, sans démonstration rigoureuse, construit au gré de l'inspiration, sorte de *théorie-fiction* [19] dont on peut cependant dégager les idées suivantes :

1. réhabilitation-valorisation de l'inconscient, des pulsions, de l'incontrôlé, de ce qui bouge, fuit, ne se laisse pas cerner : l'insaisissable ;

---

19. Voici une illustration de ce type de discours :
Open. Le contraire de l'étranglement. Que nous veulent les automatistes ? une raison qui rencontre sa passion. Un plongeon. Ne pas liquider les fouilles, les dépassements (20). Et si la raison aboutissait, *par courage,* à un emmêlement, à une allégresse qui intriguent la science ? La science des débordements, la science des transformations, là, dans les bras, les jambes, les contractions, la vie motrice. Pour combattre une certaine inertie de la vérité, du sens qui s'oublie. Combattre, *c'est-à-dire chercher* [...] Le jour c'est la nuit. Les déviations, les encoches, les entailles empêchent le désert de respirer. Quelqu'un, à son bureau, est à la recherche de l'extrême singularité. Est-ce vous ? Je n'en sais rien. Je sais seulement que la représentation est le lieu utopique dans lequel vous tombez. *Open* (1979a : 17. C'est Charron qui souligne).

2. réhabilitation-valorisation de l'œuvre comme réalité en mouvement, fuyante, ne se laissant pas enfermer dans une signification, échappant aux traditions, se renouvelant sans cesse, en perpétuelle transformation, mettant en déroute son appréhension analytique ;

3. « pratique de l'accident subjectif et objectif (automatisme psychique, création impersonnelle) » attaquant la morale dominante, proclamant « tout haut, dans ses faits, la primauté du corps, de la lettre, de la matière, sur l'esprit, les valeurs, les consciences » (1979a : 43) ;

4. « mise en cause du nationalisme et de ses limites socio-culturelles » limites qui, si elles ne sont pas vues et défaites, deviennent un sérieux handicap à la transformation politique d'une société » (1979a : 46).

Ce procès du nationalisme est au cœur de *La passion d'autonomie, littérature et nationalisme,* petit livre publié en janvier 1982. Contrairement au précédent, celui-ci est écrit d'une manière plus traditionnelle, plus « classique ». Placé sous la triple évocation-invocation de Saint-Denys Garneau, Paul-Émile Borduas et René Char, on pourrait dire sans trop forcer la note qu'une citation de Borduas (« Le passé dut être accepté avec la naissance, il ne saurait être sacré. Nous en sommes toujours quittes avec lui ») en synthétise l'essentiel.

Dans la tradition littéraire québécoise, Charron distingue deux types d'écrivains : les écrivains organiques (qu'incarnent dans son ouvrage Lionel Groulx et Michèle Lalonde), les écrivains indépendants. (que représente Borduas et sa lignée).

Pour sa part il s'oppose aux écrivains organiques, au service d'une cause, en l'occurrence le nationalisme (qu'il soit réactionnaire comme Groulx, ou se prétende progressiste comme Lalonde) : opposition donc au nationalisme en tant que fermeture à ce qui est extérieur, différent, hors norme, et à la littérature à son service, ainsi réduite à un rôle utilitaire, instrumental.

Et à l'inverse il exalte les écrivains indépendants qui, de Nelligan à Grandbois, ont frayé les voies de la modernité en affirmant la primauté pour l'écrivain du

> je interminé et interminable *que toutes les censures idéologiques doivent faire taire pour rendre conforme dans la communication. Un* je divisé, s e x u é, déraisonnable, *qui ne se contente pas de pencher d'un côté ou de l'autre de la clôture historique, mais qui montre, en la désenfouissant, cette clôture comme présence/absence simultanée de chacun à l'univers qui le façonne* (Charron, 1982b : 37)[20].

Pour cette lignée d'écrivains, la publication de *Refus global* a constitué un moment charnière, le manifeste jouant un rôle stratégique comme base de départ, rampe de lancement permettant d'échapper à la double prison du nationalisme et de la raison. Il s'agit désormais de faire place au je, à sa libre expression, endehors de toute contrainte comme l'enseigne, l'expérience automatiste.

La production des années 1980, abondante et diversifiée, se déploie sur l'horizon de cette problématique « théorique ». Elle se manifeste sous forme d'écrits sur la peinture (textes de réflexion et poésies inspirées par les tableaux), de recueils de poésie et, comme on le verra, d'un fort curieux journal *(Je suis ce que je suis).*

Le temps échappé des yeux [...] (1979b) constitue une méditation sur l'expérience de la peinture, travail concret, matériel, relevant dans une large mesure du non-conscient, du nonprévisible (le peintre étant d'une certaine façon à distance, spectateur de ce qu'il accomplit avec les couleurs, ses pinceaux et ses spatules), qui pose la question du je et met en cause le moi conscient. Le peintre sachant précisément ce qu'il veut faire ; la création implique au contraire qu'il ne le sache pas. Son point de départ est un manque, une absence que seule la toile peut-être saura remplir :

---

20. Je souligne.

> *Alors, qui fait la peinture ? Vous devez à tout instant*
> *être prêt à prouver que vous n'y êtes pas et que le désir*
> *d'y aller (je dis bien d'y aller, non pas d'y être), le désir*
> *d'être plus léger que la mort, est plus fort que toutes les*
> *réponses réunies dans la Grande Réponse. Je découvre*
> *seul cette vérité qui me permet de passer de l'Un à*
> *l'Autre. Et encore une : qu'il ne faut pas craindre de de-*
> *venir ce que nous ne sommes pas ; la peinture* (Charron,
> 1979b : 5)[21].

Le travail de la peinture (et de la poésie), en ce sens, est alogique (« Le peintre se situe à l'extérieur d'une certaine logique, et il a raison [...] Le peintre ne sait pas ce qu'il veut et c'est pour cela qu'il n'entre jamais dans le cercle des préventions, conventions, constatations, contraventions »), relève pour l'essentiel de l'inconscient (« Je dis que mes travaux se font malgré moi, avec moi, mais sans moi. Je dis qu'il y a de l'inconscient et des désirs plus fertiles que toute théorie » (1979b : 8) et renvoie donc à l'irréductibilité d'une expérience toujours fondamentalement singulière, s'ancrant dans la sexualité, dissolvant les ensembles (familles, nations, etc.), échappant aux discours établis – discours de maîtrise, de domination, de raison : « Je veux avec toutes nos passions donner lieu à cette *gratuité immédiate* qui bouscule le repos des sentiments et des attitudes avertis ; je veux sans avis bafouer le commerce qu'on fait des sujets cloués au mur du sens, à l'insensible [...] » (1979b : 27)[22]. Bertolt Brecht même en est, à sa manière, un avatar progressiste :

> *À ce niveau, l'erreur d'un Brecht par exemple, est d'as-*
> *similer trop souvent l'art et la littérature à un compte*
> *rendu empirique d'une réalité qui est, à travers la*
> *grille marxiste, et « prouver » l'homogénéité*

---

21. Plus loin : « Moi, je sais un exil, un manque qui me fait chaque fois renaître avec le pastel et la gouache, surtout la gouache, pour dégeler l'embâcle sur la rivière ; sans pudeur, sans prudence, à *peine* », p. 6. C'est Charron qui souligne).

22. Je souligne.

grille/réalité. On assiste alors à la tautologie sociologique. Ce qu'il rate par son ordonnance polémique c'est ce quelque chose de dissemblable, d'hétérogène qu'est la pratique artistique en tant que telle (1979b : 49-50)[23].

Le recueil *D'où viennent les tableaux ?* (poèmes écrits en 1979, mais publiés en 1983), sur le mode de la rêverie, poursuit, approfondit cette réflexion sur l'expérience de la peinture, largement enrichie, nourrie par la fréquentation des grands maîtres (Gauguin, Botticelli, Manet, Cézanne, etc.) évoqués au fil des poèmes et utilisés ici en quelque sorte comme générateurs, embrayeurs de la création.

Les autres recueils des années 1980 *(Mystère, Toute parole m'éblouira, 1980)* témoignent également, chacun à leur manière, de l'expérience de ce je « interminé et interminable » évoqué dans *La passion d'autonomie, littérature et nationalisme.* L'écriture, ici, fonctionne, si on peut dire, sur le mode de l'automatisme – de la spontanéité, du hasard – : la poésie, ainsi, échappe assez largement à l'analyse, au commentaire qui ne pourrait que la figer alors qu'elle vise précisément à le déjouer[24].

Cette problématique de l'écriture, on la retrouve au centre du livre *Je suis ce que je suis* (1983b), présenté par son auteur comme un journal. Bien curieux journal, en réalité, qui n'épouse pas, pour l'essentiel, les lois du genre. Un journal, c'est d'ordinaire un compte rendu au jour le jour des réactions d'un écrivain aux événements qui le préoccupent soit comme témoin, soit comme acteur, une réflexion au fil du temps sur sa pratique

---

23. Je souligne.
24. Voir le dernier « fragment » de *Mystère* (1981b : 36) :
Plus ça va plus ça devient terrible
Pas de boîte ni panier ni sac pour enrober le domaine
de l'individualité
Pas de *leçon,* pas de *drapeau* pour s'élever [...]
Je n'ai pas la *ligne droite* selon un plan ou un rôle
Selon la rectitude d'une finalité je n'ai pas la ligne
droite. (Je souligne).

236 LE POIDS DE L'HISTOIRE

artistique, sur l'art en général, sur soi et le monde (avec datation précise, présence lourde du référent comme expérience personnelle ou collective). Ici rien de tel. Pas de dates. Pas d'évocation – ou si peu – de la « réalité » : le débat constitutionnel de l'automne 1981, la mort de John Lennon, c'est à peu près tout.

Pour l'essentiel il s'agit d'une réflexion sur l'expérience de la solitude, du silence, de l'écriture comme exploration des possibles du langage, réflexion volontairement non systématisée, laissant place à la création, sorte de théorie-fiction dans laquelle sont réaffirmés le refus de toute règle, la liberté absolue du sujet hors de toute préoccupation sociale, ou du moins politique : « La conception politique, écrit Charron, n'a jamais voulu se charger de mes lancinantes interrogations. J'évolue dans une mélancolie tragique » (1983b : 13). Et plus loin : « Le monde sans cesse en progrès. Moi vous savez, j'ai une espèce de méfiance invétérée envers le social. Ses frontières de toutes sortes me font chier » (1983b : 69).

Que reste-t-il donc alors ? L'écriture – « Je suis l'intolérable qui parle. *Je m'appelle écriture* » (1983b : 79)[25] –, seule croyance à surnager dans cette « fin de siècle » (1983b : 56).

L'itinéraire de Charron, provisoirement du moins, se termine ainsi sur une note apocalyptique : plus rien ne reste pour quoi il vaudrait la peine de se battre dans cette « fin de siècle » qui a allure de fin du monde.

LE POIDS DE L'HISTOIRE

En guise de conclusion, une hypothèse : l'évolution, tant théorique que politique, de l'avant-garde (au sens retenu ici) est soumise à une double série de contraintes : internes, c'est-à-dire relevant de la logique propre du champ auquel elle appartient ; externes, c'est-à-dire renvoyant à la conjoncture historique plus générale à l'intérieur de laquelle elle s'inscrit.

Dans sa phase initiale, au moment où elle se cherche et cherche à s'imposer, l'avant-garde se caractérise par un rejet des

---

25. Je souligne.

pratiques valorisées par l'institution (université, critique de revues et de journaux) et tente de se tailler une place en se distinguant, en produisant du nouveau : d'où une attitude critique à l'égard de l'institution et, en même temps, une position ambiguë par rapport aux pairs, soutiens éventuels – on peut avoir intérêt à être partie prenante d'un groupe ou d'une école – mais aussi concurrents en puissance dont il faut de quelque manière se démarquer pour assurer son originalité propre. Ce jeu donne lieu, comme Bourdieu et d'autres l'ont montré, à l'élaboration de stratégies d'émergence – pas toujours concertées, conscientes – imposées par la logique du champ.

Charron, par exemple, sans renoncer à la pratique d'une écriture critique, différente du nouveau discours dominant en poésie – largement formaliste, axé sur le travail textuel caractéristique de la modernité – réintègre, au tournant des années 1980, (s'il l'a jamais vraiment quitté) le champ littéraire dans lequel il va assumer un rôle de leadership, devenant en quelque sorte le porte-parole d'un groupe d'écrivains qui, ébranlés par la crise du politique de la fin des années 1970, ne possédant plus de certitudes idéologiques, se réconcilient avec leur moi déchiré qu'il s'agit désormais d'exprimer sur le mode problématique de la quête, de la recherche et dans l'angoisse. Crises individuelles sur fond de crise de civilisation, d'une fin de siècle menacée par l'apocalypse devant laquelle les espoirs de naguère apparaissent dérisoires. Crise qui va permettre à Charron, dans la mesure où il en témoigne de la manière sans doute la plus éloquente, de se tailler une place importante dans le sous-champ de la modernité en tant que défenseur d'une conception de l'écrivain comme être libre de toutes attaches, indépendant de toute école, n'ayant en somme de comptes à rendre qu'à lui-même.

Par là il fait sa rentrée en force dans l'institution après une longue période de contestation de celle-ci, de l'intérieur, au début, par la pratique de la déconstruction et de la parodie, de l'extérieur, ensuite – et de manière plus radicale –, pendant sa période d'adhésion aux positions marxistes-léninistes. C'est ainsi qu'un jeune écrivain, prometteur au début des années 1970, au terme d'un long parcours, redevient à l'aube des années 1980 un moins jeune écrivain pourvu d'un important capital symbolique (dû à la richesse de son expérience) et promis à un bel avenir dans une institution qui peut désormais lui assigner une place de premier rang.

À un autre niveau, par ailleurs, l'avant-garde, lorsqu'elle se sent concernée concrètement par son rapport au politique, doit tenir compte de la conjoncture[26]. Or, durant les années 1970 au Québec, ce sont principalement les groupes politiques qui vont directement, sous la forme de sollicitations, ou indirectement, par leur seule existence et activité, interpeller les écrivains et les artistes[27]. Ceux-ci, du coup, seront eux aussi appelés à se situer en fonction d'impératifs extérieurs au champ. À ces contraintes on répondra de différentes manières, en défendant l'autonomie relative du champ ou encore en se soumettant au primat du politique,

---

26. Ceci me paraît particulièrement net dans le cas du théâtre d'intervention. Si les troupes qui pratiquent cette forme de théâtre rompent avec le théâtre institutionnel au niveau de leur projet — qui vise d'abord la transformation sociale, et non le divertissement —, de leur pratique fondée sur la création collective (et non sur le fait d'un auteur), de leur rapport aux spectateurs (avec qui on vise à développer des échanges, des interactions), enfin de leur mode de fonctionnement (démocratique et communautaire), c'est qu'elles se définissent dans une large mesure en fonction d'impératifs extérieurs au champ théâtral. Si bien qu'on ne peut comprendre leurs pratiques sans prendre en compte le contexte sociopolitique par rapport auquel elles prennent leur sens. Cette remarque vaut, à un degré moindre toutefois, pour certains intervenants dans le champ des arts plastiques, comme en témoigne l'expérience des groupes du 1er mai et de L'atelier Amherst. Voir à ce sujet les textes de Claude Lizé sur le Théâtre des cuisines, de Jean-Guy Côté sur le Parminou et d'Esther Trépanier (« Peindre à gauche ») dans Pelletier, 1986 : 119-176.

27. Principalement, car l'avant-garde sera également interpellée par le féminisme et la contre-culture. C'est notamment dans le sillage du féminisme qu'apparaît et se développe, au sein de la « nouvelle écriture », ce qu'on appellera « l'écriture des femmes » — peut-être la tendance la plus dynamique encore aujourd'hui de ce courant. Quant à la contre-culture, des écrivains comme Paul Chamberland, Raoul Duguay, Lucien Francœur, Yolande Villemaire sont, chacun à sa manière, partie prenante de ce mouvement qu'ils expriment dans leurs écrits.

quitte à renoncer – à des degrés d'intensité variables – aux critères qui régissent la production dans le champ.

La trajectoire de Charron, pour reprendre cet exemple, me paraît relever d'abord de cet ordre de détermination (qu'englobent celles relevant spécifiquement du champ littéraire). La phase de « déconstruction » du début des années 1970, par exemple, apparaît en symbiose avec la nouvelle conjoncture politique qui se met en place au tournant de ces années, à la suite de la défaite du courant nationaliste de gauche incarné notamment par le FLP, se sabordant en avril 1970 après deux années d'intense agitation de rue, et le FLQ, connaissant à la fois son apothéose et son déclin à l'automne 1970. À travers le FRAP (Front d'action politique) et le mouvement des CAP (Comités d'action politique) des années 1970-1973 une « nouvelle gauche » surgit sur la scène politique, à la recherche d'un discours et d'une pratique militante renouvelés. Cette recherche aboutira en 1973 à la mise sur pied des organisations politiques (En lutte !, le MREQ (Mouvement révolutionnaire des étudiants du Québec) qui domineront la gauche durant les années suivantes.

De 1970 à 1973 on n'en est pas là et la critique du capitalisme s'effectue en ordre dispersé, trouvant ses fondements soit dans l'ancienne « théorie » du socialisme décolonisateur, soit dans la nouvelle « théorie » révolutionnaire en voie de constitution. Dans cette perspective la phase de « déconstruction » de Charron peut, d'une certaine manière, être interprétée comme un écho, sur le plan littéraire, de cette nouvelle conjoncture caractérisée par une attitude critique à l'égard des pouvoirs en place, sans toutefois de véritable perspective de changement, sans solution alternative.

Au milieu des années 1970 sont fondées les deux plus importantes organisations politiques d'extrême gauche se réclamant du marxisme-léninisme : En lutte ! et la Ligue communiste. Ces groupes politiques, en dépit de leur fonctionnement relevant d'une mentalité de secte, ne constituent pas des phénomènes excentriques à la société québécoise de la période. À leur manière, ils sont une réponse à la crise économique et sociale qui secoue le Québec depuis le début des années 1970. De même il ne faudrait pas oublier qu'ils se situent dans la filiation des groupes politiques progressistes des années soixante (MLP (Mouvement de libération populaire), FLP, etc.), dont ils prétendent à la fois conserver l'héritage et le « dépasser », dans le sens d'un marxisme plus conséquent – qui sera en réalité sa caricature stalinienne. Que le marxisme ait pris cette forme au Québec dans les années 1970 demeure, bien sûr, à expliquer et cette analyse devrait sans doute faire intervenir des facteurs autres que strictement politiques, notamment la dimension religieuse de la pratique des groupes ; mais il reste qu'on ne peut comprendre grand-chose aux débats de l'époque si l'on ne prend pas en compte cette réalité.

Chez ces groupes, il ne suffit plus de dénoncer le capitalisme : il faut travailler à son renversement et à son remplacement par une société de type socialiste. Dorénavant, la littérature et l'art ne peuvent plus être uniquement des entreprises de dénonciation, de déconstruction de l'idéologie dominante. Ils doivent contribuer au développement d'une nouvelle culture pouvant exprimer la réalité et les aspirations des classes populaires et s'inscrire, à leur manière, dans le combat politique. C'est cette conception qu'on retrouve à la source des productions militantes et parfois carrément propagandistes du Charron des années 1974-1977, résolument aligné sur les positions marxistes-léninistes.

Cependant si le mouvement marxiste-léniniste connaît son apogée, son « âge d'or », durant les années 1974-1978, des signes de crise apparaissent vers la fin de cette période. Crise provoquée, pour une part, par l'apparition de nouveaux mouvements sociaux – dont, au premier chef, le féminisme – que les organisations marxistes-léninistes n'arrivent plus à encadrer, et, pour une autre part, par le surgissement de questionnements (sur la pratique militante, sur la vie privée, l'amour, la sexualité) que, durant quelques années, les organisations avaient su canaliser, questionnements qui, comme la suite de l'histoire l'a montré, seront à l'origine, quelques années plus tard (en 1981-1982), de l'éclatement des groupes. La production de Charron des années 1977-1978, dans ce contexte, peut être lue comme une tentative pour rendre compte de ces nouvelles réalités (qu'on ne peut plus taire), mais dans le cadre de l'orthodoxie, d'une grille marxiste-léniniste de lecture du réel servant toujours de cadre de référence majeur.

C'est ce cadre de référence qui éclate chez le poète dès 1978, donc plus tôt que chez les militants ou, du moins, que chez les cadres des organisations qui ne seront vraiment touchés, affectés qu'au tournant des années 1980. Il y a donc crise du politique, fin des certitudes idéologiques, retrouvailles avec un moi déchiré qu'il s'agit désormais d'exprimer – sur le mode problématique de la quête. Crise individuelle sur fond de crise de civilisation d'une fin de siècle menacée par l'apocalypse devant laquelle les espoirs de naguère apparaissent dérisoires. C'est sur cette fin des certitudes que, provisoirement, l'itinéraire de Charron débouche.

À travers ce parcours, on peut lire celui de toute une génération d'intellectuels et de militants, généralement d'origine petite-bourgeoise, fascinés, au début des années 1970, par une certaine mythologie révolutionnaire, puis progressivement désillusionnés par le devenir concret des pays – phares qui leur tenaient lieu de pôles de référence (le Vietnam, la Chine, le Cambodge, etc.) – et par leur propre pratique politique tournant de plus en plus à vide au fil des années. La production de Charron s'inscrit, d'une part, dans cette expérience et s'en nourrit et, d'autre part, lui sert de caisse de résonance et de révélateur. D'où son très grand intérêt pour qui veut connaître de l'intérieur – puisque la littérature est dans une large mesure expression stylisée du vécu – ces dix années particulièrement fécondes de l'histoire culturelle et politique du Québec.

(1984, 1987)

CHAPITRE VII

La Relève : *une idéologie des années 1930*

RÉFLEXIONS PRÉLIMINAIRES

UNE ÉPOQUE, UNE REVUE

L'histoire des années 1930 au Québec reste encore à écrire. À ma connaissance, il n'existe aucun travail historique d'ensemble sur cette période pourtant cruciale, rien en tout état de cause qui puisse par exemple être considéré comme l'équivalent de l'excellent et discuté ouvrage de Fernand Ouellet, l'*Histoire économique et sociale du Québec, 1760-1850*. Le chercheur qui désire obtenir une représentation d'ensemble de cette période est obligé de se reporter à des travaux qui, quoique excellents dans certains cas, ne donnent jamais qu'une image très partielle de la configuration historique de l'époque. Si bien qu'il doit en quelque sorte écrire lui-même l'histoire de ces années à partir des divers travaux partiels disponibles[1]. C'est un peu ce que, pour ma part, j'ai dû faire lorsque s'est posé le problème de rattacher la vision du monde exprimée dans *La Relève* au groupe social qui, dans la société québécoise de cette époque, en constituait le support.

C'est en partie pour combler cette lacune que j'ai décidé de prendre comme objet d'analyse la revue *La Relève*. J'ai pensé

---

1. Il pourra notamment se reporter aux travaux de Mason Wade (1966), aux études d'André Raynauld (1961) et de Everett C. Hughes (s.d.), à l'analyse impitoyable de Victor Barbeau (1936), à l'*Histoire de la province de Québec* de Robert Rumilly, enfin à des ouvrages comme ceux de Maxime Raymond (1943) ou d'Hector Grenon (1967), dans lesquels il trouvera quelques renseignements utiles.

qu'une telle analyse pouvait apporter une contribution à l'histoire des années 1930 et, au-delà, à l'histoire globale de cette période. Il va sans dire qu'on ne pourra dégager un « état d'esprit 1930 » qu'à la suite de nombreuses études comme celle-ci qui devront porter sur les autres mouvements d'idées qu'on pouvait à l'époque observer au Québec. Il faudra que d'autres revues, dont la revue *Vivre,* animée par Jean-Louis Gagnon, la revue *Les Idées,* dirigée par Albert Pelletier, qui réunissait des collaborateurs appartenant à la génération précédant celle de *La Relève,* les *Cahiers de l'École sociale populaire,* publiés par les jésuites, la revue *L'Action nationale,* les *Semaines sociales du Canada,* pour ne nommer que les principales, soient étudiées de sorte qu'un « état d'esprit 1930 » puisse être dégagé. L'étude de *La Relève,* dans cette perspective, se présente comme un jalon d'une entreprise plus globale.

La revue est fondée en mars 1934 par un groupe de jeunes gens qui, pour la plupart, avaient été formés par les jésuites du Collège Sainte-Marie. On verra plus loin comment cette formation aura une influence décisive sur l'orientation de leur réflexion. Durant toute l'existence de la revue, le noyau initial des fondateurs demeurera à sa direction. Le seul changement important à ce niveau sera le départ de Paul Beaulieu en décembre 1943. Les deux autres principaux animateurs de la revue, Robert Charbonneau et Claude Hurtubise, demeureront au poste jusqu'à la fin de l'entreprise, en septembre 1948. La revue aura donc duré 14 années durant lesquelles elle aura publié un total de 103 numéros, dont les 48 premiers sous le nom de *La Relève* et les 55 autres sous le nom de *La Nouvelle Relève.* Notons que si les numéros de la première série comptaient en moyenne 36 pages, ceux de la seconde compteront 64 pages et même, durant deux années, lorsque le format de la revue sera réduit, jusqu'à 80-85 pages.

Les principaux collaborateurs de la revue durant la première série seront Robert Élie, Roger Duhamel, Saint-Denys Garneau, Jean Le Moyne, en ce qui concerne les Québécois, Daniel-Rops, Jacques Maritain, Emmanuel Mounier, en ce qui regarde l'apport de l'étranger. Dans la seconde série, il y aura éclipse de certains collaborateurs québécois, notamment de Paul Beaulieu, Robert

Élie, Claude Hurtubise, qui écrivent beaucoup moins régulièrement ; par contre, de nouveaux venus deviendront collaborateurs
réguliers : Guy Frégault, Berthelot Brunet, Marcel Raymond.
Jacques Maritain, Daniel-Rops continueront à écrire occasionnel-
lement pour la revue cependant que d'autres collaborateurs français
feront leur apparition : Georges Bernanos, Yves R. Simon,
Auguste Viatte, Henri Laugier.

Dans le premier numéro de la revue, ses directeurs présen-
taient ainsi leur entreprise : « *La Relève* est un cahier mensuel
fondé par des jeunes. Cette feuille se présente au public, comme
la première revue de jeunes qui ne soit ni une affaire de collège, ni
le porte-parole des opinions d'un groupe particulier.» Pourquoi
ces jeunes gens sentaient-ils le besoin d'une telle entreprise ? À
leurs yeux un « groupement national catholique indépendant »
était nécessaire « pour développer dans ce pays un art, une littérature, une pensée dont l'absence commence à nous peser» (La
direction, 1934 : 1). Ce « groupement », il est important de le
noter, se voulait d'abord mouvement de pensée. Le vide qu'il se
proposait de combler était un vide spirituel. Et c'est ce qu'il
continuera d'être tout au long de son existence, bien qu'il éprou-
vera parfois le besoin d'exercer une action plus concrète, d'ordre
social et politique. Mais l'activité théorique aura toujours priorité
sur la réflexion sociale et politique, et à fortiori, sur l'action
sociale et politique.

Dès le premier numéro, les directeurs de la revue plaçaient
leur entreprise sous le signe du catholicisme à la lumière duquel
ils entendaient élaborer une doctrine « tenant compte des diverses
tendances modernes, respectant les particularismes de race, mettant
également en valeur la personne humaine et la plénitude de la
vérité », et affirmaient leur intention de rendre dans le monde « la
primauté au spirituel » (La direction, 1934 : 2). Ces positions de
base de la revue demeureront les mêmes tout au long de son
existence. Si bien que ses directeurs seront fondés de reprendre,
dans leur présentation de *La Nouvelle Relève,* un texte de l'article
liminaire du premier numéro de la revue pour montrer que leurs
positions de base n'ont pas changé, que leurs recherches s'effec-
tuent toujours à la lumière du catholicisme défini comme le seul

« terrain de rencontre » sur lequel puissent être édifiés à la fois une pensée et un ordre temporel concret. Bien sûr, on pourra toujours remarquer quelques changements ; par exemple, certains thèmes, durant la seconde série, seront plus souvent abordés, comme la politique internationale (mais cela était normal, puisqu'on était en période de guerre), alors que d'autres seront un peu négligés, par exemple la réflexion sur les problèmes sociaux (qui se posaient par ailleurs avec moins d'acuité que durant la période de la Crise). De même, la revue deviendra-t-elle de plus en plus « littéraire » : elle publiera des contes, d'Yves Thériault entre autres, des extraits de romans, de Robert Charbonneau, d'Enskine Preston Caldwell, etc. Mais cette évolution était prévisible : « le problème social » se posant avec moins d'urgence durant la guerre, il était presque fatal que les collaborateurs de la revue reviennent à leur pente naturelle qui était de s'occuper d'art et de littérature.

Les positions fondamentales de la revue demeurant les mêmes du début à la fin de l'entreprise, il me semble peu utile d'en faire l'analyse dynamique, telle que proposée par un Gérald Fortin par exemple. Comparant l'analyse dynamique de l'idéologie à l'analyse statique, celui-ci explique de la façon suivante sa préférence pour la première :

> L'analyse statique se situe toujours dans un contexte a-temporel ou a-situationnel. Elle ne peut donc saisir la dialectique constante entre les modifications de la situation et les ajustements de l'idéologie. Ces ajustements se traduisent ordinairement par un changement de l'accent placé sur les différents éléments. Ils peuvent aussi se traduire par l'incorporation de nouveaux éléments compatibles ou rendus compatibles avec la structure existante (1963 : 224).

Fortin lui-même, dans sa thèse de doctorat (1956), a ainsi soumis la revue *L'Action nationale* à une analyse dynamique.

Ce type d'analyse se justifiait alors très bien dans la mesure où Fortin s'était fixé pour objectif d'étudier les relations entre l'évolution interne de la revue et l'évolution sociale du Québec. Il convenait d'autant plus que la période étudiée s'étendait sur trente-sept années ; à l'intérieur de cette longue période, celui-ci découpa quatre sous-périodes qui lui servirent de points de repère dans l'étude de l'évolution de la revue. Fortin remarqua que cette évolution était en corrélation avec l'évolution globale du Québec caractérisé par les processus bien connus de l'industrialisation et de l'urbanisation. Une étude de cette nature est impossible dans le cas de *La Relève* qui n'a pas connu d'évolution importante au cours de son existence.

Mon analyse ne recourt guère non plus aux méthodes quantitatives. Je n'ai pas jugé bon, ainsi que le fait Fortin dans sa thèse, d'enregistrer la récurrence des thèmes traités par les rédacteurs de *La Relève*. Les chiffres, dans l'analyse des idéologies, ne peuvent tout au plus que servir d'indicateurs ; en aucun cas, ils ne peuvent remplacer l'analyse qualitative opérée de façon intuitive par le chercheur. D'ailleurs, dans la thèse de Fortin et, dans une moindre mesure, dans le mémoire de Louis Savard sur *Cité libre* (1962), les tableaux sur la récurrence des thèmes ne font que confirmer l'analyse préalablement effectuée de façon heuristique par le chercheur. Dans le cas de *La Relève,* les thèmes retenus parce qu'ils me paraissaient les plus significatifs sont aussi quantitativement les plus importants.

Ma tâche consistera donc à reconstituer la vision du monde qui se dégage de l'analyse de la revue, à montrer comment ses prises de position sur les problèmes politiques, économiques et autres, ses projets de réforme sociale s'enracinent dans cette vision du monde et en sont implicitement la conséquence, et enfin à rattacher cette conception de l'univers au groupe social qui en constitue le support.

LE PROBLÈME DE LA DÉFINITION DE L'IDÉOLOGIE

Avant de procéder à la reconstitution de la vision du monde véhiculée dans la revue, il me semble nécessaire de m'attarder quelque peu sur le problème de la définition de l'idéologie. Je n'ai pas l'intention de reprendre l'histoire et la pré-histoire de ce concept, ce serait trop long. Je n'ai pas non plus l'intention d'ouvrir une discussion théorique à ce propos (ce pourrait être l'objet d'une thèse). Je me contenterai de rappeler la pensée de quelques auteurs sur la question et je tenterai de préciser l'usage qu'il sera fait de ce concept dans ce travail.

Chez Karl Marx, ainsi que le rappelle Georges Gurvitch (1963 : 285 ss.), le concept a d'abord une signification très précise : il désigne « les représentations fausses que les hommes se font d'eux-mêmes ». Dans l'idéologie, en effet, ainsi que l'écrit Marx dans *L'idéologie allemande*, « les hommes et leurs rapports nous apparaissent placés la tête en bas comme dans une caméra obscure » ([1846] 1968 : 36). Pourquoi les hommes se font-ils ainsi des représentations fausses d'eux-mêmes ? Parce que ces représentations fausses justifient des positions de classe, servent à camoufler des intérêts. Ces représentations fausses qui sont le produit de la classe dominante, même les classes dominées, aveugles sur leurs intérêts réels, pourront de bonne foi les partager. C'est que « les pensées de la classe dominante sont aussi, à toutes les époques, les pensées dominantes » (Marx, 1968 : 74), et les classes dominées, se dupant, intériorisent ces pensées sur lesquelles elles règlent leurs comportements.

L'idéologie, à ce stade de la pensée de Marx, désigne non seulement la pensée politique mais encore la pensée sociale et des phénomènes plus larges et à priori moins directement liés à des intérêts, comme la religion. Pour Marx la religion est un « opium » pour le peuple, une dimension de l'aliénation du prolétariat. Dans sa polémique contre Ludwig Feuerbach, il affirme qu'on ne peut débarrasser l'homme de l'aliénation religieuse en montrant que c'est une illusion ; on doit plutôt s'attaquer à la racine même de l'illusion qui repose sur la contradiction régissant les rapports de l'homme avec son milieu. Ce n'est que lorsque cette contradiction sera abolie que l'aliénation religieuse s'évanouira en quelque sorte d'elle-même. Seule une transformation révolutionnaire de la pratique sociale peut déclencher un renversement de la superstructure idéologique.

La notion d'idéologie, par la suite, deviendra chez Marx encore plus englobante. Seront désignées sous ce terme, rappelle Gurvitch, toutes les sciences humaines et notamment les sciences sociales (à l'exception de l'économie politique marxiste), les programmes des partis politiques, les représentations et opinions, les réactions des différentes classes sociales. Enfin, l'idéologie, à partir de la préface de *Critique de l'économie politique*, prend une signification encore plus étendue. Marx la définit alors de la façon suivante : « Toute œuvre objective de la conscience réelle, individuelle et collective à la fois (langage, droit, morale, art, connaissance) en tant que cette œuvre est en corrélation fonctionnelle avec une classe ou qu'elle participe à la structuration d'une classe. » (Marx, cité dans Fournier, 1969b : 76).

Parti d'une définition restreinte de l'idéologie comme technique de justification, d'ordre surtout politique, de la situation qui assure à la classe dominante sa position de contrôle dans la société, Marx a progressivement étendu cette notion à l'ensemble des sciences humaines, à l'exception de l'économie politique marxiste, puis à des phénomènes très généraux comme le droit, la morale, le langage et l'art.

Sur le plan méthodologique, la contribution de Marx me paraît très importante. Celui-ci, en effet, dans *L'idéologie allemande*, écrit qu'il ne faut pas chercher dans l'idéologie l'image de la réalité mais bien plutôt, à l'inverse, dans la réalité le fondement de l'idéologie :

> *À l'encontre de la philosophie allemande qui descend du ciel sur la terre, c'est de la terre au ciel que l'on monte ici. Autrement dit, on ne part pas de ce que les hommes disent, s'imaginent, se représentent, ni non plus de ce qu'ils sont dans les paroles, la pensée, l'imagination et la représentation d'autrui, pour aboutir ensuite aux hommes en chair et en os ; non, on part des hommes dans leur activité réelle, c'est à partir de leur processus de vie réel que l'on représente aussi le développement des reflets et des échos idéologiques de ce processus vital* (Marx, [1846] 1968 : 36).

Pour appliquer le précepte de Marx rigoureusement, il faudrait donc commencer cette étude par l'histoire de la Crise, par celle de la classe à laquelle appartenaient les rédacteurs de *La*

Relève pour ensuite, à partir de là, montrer comment la situation de classe de ces jeunes gens a engendré l'idéologie qu'il s'agirait alors de mettre en lumière. J'ai préféré procéder autrement tout en respectant en définitive le précepte méthodologique de Marx puisque la mise en perspective de la réalité sociale et de l'idéologie sera faite de toute façon dans la quatrième partie de ce chapitre.

Chez Fernand Dumont, sociologue de la culture, l'idéologie est toujours reliée à l'action. L'idéologie, comme « représentation d'un ensemble social », est un mode de connaissance pratique. Elle est en effet non seulement un savoir spéculatif, mais une technique d'action comme le mythe dont elle tient en quelque sorte lieu dans la société moderne. Dumont affirme qu'à un premier palier « les idéologies apparaîtront comme des axiomatisations symboliques des conditions de l'action », qu'à un deuxième, elles « seront considérées comme la rationalisation d'une vision de monde (ou d'un système de valeurs) prérequise par la culture en question », et qu'à un troisième, elles « apparaissent comme les systèmes symboliques les plus explicites requis par les exigences de l'unanimité sociale devant les situations à définir et les actions à poser » (Dumont, 1963 : 162).

L'idéologie est donc tout à la fois : lecture de la situation, programme d'action (technique d'existence), rationalisation d'une vision du monde dont elle est l'explicitation. Elle se présente comme un texte à déchiffrer, possédant une syntaxe, c'est-à-dire des règles d'organisation et de fonctionnement propres, et l'explication de son existence ne sera possible que par une confrontation avec la société où elle a pris racine. Car « l'idéologie, prétend Dumont, ajoute des éléments à la structure ; par conséquent, toute recherche de corrélation doit être exclue au départ. Il s'agira de définir les deux termes, non dans leur correspondance, mais dans leur complémentarité, sans préjuger du poids de réalité de l'un et de l'autre » (Dumont, 1963 : 162). Pas question donc de retrouver dans l'idéologie l'image adéquate et fidèle de la réalité.

La Relève, qui n'était pas l'organe d'un mouvement social ou politique, n'a pas servi à légitimer des comportements politiques. Il n'en reste pas moins que comme mouvement de pensée, une importante partie de sa réflexion a été consacrée à l'analyse des conditions et des principes d'une action temporelle efficace. En ce sens, on peut dire qu'elle véhicule une idéologie qui peut être étudiée comme telle.

L'essentiel du travail portera donc sur l'idéologie dans ses dimensions : lecture de la situation et rationalisation d'une vision du monde. Ces deux dimensions sont d'ailleurs liées très intimement dans la mesure où la lecture de la situation s'explique par la vision du monde des « lecteurs » en question. Il s'agira donc essentiellement d'examiner de quelle façon les rédacteurs de *La Relève* ont abordé les problèmes auxquels ils ont consacré leur réflexion.

UNE VISION DU MONDE THÉOCENTRIQUE ET HIÉRARCHISÉE

LE CONCEPT DE VISION DU MONDE

L'idéologie est une rationalisation, une explicitation d'une vision du monde. Mais qu'entend-on précisément par cette notion de vision du monde ?

Lucien Goldmann, qui en a fait le pivot de ses analyses, notamment dans ses études sur Emmanuel Kant, sur les *Pensées* de Blaise Pascal et sur le théâtre de Jean Racine, en donne la définition suivante : « Nous appelons "vision du monde" une perspective cohérente et unitaire sur les relations de l'homme avec ses semblables et avec l'univers » (1952 : 399). Précisant sa pensée, Goldmann écrit que la vision du monde n'est pas une « réalité empirique donnée », mais « un instrument conceptuel de travail, une extrapolation construite par l'historien, extrapolation qui ne comporte cependant rien d'arbitraire, car elle est fondée sur la structure de la pensée réelle des individus » (1952 : 399). C'est une réalité construite dans la mesure où elle ne lui est pas donnée d'emblée et où il doit, pour la dégager, interroger et faire parler les textes.

Étudiant les *Pensées* de Pascal, Goldmann montre qu'elles expriment une « vision tragique du monde », vision tragique, car partagée entre, d'une part, une exigence de réalisation sociale des valeurs, un désir d'action sur le monde et, d'autre part, la conviction absolue qu'il est impossible de réaliser les valeurs dans un monde dégradé. Or, cette vision du monde, écrit Goldmann, c'est celle-là même d'une fraction de la noblesse de robe non intégrée au parti royaliste dans la société française du XVIIe siècle. Les visions du monde sont donc des faits historiques et sociaux. Elles sont, précise Goldmann, des « ensembles de manières de penser, de sentir et d'agir, qui dans certaines conditions s'imposent à des hommes se trouvant dans une situation économique et sociale analogue, c'est-à-dire à certains groupes sociaux » (1952 : 400). Dans *Sciences humaines et philosophie,* Goldmann ajoute que ces groupes sociaux, ce sont les classes sociales, « qui constituent les infrastructures des visions du monde » (1966 : 136).

La vision du monde est en quelque sorte une attitude première, une prise de position fondamentale à l'endroit de l'univers, de la société et des valeurs, attitude fondamentale qui oriente de façon décisive tous les comportements pratiques de l'homme dans son existence quotidienne, par laquelle s'éclairent ses prises de position sur les problèmes les plus divers qui, à première vue, pourraient sembler discordantes ou totalement incompatibles.

C'est ainsi que la mise à jour de la vision du monde des rédacteurs de *La Relève* me permettra (devrait me permettre) de comprendre leurs prises de position sur les questions intellectuelles, sociales et politiques.

LA VISION DU MONDE DES RÉDACTEURS DE *LA RELÈVE*

La vision du monde des rédacteurs de *La Relève,* on la retrouve tout entière dans un texte extrêmement important, fruit d'un long travail de réflexion portant sur plusieurs mois, publié sous le titre « Préliminaires à un manifeste pour la patrie » dans le numéro de septembre-octobre 1936. Ce texte est d'autant plus significatif qu'il est signé par les quatre principaux rédacteurs de la revue, Robert Élie, Claude Hurtubise, Paul Beaulieu, Robert Charbonneau, et qu'il constitue à lui seul, à l'exception d'un bref texte d'André Laurendeau, le contenu entier du numéro. Dans toute l'existence de la revue, aucun autre texte n'aura ainsi l'honneur de composer à lui seul un numéro.

Les auteurs, dans leurs premiers paragraphes, présentent leur travail comme des « notes sur le nationalisme », « des exercices, une forme imparfaite qu'a prise notre méditation sur les concepts de patrie, de nation, sur l'indépendance des deux, sur la personnalité, l'humanisme et la sainteté »[2]. Le texte se présente donc comme une réflexion préliminaire, un déblayage théorique préalable à la rédaction d'un « manifeste pour la patrie ». Ce manifeste qui devait être publié en 1938 ne le sera jamais. Je proposerai plus loin une explication de cette lacune. Pour le moment, retenons le fait.

Il s'agit d'un texte théorique dont l'abord n'est pas toujours facile en raison, d'une part, du vocabulaire utilisé par les rédacteurs, qui est souvent non seulement abstrait mais imprécis et parfois confus, d'autre part, d'un manque de composition évident. Une lecture attentive nous a néanmoins permis d'en dégager la vision du monde que je synthétiserai sous la forme des propositions suivantes :

1. L'homme est un être double, fruit de la réunion d'un corps et d'une âme. C'est à la fois un individu ordonné à la cité, au bien commun terrestre, et une personne, c'est-à-dire « un lieu intérieur où toutes les actions de l'homme prennent valeur pour l'éternité » ou si l'on préfère « une nature individuelle ou singulière subsistante et "capable de se posséder elle-même" (Maritain), de posséder hors d'elle-même et pour elle-même, donc qui rapporte les choses à un ciel intérieur où elles se subordonnent à l'essentiel ».

Qu'est-ce que l'essentiel ? C'est la contemplation de Dieu. La personne, dans l'ordre des valeurs, a donc une priorité hiérar-

---

2. Sauf indication contraire, toutes les citations de *La Relève*, dans cette partie, sont tirées du texte « Préliminaires à un manifeste pour la patrie », publié dans le numéro de septembre-octobre 1936, vol. 3, n° 1, p. 7-31.

chique sur l'individu, car « ce qui se rapporte à l'âme est plus élevé que ce qui concerne le corps ».

2. La société qui a pour fin d'assurer le bien commun temporel doit être organisée de telle façon que l'accomplissement de la fin supra-temporelle de l'homme soit facilité. Car « la nation, comme l'État, et chacun sur son plan particulier, n'a d'autre fin que d'aider au perfectionnement de la personne créée pour Dieu ».

Comme le temporel est subordonné au spirituel, la société civile est subordonnée à la société divine dont elle doit refléter les principes, de sorte que « les lois si relatives de la justice ne peuvent oublier celles, immuables, de la justice divine, et les lois qui veulent une certaine répartition des richesses, celles de la charité ». L'État qui oublierait cette subordination naturelle et nécessaire agirait contre les intérêts supérieurs de la personne : « Une cité dont le droit ne se fait que pour permettre premièrement la liberté aux désirs de l'animal, à ses œuvres, un État qui ne censure que ce qui nuit au corps, ne comprend pas la liberté, n'agit aucunement pour la personne. »

Il n'y a donc pas autonomie complète du temporel par rapport au spirituel. On peut même dire qu'il n'y a pas d'autonomie du tout, car la société temporelle elle-même doit être un ordre temporel chrétien. Et s'il y a une sphère du temporel distincte de celle du spirituel, c'est qu'elle est exigée par la division sociale du travail, pourrait-on dire.

3. La société civile a pour fin d'assurer le bien commun temporel. Ce bien commun sera assuré par deux sortes d'œuvres : les œuvres actuelles, qui ont pour objet le corps et qui ont « comme but de procurer un certain bien-être nécessaire à d'autres œuvres » ; les œuvres inactuelles, qui ont pour objet la vie de l'esprit, et qui sont ordonnées au développement de la personne. Les œuvres actuelles comprennent la politique, qui s'intéresse à l'homme en tant qu'être social, et l'économique, qui s'intéresse à l'homme des besoins. Les œuvres inactuelles comprennent essentiellement l'éducation

(creuset de la culture) qui a pour fin de former les personnes. L'éducation fait donc en quelque sorte le pont entre le spirituel et le temporel, puisqu'elle doit à la fois former des personnes et des citoyens.

Les œuvres actuelles ont donc pour fin de satisfaire les besoins de l'homme en tant qu'individu alors que les œuvres inactuelles ont pour fin de satisfaire ses besoins en tant que personne. Les œuvres actuelles, bien entendu, sont subordonnées aux œuvres inactuelles et elles « perdront toute valeur en n'étant pas subordonnées aux exigences d'un autre ciel où règne à la place des vérités de l'ordre temporel, la Vérité ». Car il ne faut pas oublier que si l'homme fait partie du monde en tant qu'individu, il est aussi hors du monde en tant que personne. Et sa première préoccupation doit être de se développer en tant que personne.

4.   La patrie constitue le cadre dans lequel l'homme pourra le mieux s'accomplir en tant que personne.

Qu'est-ce que la patrie ? C'est une donnée qui s'impose à l'évidence de l'homme : « Tout homme a une patrie comme il a un corps et tout homme a des devoirs envers cette patrie comme envers ce corps. C'est donné, c'est un fait, un bienfait ; il y a donc là nécessité d'aimer. » La patrie est une réalité charnelle que l'homme découvre peu à peu en vieillissant et dont les frontières changent au fur et à mesure de cette découverte :

> L'homme se connaît dans sa patrie, confusément ; mais par elle dans ses parents et par l'éducation. La patrie de l'enfant dépasse peu le jardin de la famille ; puis l'église, l'école, le bois s'y ajoutent ; des hommes y vivent, aiment cette matière, lui donnent un sens. La patrie s'étend à la commune. Par l'histoire, elle déborde sur tout le pays, mais déjà elle est moins concrète : l'idée de nation apparaît ; l'idée de la culture suit par le truchement de la nationalité et de l'éducation.

De même que le corps de l'homme est subordonné à son esprit, la patrie est subordonnée à l'Église, représentante de Dieu sur terre et « ce ne sera pas elle qui reniera la surnature, qui sacrifiera cette valeur plus universelle qu'est l'Église : l'homme de foi trouve place dans le monde ». Et ailleurs : « Le patriotisme, qui ne peut être considéré en dehors de la personne, ne prend son vrai sens et sa vraie valeur que subordonné à un ordre chrétien, ou plus généralement à une notion chrétienne de l'humanisme. »

La patrie constitue donc le cadre dans lequel l'homme pourra le mieux se réaliser en tant que personne. Elle est le « moyen humain très grand » dont l'homme dispose pour transformer les nécessités qui pèsent sur lui en agents de libération. Or ces nécessités tiennent à la condition de l'homme, dont l'âme, comme conséquence de son union avec la matière, rencontre, dans son exercice, deux obstacles que les rédacteurs de *La Relève* désignent ainsi : l'opacité et le mouvement. Autrement dit, l'âme traîne un boulet, le corps, qui doit être entretenu, qui a ses exigences et qui absorbe une grande part des énergies humaines. Or la patrie est l'instrument tout désigné pour la satisfaction du corps ; ce faisant, elle facilite la vie contemplative de la personne et accomplit ainsi une œuvre hautement méritoire. Ainsi que l'écrivent les rédacteurs du manifeste : « Elle oblige à un ordre où la vie animale et l'éducation peuvent s'accomplir selon la fin dernière de l'homme, et à un ordre humain qui facilite la conquête de la vie contemplative. Elle est dans l'ordre de la nature l'une des valeurs humaines les plus universelles. »

5. La patrie donne lieu à la culture. Celle-ci est « synonyme de trésor spirituel ; n'est que l'expression personnelle de la nationalité, d'une race, d'un peuple ». Les cultures sont donc nationales. Et elles se différencient les unes des autres par leurs traditions. Dans cette optique, l'existence de la nation canadienne-française fait problème « parce que nos traditions ne sont pas encore traduites en des œuvres profondes et profondément caractéristiques ». Mais elles ne sont pas pour autant des univers clos. Car la nationalité, mode de penser et d'agir propre à un groupe d'hommes donné, « constitue la détermination qui nous rend accessible l'universel ». C'est pourquoi « un chef-d'œuvre créé

par un allemand est un chef-d'œuvre pour un français». La fin de la culture, c'est l'universel, c'est, selon une expression de Maritain, « l'épanouissement de la vie proprement humaine ».

La nation se distingue de la patrie en ce que ce dernier concept désigne une réalité charnelle alors que le premier désigne une réalité plus complexe, de l'ordre de l'esprit. En ce sens, elle est une réalité supérieure (dans la hiérarchie de l'ordre des valeurs) à la réalité de la patrie.

La nation ne doit pas être confondue avec l'État. Un État peut comprendre plusieurs nations, c'est-à-dire plusieurs centres de culture. Bien sûr, dans la pratique, les frontières des nations et des États se confondent souvent, mais cela ne change rien au fait qu'il n'y a pas d'identification forcée entre l'État et la nation.

Toute revendication de la nation ne pourra être faite qu'au nom de la culture. Ainsi toute revendication d'autonomie pour le Québec n'aura de valeur que si elle est faite au nom de sa culture. Revendiquer l'autonomie pour des raisons politiques ou économiques est absurde. Celles-ci ne pourront être considérées comme valables que s'il est prouvé que le développement de la culture exige l'autonomie politique et économique de la nation.

Enfin, il importe de se rappeler que la nation, comme l'État, n'a « d'autre fin que d'aider au perfectionnement de la personne créée par Dieu ».

6.   La nation, si elle n'a pas d'apostolat à accomplir, comme l'Église, poursuit quand même « une mission qui lui est départie par la providence, et c'est dans la mesure où elle est fidèle à cette mission qu'elle accède à une valeur universelle ». Il appartient à chacune des nations de comprendre la signification de cette fonction et d'agir en conséquence.

En résumé, la vision du monde qui se dégage de l'analyse du manifeste est théocentrique et hiérarchisée. Dieu est au centre de cette vision : le premier devoir de l'homme est de l'adorer et de le servir. La vie contemplative, dans l'ordre des valeurs, est donc plus importante que la vie active. Et cette dernière n'a de valeur que pour autant qu'elle facilite la première.

Dieu n'est pas présent au monde à la façon d'un astre mort : il agit sur le monde par sa providence. Il est donc doublement présent. Et la société doit être organisée de telle façon qu'elle facilite au maximum à l'homme la tâche d'adorer son Créateur. La société temporelle ne peut pas affirmer son autonomie par rapport au spirituel. Non seulement elle doit refléter dans son organisation les vertus divines, mais elle doit encore faciliter la pratique de la vie contemplative. De même que le vital (c'est-à-dire les activités ordonnées à la satisfaction des besoins corporels) est subordonné au culturel (aux activités de l'esprit), le culturel est subordonné au spirituel.

Le monde est représenté comme un ordre, ou encore un organisme, dont Dieu et les valeurs spirituelles formeraient la tête qui ordonne les parties inférieures et à laquelle celles-ci sont ordonnées. Il implique une hiérarchie rigoureuse et immuable, immobilisée en quelque sorte hors du temps et de l'espace dans la sphère abstraite et lointaine des principes qui ont leur assise dans l'éternité. Ce n'est pas pour rien que les rédacteurs de *La Relève*, à la suite de Maritain, désireront l'établissement d'un nouveau Moyen Âge. C'est que le Moyen Âge était effectivement un monde ordonné, comportant une hiérarchie précise et rigide dans laquelle chacun avait sa place et y restait, et où Dieu avait la place suprême.

Les prises de position des rédacteurs de *La Relève*, leurs projets de réforme sociale et économique, leur conception de l'art et de la littérature seront autant de manifestations de cette attitude fondamentale devant le monde.

UNE IDÉOLOGIE EN MARGE DU RÉEL

Je n'ai pas l'intention d'analyser en profondeur tous les thèmes ou objets de réflexion abordés par les rédacteurs de *La Relève*. Ce serait là une entreprise immense et probablement très fastidieuse à certains moments. Aussi ai-je décidé d'étudier leur pensée concernant les cinq principales questions sur lesquelles se porta leur attention et de ne consacrer que quelques paragraphes aux sujets auxquels les rédacteurs de *La Relève* eux-mêmes attachèrent moins d'importance.

LA CRISE

Au moment de la fondation de la revue, en mars 1934, le Canada français était encore en période de crise économique aiguë. De nombreuses usines continuaient à fermer leurs portes tandis que d'autres ne tournaient plus qu'au ralenti. Des milliers de travailleurs étaient en chômage et leur subsistance ainsi que celle de leurs familles étaient assurées par le « secours direct ». Dans les villes, la misère était profonde et demeurait un problème social important.

Les rédacteurs de *La Relève* consacreront plusieurs articles au problème de la Crise. Dès le premier numéro de la revue, le père Paul Doncœur, un conférencier français, attirera l'attention, au-delà de la dimension sociale et économique de la Crise, sur sa dimension spirituelle. Pour lui, la Crise était d'abord une crise de civilisation :

> *D'autre part, parlant ici de la crise mondiale, j'envisage un ensemble de circonstances bien plus vastes que l'on ne pense. Pour l'ordinaire, la crise, c'est la crise économique, crise du commerce, crise de l'industrie, crise de l'exportation, donc crise du travail, chômage et, procédant de tout cela ou au contraire le précédant : crise de la bourse, crise du crédit, crise de l'argent. L'immense angoisse du monde, celle qui occupe les parlements, les conférences, les assemblées de techniciens, celle qui prend à la gorge le pauvre peuple des chômeurs et des marcheurs de la faim, c'est du souci du pain quotidien en définitive qu'elle prend son caractère tragique. Je suis bien éloigné d'en parler à la légère, car une telle souffrance est en soi un grand mal ; mais elle entraîne bien d'autres conséquences et l'on sent bien que ce*

*sont les bases économiques du monde moderne qui sont
ébranlées. J'envisage cependant un horizon encore
plus vaste et je donne à ce mot de crise mondiale son
sens le plus complet car ce sont toutes les valeurs qui
vont être ou qui sont déjà mises en cause. Et non pas
seulement le Nickel, la Steel ou la Bell, mais toutes les
valeurs spirituelles sur quoi reposait notre société ;
propriété, droit, morale, religion* (1934 : 7-8).

La dimension économique de la Crise n'est donc pas niée,
mais elle est subordonnée à sa dimension essentielle, qui est
spirituelle. La crise économique, dans cette perspective, n'est que
la manifestation la plus évidente, la plus spectaculaire, d'une crise
plus fondamentale, se situant au niveau des valeurs. Cette idée
sera reprise dans un article de Claude Hurtubise qui précise que la
Crise « manifestée, surtout sur le plan matériel, parce que vécue
si cruellement [...] n'en garde pas moins son origine et ses
éléments de solution sur le plan métaphysique » (1934b : 176).

Ailleurs, le même Hurtubise ajoutera que la Crise, en
dernière analyse, est une conséquence du fait que les hommes
n'accordent plus la primauté au spirituel :

*Je comprends qu'il est difficile d'admettre ce que la
querelle des universaux apporte à la solution des problèmes économiques. Mais ce qui est impardonnable,
c'est de ne pas voir que le monde crie de misère justement parce qu'il nie cette primauté du spirituel qu'on
s'obstine à vouloir mettre en contradiction avec les
nécessités de la faim, parce que l'organisation
politique et économique du monde n'est pas appuyée
sur une philosophie du réel, c'est-à-dire une philosophie qui, partant du réel terrestre, remonte aux
Réalités supérieures. Impardonnable de croire encore
que la politique suffit à l'homme et se suffit à elle-
même. La misère n'est pas une question de révolution,
mais il faudra beaucoup d'amour de Dieu et des
hommes à ceux qui la feront. En définitive, la misère est
une question du spirituel* (1936 : 201).

Le désordre économique témoigne d'un désordre plus profond de la personne. « Le vrai désordre, écrit André Laurendeau, est là. En moi. Il se tapit en mon cœur qu'il étreint. Il se cache dans les replis de mes désirs et de mes ambitions. Je combats à l'extérieur l'ennemi que je nourris en moi ; je sabre les effets et je chéris la cause » (1935 : 35). Aussi bien, le désordre ne pourra-t-il trouver de solution véritable qui ne soit d'abord une révolution de la personne. La transformation du monde suivra la transformation de soi. C'est d'abord cette dernière qu'il importe d'effectuer.

Phénomène spirituel, la Crise est l'aboutissement d'une longue histoire, une histoire qui commence, selon le père Doncœur, à la chute du Moyen Âge, lorsque l'homme a cessé de régler ses conduites d'après la volonté de Dieu et décidé de ne plus se fier qu'à ses propres lumières. L'individualisme, par une pente fatale, devait plonger l'humanité dans la crise actuelle. « La Renaissance, la Réforme, le libertinage secret du XVIIᵉ, la « Philosophie », les « Lumières », préparant à la Révolution française » (Doncœur, 1934 : 8), constituèrent autant d'étapes dans la course de l'homme vers l'abîme.

Le christianisme a sa part de responsabilité dans cette triste affaire. S'il avait pu réagir à temps contre les méfaits de l'individualisme en se réformant de façon radicale, les hommes auraient continué à s'en inspirer et la Crise aurait pu sans doute être évitée. C'est du moins la thèse que défendra Maritain dans un article sur la nature de la politique :

> *C'est de nos manquements, de nos complaisances et de nos omissions que les violences et les misères de notre temps nous renvoient durement au visage. Si les chrétiens avaient vécu le christianisme, s'ils avaient pris pleine conscience de leur vocation, je dis à l'égard de l'existence profane elle-même, nous n'en serions pas où nous en sommes, les douleurs du temps ne seraient pas devenues si criantes* (1936a : 132).

Pour résoudre la Crise, il faudra donc que les chrétiens prennent leurs responsabilités, d'abord en se réformant eux-mêmes, ensuite en aménageant la cité de telle sorte que les vertus évangéliques de justice et de charité y règnent.

La Crise est donc d'abord perçue comme un problème spirituel plutôt qu'économique et analysée en tant que tel. À aucun moment, dans toute l'histoire de la revue, on ne trouvera une analyse économique de la Crise. Aucune étude ne sera consacrée à son origine prochaine, à ses conséquences économiques et sociales. Aussi, cette analyse est-elle caractérisée par un haut degré d'abstraction.

À aucun moment non plus les rédacteurs de la revue n'ont proposé de programme concret pour y remédier. Le seul texte qui traite de réformes pratiques est un commentaire de Roger Duhamel (1935b) sur le programme de la *Distributist League* anglaise. Duhamel y rappelle les principaux points de ce programme : restriction de la concurrence, lutte contre les cartels, lutte à la corruption électorale, participation de la classe ouvrière à la gestion et aux bénéfices des entreprises, nationalisation de certaines entreprises d'utilité publique, retour à la terre, etc. Il en souligne l'intérêt, émet des réserves sur la participation des travailleurs à la cogestion des entreprises, condamne l'idée de la nationalisation, car « l'étatisme ne résout rien, tout au plus retarde-t-il l'échéance en la grevant lourdement », et termine son article ainsi : « Par l'organisation professionnelle, par les corporations réadaptées à notre âge, par la propriété de plus en plus accessible, par le désir profond de la justice et de la charité, nous parviendrons à une civilisation plus humaine » (1935b : 27). Duhamel fournit bien une solution : le corporatisme, mais cette solution est globale et il ne précise pas comment le corporatisme pourrait, pratiquement, remédier à la Crise.

Autre fait révélateur de cette attitude abstraite : la revue ne commentera pas les lois qui étaient alors proposées par les gouvernements pour remédier au chômage et à la misère. Ainsi passera-t-elle sous silence le programme proposé par Richard Bedford Bennett en 1935 et qui prévoyait l'application de toute une série de mesures draconiennes pour redresser la situation économique, la loi Taschereau sur la colonisation votée la même année et les autres lois sociales votées en ces années-là (pensions de vieillesse, allocations aux mères nécessiteuses, salaire minimum, etc.). Dans la mesure où la Crise était définie comme un problème spirituel, un problème de civilisation, il n'est pas étonnant que *La Relève* n'ait pas réussi à proposer des solutions concrètes pour y remédier ; bien plus, il était presque fatal qu'il en soit ainsi. Car la solution de la Crise, pour *La Relève,* exigeait un renversement du système et l'établissement d'un ordre social chrétien, et ne pouvait donc être obtenue à coup de réformes partielles. Elle supposait une révolution, une transformation profonde et radicale de la société.

LA RÉVOLUTION

Le monde actuel est pourri. Il n'y a rien à en attendre. Une transformation révolutionnaire de la société est nécessaire. Il y a urgence de créer un ordre nouveau. Ce genre de phrase revient souvent sous la plume des rédacteurs de *La Relève.* Mais qu'est-ce que la révolution pour eux ?

C'est d'abord une « chance à tenter ». « L'avantage de la révolution, écrit Robert Charbonneau, c'est qu'elle propose un dogme positif, alors que l'ordre établi est tellement pourri qu'il n'a plus qu'une morale à nous offrir, une morale à principe de *ne pas* » (1935 : 4). La révolution, dans un monde de désolation, représente un espoir.

Le régime actuel, c'est-à-dire le capitalisme libéral, est condamné parfois avec la dernière énergie. Je dis parfois, car la position de la revue à ce propos n'est pas toujours aussi ferme. À certains moments, on ne critique le capitalisme que pour ses abus alors qu'à d'autres on prétend qu'il est essentiellement vicié. Le texte suivant témoigne de l'énergie avec laquelle, parfois, il est condamné :

> *Le système industriel et capitaliste trouve son origine dans l'individualisme, l'atomisation de la société, la concupiscence déréglée du monde, le surpeuplement indéfini, la pléthore illimitée des besoins, la déchéance de la foi, l'affaiblissement de la vie spirituelle. Le capitalisme viole la véritable hiérarchie de la société*

et, à l'égal du socialisme, il accompagne la chute et
l'extinction des créations spirituelles. Dans l'histoire
moderne, le centre de gravité de l'existence passe de la
sphère spirituelle à la sphère matérielle : la Bourse
remplace l'Église comme force de vie (La Relève,
1935 : 213).

On notera l'explication que proposent les rédacteurs de l'origine
du capitalisme. Sa naissance n'est rattachée en rien à l'histoire des
techniques de travail, ni de façon plus générale à l'évolution
sociale et économique de l'humanité ; elle est présentée comme le
fruit du surgissement de l'individualisme. Cet individualisme lui-
même, les rédacteurs ne se demandent pas d'où il provient, ils se
contentent de le prendre comme une donnée sur laquelle ils
fondent leur explication. On notera aussi que le capitalisme est
condamné non pas tant en lui-même qu'en ce qu'il propose un
modèle de société différent du modèle tenu pour le meilleur, soit
celui de la société féodale, dans laquelle l'Église était « force de
vie ».

Mounier condamnera, pour sa part, l'économie capitaliste
qu'il juge profondément immorale parce qu'elle est fondée « sur
le mécanisme de la fécondité de l'argent, avec toutes les formes
d'usure qui en découlent ». Explicitant sa pensée, il écrit :

Nous lui reprochons surtout de subvertir complètement
l'ordre de la vie humaine, en soumettant les exigences
de la personne à celles de la production, au profit
d'argent et par suite au jeu artificiel et inhumain de la
spéculation financière, de la vie politique, de
l'opinion, des mœurs. Nous poursuivons enfin le mal
jusqu'au cœur : le monde de l'argent a créé une zone
chaque jour croissante d'humanité où les conditions
matérielles minima nécessaires à une vie personnelle
ne sont point remplies ; là même où il desserre son étau,
il a répandu cet esprit bourgeois qui est la négation de
toutes les mystiques antérieures, la chrétienne comme
la populaire, l'aristocrate comme la révolutionnaire
(1936 : 228-229).

Pour Mounier, le capitalisme est à détruire parce qu'il maintient dans une condition sous-humaine la couche la plus nombreuse de la société, la classe ouvrière. Si pour lui la révolution ne s'arrête pas avec la destruction de l'ordre capitaliste, elle n'en commence pas moins là. La révolution intérieure est ainsi subordonnée à la révolution prolétarienne, du moins dans l'ordre de l'action. Dans l'ordre des valeurs, bien sûr, la révolution intérieure prime l'autre. Mais pour qu'elle soit possible, il faut d'abord abolir la domination des capitalistes sur la société.

Il était bien entendu que la révolution qu'on se proposait de faire serait différente de la révolution marxiste. « Il ne saurait pour nous, écrit Robert Élie, y avoir de choix entre communisme et monde bourgeois. Le premier n'est que l'achèvement du second, plus absolu, moins hypocrite parce que plus net » (1935b : 46). Dans un autre texte, on précisera en s'inspirant de Nicolas Berdiaev :

> *L'humanisme a effectué le passage de l'homme de la « concrétion spirituelle » où tout est organiquement lié, à l'abstraction divisante, où l'homme se trouve en un atome isolé. Cette tendance à l'abstraction aboutit aux deux formes extrêmes de l'atomisation : individualisme et socialisme. Nietzsche remplace le Dieu perdu par le surhomme, Marx, par la collectivité ; leur morale, à tous deux, nie la personnalité. En eux se consomme la fin de la Renaissance* (*La Relève,* 1935 : 211).

Autrement dit, le capitalisme et le socialisme sont la conclusion naturelle d'un même phénomène, l'atomisation de l'homme, qui n'a cessé de gagner du terrain depuis la Renaissance. Le capitalisme et le socialisme sont les deux visages d'un même monstre : le matérialisme.

Ces deux phénomènes, en dernière analyse, n'en constituent donc qu'un seul. Leurs différences s'effacent devant leurs ressemblances. Dans les deux systèmes, la personne est diminuée. Dans le capitalisme, elle est abandonnée à elle-même et condamnée à la solitude ; dans le socialisme, elle est absorbée dans le grand tout que forme la collectivité. C'est pourquoi ces deux systèmes doivent être remplacés par un autre qui redonne la primauté à la personne, cette primauté qui était la caractéristique essentielle de la synthèse chrétienne du Moyen Âge.

La pensée des rédacteurs de la revue à ce propos s'inspire très largement des réflexions de Maritain, Mounier, Berdiaev. Ces penseurs européens eurent une très large influence sur les collaborateurs de *La Relève*. Ajoutons encore le nom de Charles Péguy à qui Paul Beaulieu consacrera un long article qu'il terminera par l'éloge suivant : « Au milieu du vieillissement du monde moderne, alors que toutes les fausses valeurs s'écroulent, on comprend que la nouvelle génération se retourne audacieusement vers cet homme et puise dans ses œuvres le rajeunissement, la vigueur nécessaire à tout renouveau » (1935 : 164). Les rédacteurs de la revue reconnaîtront d'ailleurs aisément l'influence que ces hommes exercèrent sur eux et avoueront qu'ils furent leurs maîtres à penser. Maritain et Mounier surtout exercèrent une très grande influence sur *La Relève* qui publiera plusieurs articles écrits par eux et qui recourra souvent à leur autorité pour justifier ses prises de position.

La Relève, tout en refusant la solution communiste, ne donnera pas dans la chasse aux sorcières. Elle sera plutôt portée à adopter le point de vue de Maritain et de Berdiaev pour qui le communisme était la preuve de l'échec historique du christianisme en tant que solution temporelle aux problèmes de l'humanité. Ce dernier écrit dans *Les sources et le sens du communisme russe* :

> *La révolution a éclaté dans l'histoire chrétienne comme un jugement porté sur le christianisme historique, sur les chrétiens, sur leur reniement des premiers préceptes, sur la caricature qu'ils ont faite du christianisme. C'est précisément pour les chrétiens que la révolution a un sens, ce sont eux qui doivent avant tout la comprendre, elle est pour eux un appel, une évocation de cette justice qu'ils n'ont pas su réaliser* ([1938] 1963 : 261-262).

Pour Berdiaev, d'une certaine façon, les chrétiens sont les véritables responsables de la révolution à défaut d'être ses auteurs.

C'était à eux de faire la révolution ; or, ils ne l'ont pas faite. Les communistes ont comblé le vide. Il leur appartient maintenant de faire en sorte qu'il n'en soit plus ainsi en réalisant la révolution personnaliste.

L'ordre nouveau qu'il s'agit d'instaurer doit être fondé sur la restauration de la personne. Reprenant le mot d'ordre de Péguy, « la révolution sera morale ou ne sera pas », les rédacteurs de *La Relève* entendaient signifier que la révolution consistait d'abord et avant tout à changer l'homme, si bien que « le perfectionnement matériel, pouvait écrire Paul Beaulieu, n'a pas sa raison d'être s'il empêche la liberté intérieure » (1935 : 158). Il s'agit de créer un homme nouveau. Entreprise difficile entre toutes, qui sera longue et semée d'écueils, mais qui vaut d'être menée à terme. Robert Élie écrit qu'il faudra « rééduquer » l'homme « quitte à se refuser les trompeuses conquêtes de ceux qui aveuglent et énervent pour entraîner, quitte à ne travailler que par progression lente » (1937 : 80).

Cela dit, par qui et comment sera faite la révolution ? Et quel visage prendra-t-elle au juste ? Quelle société en somme s'agit-il de construire ?

Par qui sera-t-elle faite ? Par chacun de nous, répond Hurtubise dans un article consacré à la révolution spirituelle, car « chacun de nous participe au scandale actuel et en est responsable à quelque degré » (1935b : 78). Daniel-Rops, pour sa part, précisera :

> *Cependant, il serait vain d'attendre que ce monde se réalisât tout seul. L'humanité ne sera transformée que si les hommes se réforment un à un, par un effort personnel de rénovation. L'Évangile qui contient les lois de ce renouvellement reste donc le message inégalé et seul capable d'opérer le relèvement de notre société* (1938 : 110-111).

Par ailleurs, *La Relève* ne croit pas à l'action politique dans le cadre des partis traditionnels qu'elle juge pourris jusqu'à la moelle et ne croit guère à l'action politique en général. Elle est donc extrêmement discrète sur le comment de la révolution – elle parlera bien parfois d'une action sur l'élite, mais ne donnera pas plus de précisions – ; elle ne dispose, pour la réaliser, ni de stratégie ni de tactique.

Son attitude ne plaira pas à tout le monde. Ainsi Jean-Louis Gagnon s'en prendra vigoureusement à Robert Charbonneau dans une lettre à celui-ci publiée dans la revue *Les Idées* en janvier 1936. Il attaque la position de Charbonneau à partir d'un paragraphe que ce dernier avait écrit sur un article de Jean-Charles Harvey. Ce paragraphe était le suivant : « Il [Jean-Charles Harvey] oublie que ce sont de ces aînés que nous nous recommandons et que le capitalisme pour un Daniel-Rops, un Maritain, un Mounier importe moins que le retour aux valeurs spirituelles de charité et de bonté. »

Considérant que Charbonneau traite le problème de la révolution dans l'absolu, Gagnon se propose de situer la discussion dans le fini. Pour lui, Charbonneau a le tort de ne pas situer la révolution sur le plan politique. Il ne suffit pas de condamner le capitalisme du bout des lèvres, dit en somme Gagnon, il faut le détruire dans ceux qui l'incarnent :

> *Supposons, écrivait-il, que le capitalisme appliqué par les grands Chinois de St-James Street soit cause de tous les bobos dont nous souffrons. Eh bien ! je vous parie votre part de paradis contre la mienne, que vous n'obtiendrez ni la disparition des Chinois ni de leurs chinoiseries financières par votre retour aux valeurs spirituelles de charité et de bonté. Par contre, ce retour est rendu possible par la disparition des Chinois et de leurs chinoiseries* (1936a : 54).

Précisant sa pensée, il affirme que la révolution, avant d'être un problème de rénovation spirituelle, est une affaire de tripes :

> *Mon cher Charbonneau, la Faim, c'est la fin du monde. Le ventre d'abord !*
> *Le Pain, c'est la première des vertus, c'est le produit chimique qui résume le monde.*
> *Le Pain, c'est la formule un qui se pose en antithèse à la formule zéro–la Faim* (1936a : 54).

Au mot d'ordre « spirituel d'abord », Gagnon oppose celui de « le ventre d'abord ! » Commentant la phrase citée plus haut, qui lui avait servi de prétexte pour s'attaquer à Charbonneau, il écrit : « Un retour à la bonté et à la charité est une impossibilité physique. Comme disait Monseigneur Lebond : c'est difficile d'être vertueux quand on est pauvre. » Et il termine sa lettre en rappelant que « notre lutte est et reste une lutte politique d'abord » (1936a : 54).

Charbonneau répondra à Gagnon de la façon suivante : 1. « La misère est en nous. St-James Street en est une forme, mais la suppression des Chinois de cette rue ne détruirait pas la misère, elle ne détruirait que des Chinois. » Autrement dit, la misère matérielle ne « représente qu'un aspect terrible, mais en somme accidentel de la crise de civilisation que nous traversons. Elle ne doit pas nous aveugler sur le problème réel qui est beaucoup plus vaste. » 2. « Cela ne veut pas dire que nous devons oublier les ventres-creux, mais que nous ne devons pas sous prétexte d'entraide nous perdre avec eux. » 3. La charité, vertu chrétienne par excellence, doit nous guider dans le soulagement de la misère. Et d'ailleurs, « la charité, bien comprise et vécue, est bien plus forte qu'une révolution dans laquelle rien d'essentiel n'est engagé ». 4. Le renversement de « St-James Street » ne réglerait en rien le problème en profondeur, aussi ce que nous devons d'abord désirer c'est, d'une part, le « rétablissement de ces grandes vertus et de la justice » et, d'autre part, la transformation de l'homme, car il est nécessaire de « changer l'homme avant de renverser St-James Street » (Charbonneau, 1936).

Gagnon, dans une seconde lettre publiée dans *Les Idées* en septembre 1936, poursuivra la polémique. Il répondra à Charbonneau que la misère n'est pas en nous, mais sur nous, et, reprenant l'argumentation qu'il avait développée dans sa première lettre, il écrira que « ce n'est pas en changeant l'homme qu'on renversera St-James Street mais bel et bien en renversant St-James Street qu'on finira par changer tout ça » (1936b : 161). Pour Gagnon, il est donc évident que toute transformation sérieuse de la condition de l'homme implique et exige le renversement préalable du système en place. À cette époque Gagnon voulait substituer à ce système l'économie corporative fasciste, en grand admirateur de Mussolini qu'il était.

Charbonneau ne répondra pas à cette nouvelle lettre de Gagnon. Le débat sera cependant relancé à nouveau par la publication, dans *La Relève,* d'une lettre de Pierre Makay Dansereau (1936) à Robert Charbonneau. Dansereau reprenait en substance les idées auparavant développées par Jean-Louis Gagnon. Ne niant pas l'importance de la révolution intérieure, « pour que le révolutionnaire soit fort et son action efficace et durable », il ajoutait cependant immédiatement que « la révolution digne de ce nom ne peut se maintenir uniquement sur le plan spirituel » et que « l'action, c'est la politique ou bien, c'est du cabotinage ». Et il terminait sa lettre par la constatation suivante : « Une chose entre toutes me paraît triste : l'horreur de la réalité suivie de la fuite dans la forêt des symboles et des abstractions » (1936 : 62).

On voit que cette polémique, abstraction faite de la « justesse » de l'argumentation des parties en présence, demeura abstraite, prenant le plus souvent l'allure d'une discussion d'école très théorique. Si je lui consacre autant d'importance, c'est qu'elle m'apparaît extrêmement significative, révélatrice des contradictions de la revue et de l'échec inévitable auquel devait aboutir son projet de créer un ordre et un homme nouveaux.

À la suite notamment de Mounier, les rédacteurs de *La Relève* ont donc rejeté à la fois le capitalisme libéral et le communisme comme bases d'un ordre temporel nouveau. Ils seront toutefois plus lents à condamner définitivement le fascisme qui, dans les premiers temps de la revue, leur apparaîtra sous un jour séduisant en tant que tentative d'incarnation d'un régime corporatif. Refusant ces trois formes de régime politique, sans abandonner leurs idées corporatistes cependant, ils déposeront leur espoir dans une société qui serait à la fois personnaliste et communautaire. Un tel type de société leur paraît désirable parce qu'il est fondé sur la double affirmation que l'homme est un être social, un individu spirituel et libre, qui doit se réaliser de façon autonome et personnelle. Pour Pierre-Henri Simon :

Le personnalisme correspond ainsi à un mouvement dialectique, d'une part pour rattacher normalement l'individu, en tant qu'être historique, à une solidarité économique, sociale et politique hors de laquelle il ne saurait vivre, et d'autre part pour sauvegarder en chacun ce qui le fait homme, l'orientation de sa pensée sur des valeurs morales transcendantes et, pour la servir, une liberté spirituelle protégée contre la pression des lois (1969 : 29).

Si, au niveau des principes, *La Relève* fait sien le personnalisme d'*Esprit*, il reste qu'elle ne développe guère ce thème. Ses réflexions sur le corporatisme, qui sont assez nombreuses, rattachent rarement cette dernière préoccupation, d'ordre pratique, à la préoccupation, plus théorique, d'un ordre personnaliste et communautaire à créer.

Dès le quatrième numéro du premier volume de la revue, Roger Duhamel notera cependant avec satisfaction le rôle joué par Engelbert Dollfuss en Autriche et Antonio de Oliveira Salazar au Portugal et se réjouira de ce que dans « tous les pays, des mouvements de base doctrinale rallient des milliers d'adhérents, pour mener à la bonne fin le combat de la personnalité, pour l'intégrer organiquement dans un ordre transcendant, au lieu de l'abandonner à l'atomisation du libéralisme démocratique ou du marxisme de toutes nuances » (1934b : 83). Poursuivant sa pensée, il écrira : « Pour réaliser cette conception de la société, il faut une doctrine à la fois religieuse, sociale, économique et politique. Cette charte, nous la trouvons, au moins quant à ses lignes essentielles, dans les institutions corporatives du Moyen Âge » (1934b : 84).

Duhamel, dans les numéros de la revue qui suivront, écrira une longue étude historique sur le régime corporatif, depuis les premières corporations du Moyen Âge jusqu'au régime fasciste italien. Après avoir longuement décrit la corporation médiévale, fondée sur la hiérarchie : « apprenti, ouvrier, maître », et montré que ce régime assurait l'excellence du métier et aplanissait en quelque sorte, à l'avance, en raison de sa structure même, les conflits sociaux, il terminait son étude en écrivant que le fascisme italien avait mis fin à l'« irréductible antagonisme qui oppose les classes dans une lutte stérile », qu'il avait ordonné la concurrence, « sauvé de la débâcle la propriété privée, fondée en droit naturel » et « provoqué la renaissance de l'esprit public, en atténuant les conflits sociaux par la suppression réelle des grèves et des lock-out » (Duhamel, 1935a : 198, 202). Précisons toutefois qu'il n'accorde pas sa bénédiction au fascisme les yeux fermés : il dénonce, en la regrettant, la fâcheuse tendance autoritariste de celui-ci.

En somme, le monde actuel, pour les rédacteurs de *La Relève,* doit être rejeté parce qu'il ne respecte pas la véritable hiérarchie des valeurs. Cette hiérarchie est fondée sur la primauté des valeurs spirituelles. Or le monde actuel place au rang le plus élevé les valeurs matérielles et ne se préoccupe du développement de l'homme qu'en tant qu'individu et non en tant que personne. Il faut donc créer un ordre nouveau qui redonne la primauté aux valeurs spirituelles et à la personne. À ce titre, la solution personnaliste et communautaire proposée par *Esprit* présente beaucoup d'intérêt. Elle a le mérite de réintégrer l'homme dans la communauté sans dissoudre sa personnalité. Elle permet d'échapper au double piège de l'individualisme et du totalitarisme. Le corporatisme, par ailleurs, semble pouvoir répondre au désir formulé par les collaborateurs de la revue d'un monde stable, ordonné, sans conflit, uni organiquement. Par le corporatisme, l'homme évitera des luttes inutiles et sera par ailleurs fortement intégré dans une communauté vivante qui lui permettra de s'épanouir tout en lui épargnant l'angoisse que sa solitude dans le monde actuel a fait naître en lui. Cependant, il n'est pas question d'établir cet ordre nouveau par une révolution politique. Que l'homme commence d'abord par se transformer lui-même ; la société en sera améliorée d'autant. La révolution doit être morale et spirituelle avant que d'être politique et économique. Paul Beaulieu, dans un article sur le père Doncœur, écrira que ce dernier sait qu'il n'y a qu'un remède à la Crise : « réapprendre au monde le Christ, que pour réapprendre, il faut s'inspirer des époques chrétiennes, puiser aux sources primitives, non pour vivre au XIIIe siècle, mais pour refaire un christianisme jeune, le seul vrai d'ailleurs, qui réponde à nos besoins » (1934a : 6). Les projets de réforme sociale et politique des collaborateurs de *La Relève* sont une incarnation de cette vision du monde. Remarquons, enfin, que le système établi, qu'on condamne énergiquement, n'est jamais ou très rarement étudié en tant que tel, et lorsqu'il l'est, il est jugé non pas à partir d'une analyse sociale et économique, mais à partir de principes abstraits. Et surtout, il est jugé par comparaison avec un système idéal qu'on estime lui être supérieur, système lui-même établi sur une conception idéaliste des valeurs.

LE CATHOLICISME

La Relève, dès le premier texte du numéro inaugural, avait manifesté son intention de poursuivre ses recherches à la lumière du catholicisme : « Le catholicisme, y disait-on notamment, est un terrain de rencontre. En lui seul peut s'élaborer une doctrine tenant compte des diverses tendances modernes, respectant les particularismes de race, mettant également en valeur la personne humaine et la plénitude de la vérité » (La direction, 1934 : 2). La revue allait effectivement tenir parole comme on a pu s'en rendre compte à la lecture de ce qui précède. Cependant, toutes proportions gardées, elle consacrera moins d'espace à la question religieuse proprement dite qu'à des questions comme la Crise ou la révolution à faire pour en sortir.

À aucun moment, dans toute l'existence de la revue, on ne trouve de véritable analyse du catholicisme canadien-français. Bien sûr, ce catholicisme, à un homme comme Berthelot Brunet, paraîtra bien fade et il n'hésitera pas à le dire avec la verve qu'on lui connaît :

> *Bien entendu, comme la plupart des Français, nous sommes presque tous des baptisés, et la majorité des Laurentiens va à la messe. Il y a même pas mal de processions, d'innombrables ligues et confréries, des dévots remuants, des politiques de sacristie, des inquisiteurs et des mouchards en veux-tu en voilà, mais de catholiques vrais, je crois qu'on peut les compter.*

Nos curés ont beau écrire : je me demande si l'on
pourrait tirer vingt-cinq pages d'une piété authentique
de ce puits sans fond (1944 : 220).

Cela dit, Brunet, faisant preuve de la même superficialité que les
catholiques mous qu'il dénonce, n'essaie pas de pousser plus loin
son analyse, ne propose pas d'explication du phénomène qu'il se
borne à enregistrer. Il y avait pourtant là un problème essentiel :
comment se fait-il que dans un pays officiellement catholique
comme le Québec, la foi vive, la vraie foi, soit si faible ? À cette
question, Brunet ne répond pas plus que Jean Le Moyne (1953)
qui, dans un texte très dur, pourfend avec la dernière énergie la
façon dont les chrétiens d'ici assistent aux offices religieux, à la
messe en particulier, témoignant ainsi de leur peu d'engagement
en profondeur dans la foi. Dans un cas comme dans l'autre, le
conformisme religieux des chrétiens d'ici est dénoncé mais non
expliqué.

Avant eux, le père Doncœur, célèbre prêcheur français venu
au Canada français dans l'espoir de rallier la jeunesse afin de
l'engager dans le grand combat qui, selon lui, se préparait entre
les forces païennes et les forces chrétiennes, avait fait une constatation analogue. La jeunesse, avait-il noté, quoique pouvant
apporter un « renfort magnifique » à la croisade chrétienne qu'il
voulait mettre en branle, n'était pas prête pour le combat. Or la
lutte qui s'annonce, disait-il, exigera un catholicisme de combat et
seuls les chrétiens qui sauront faire preuve d'héroïsme pourront la
mener à bien (Doncœur, 1934 : 12-13).

Certains collaborateurs de *La Relève,* prenant au sérieux les
remarques du père Doncœur, participeront aux pèlerinages que
celui-ci organisait en Terre sainte. Paul Beaulieu, qui fera le
voyage, exprime ainsi son enthousiasme :

Tenter de revivre plus étroitement les années que le
Christ a passées sur la terre, marcher sur ses traces,
mettre nos pas dans ses pas, parcourir durement, sac au
dos, sous un soleil brûlant, les routes plates, gravir
péniblement les montagnes ternes, dormir sur le sol
rocailleux qui blesse le corps mais fortifie l'âme, être

*regardé par les étoiles qui ont vu le Maître, n'y a-t-il
pas de quoi enthousiasmer les moins jeunes ? Renouer
cette tradition des pèlerins moyen-âgeux, comme eux
vider son sac à péchés et aussi celui de nos frères.
Accomplir tout ce pèlerinage dans la joie, dans le
calme, dans la pauvreté* (1934b : 49).

Le pèlerinage était donc une façon de rompre avec le conformisme religieux ambiant, une façon de vivre son christianisme de façon authentique, en l'éprouvant en quelque sorte dans sa chair.

Le chrétien a par ailleurs un rôle temporel à jouer. En tant que chrétien, il agit au nom de l'Église, dont il défend les solutions, et non en son nom propre, et il travaille à l'instauration d'un régime social temporel où passe en quelque façon une réfraction terrestre des valeurs évangéliques[3].

Le régime social qu'il s'agit d'instaurer s'inspirera fortement du régime temporel du Moyen Âge. Comme celui-ci, il sera « communautaire », c'est-à-dire fondé sur la primauté du bien commun, lui-même ordonné à la fin supra-temporelle de l'homme, et « personnaliste », c'est-à-dire organisé en fonction d'un développement maximum de la personne, et enfin « pérégrinal », c'est-à-dire transitoire, subordonné à la mission essentielle d'assurer le salut de ses sujets. Mais il en différera sur quelques points[4] :

1. Alors que le régime temporel du Moyen Âge constituait une entité organique, qui n'admettait pas le pluralisme religieux, le nouveau régime admettra la diversité religieuse et favorisera la participation des chrétiens et des incroyants à l'œuvre commune.

2. Alors que le régime temporel du Moyen Âge avait pour fin première le service de Dieu et était conçu comme cause instrumentale de celui-ci, le nouveau régime sera

---

3. Voir à ce propos Maritain (1936).
4. On trouvera ce point longuement développé dans un article signé La Relève, paru en 1934, et intitulé « Les problèmes spirituels et temporels d'une nouvelle chrétienté ».

fondé sur une certaine autonomie du spirituel, autonomie relative évidemment car il doit être organisé de
telle sorte que la vie contemplative des citoyens soit
facilitée au maximum.

3. Alors que, dans le régime temporel du Moyen Âge,
   l'hérétique était considéré comme un déviant qu'on
   faisait entrer de force dans le rang ou qu'on expulsait de
   la communauté (et parfois même pour toujours,
   rappelons-nous l'Inquisition), le nouveau régime sera
   fondé sur le respect de la liberté de la personne.

4. Alors que, dans le régime temporel du Moyen Âge,
   régnait une très grande disparité entre les dirigeants et
   les dirigés, le nouveau régime sera fondé sur la notion
   d'égalité d'essence entre dirigeants et dirigés. Le nouveau régime sera non pas autocratique, comme l'ancien,
   mais démocratique.

5. Enfin, alors que l'œuvre du régime temporel du Moyen
   Âge était d'abord définie comme œuvre divine, celle du
   nouveau régime sera d'emblée définie comme œuvre
   humaine, que féconderont bien entendu les principes
   évangéliques.

Cette transformation du monde devra être faite à la lumière
de la philosophie thomiste. Claude Hurtubise en donne la raison
en ces termes :

> *Seule la synthèse thomiste, parce qu'elle admet l'être*
> *dans sa totalité comme un fait inéluctable, a construit à*
> *l'image de la Création un organisme où les réalités*
> *supérieures sont affirmées, où la hiérarchie des*
> *valeurs est respectée, où chaque être trouvant sa*
> *place, le conflit entre les aspirations de chacun à la*
> *prééminence est résolu et l'ordre satisfait. Conception*
> *cosmique, comme chez Claudel, qui comprend l'être*
> *depuis le plus infime jusqu'à l'Être suprême,*
> *commencement et fin de toutes choses* (1935a : 21).

Le thomisme se présente ainsi comme l'expression du Moyen Âge traduit en idée : il est à la fois modèle et justification du système concret d'organisation sociale. C'est pourquoi, dans la construction de la chrétienté nouvelle, on devra s'en inspirer largement puisqu'il sera en quelque sorte la couronne intellectuelle de l'édifice qu'on se propose de construire.

Sur la question des rapports entre le catholicisme et le socialisme enfin, la position de *La Relève* connaîtra une évolution sensible. Pie XI, en 1931, dans l'encyclique *Quadragesimo Anno,* avait écrit que « personne ne peut être en même temps bon catholique et vrai socialiste ». Fidèle à la position papale, la revue, au début, sera très réticente à l'égard du socialisme. Puis, avec les années, le socialisme abandonnant progressivement ses positions doctrinaires sur la propriété et la lutte des classes, ses rédacteurs finiront par admettre que la collaboration des socialistes et des catholiques est non seulement possible mais même nécessaire dans certains cas. Ainsi, apparaît-elle hautement souhaitable pour la construction de l'Europe après la guerre.

Ce problème du dialogue des catholiques et des socialistes ne fut toutefois pas un thème important de la revue, comme ce fut le cas en France, par exemple, pour *Esprit*. Il est vrai qu'en France les catholiques, surtout ceux qui se voulaient « révolutionnaires », devaient fatalement se poser le problème de la collaboration avec les socialistes et les communistes et engager le dialogue avec eux. Au Québec, où les socialistes et les communistes n'existaient pratiquement pas, il est donc normal que la question n'ait pas fait l'objet de beaucoup d'attention.

En somme l'organisation temporelle du monde nouveau qu'il s'agit de créer est le résultat direct d'une certaine conception chrétienne, la lecture néothomiste, du monde et des choses. Conception qui est elle-même une variante d'une vision idéaliste du monde. La réflexion des rédacteurs de *La Relève* sur le catholicisme se maintient en effet toujours à un haut degré d'abstraction, et lorsqu'elle se fait, à l'occasion, plus concrète, elle se borne à une critique superficielle du conformisme du catholicisme québécois. Jamais elle ne se livre à une analyse sérieuse de ce phénomène. Ce n'est que beaucoup plus tard que Jean Le Moyne, dans ses *Convergences* (1962), se livrera à une telle analyse et montrera que le catholicisme québécois a souffert d'un double mal, le cléricalisme et le dualisme. Dans la revue elle-même, on ne trouve guère que des exhortations à vivre mieux son catholicisme.

L'HISTOIRE

L'histoire, pour les rédacteurs de *La Relève*, n'est pas une pure activité désintéressée. Elle peut éclairer le présent et elle est un facteur de cohésion nationale. Tout grand peuple a une histoire et se reconnaît en elle. Selon Roger Duhamel :

> *L'histoire constitue, sans aucun doute, le meilleur réservoir des énergies nationales. C'est en se penchant sur le passé de notre pays, en considérant les hommes apporter leur effort au grand œuvre commun que s'éveille en nous, dans les replis de la conscience, le sens instinctif de la solidarité ethnique. Nous nous sentons ainsi reliés, dans notre lutte quotidienne, à une chaîne nouée de tous les sacrifices, des espérances et des résultats féconds des époques antérieures. Cette continuité dans le temps, arrière-plan d'une réalité supérieure, donne la mesure des grands peuples* (1934a : 23).

Dans cette perspective, on comprendra que l'œuvre nationaliste de Lionel Groulx ait été appréciée par les rédacteurs de *La Relève*. Jean Chapdelaine dira que son « histoire est une école de fierté et de patriotisme » (1934 : 81), qu'en l'écrivant, Groulx a contribué plus que tout autre à secouer l'apathie des Canadiens français. On ne peut pas dire cependant que, dans l'ensemble, les rédacteurs de *La Relève* adoptent jusqu'à sa conséquence dernière la conception de l'histoire de Groulx, qui débouchait sur l'urgence de créer un État français.

Dans son article, Chapdelaine, enflammé par la lecture de Groulx, a beau écrire « notre place n'est pas à Ottawa, notre place n'est pas dans l'Ouest, colonisé avec notre argent pourtant. Notre place, c'est Québec » (1934 : 23), il ne sera guère suivi dans cette voie-là par les autres rédacteurs de La Relève. La revue, c'est une autre de ses caractéristiques, n'aura jamais de politique constitutionnelle bien précise. Elle ne sera ni franchement fédéraliste ni franchement nationaliste. Elle balancera entre les deux positions et se souciera peu de se brancher. En ce sens, sa lecture de Groulx ne l'aura guère influencée. Il est d'ailleurs significatif que, à l'exception de quelques brèves chroniques de Duhamel et de Frégault, la revue ne publiera guère de textes sur l'histoire québécoise, et ce, en dépit de la profession de foi de Duhamel. C'est que ce n'était pas dans cette histoire-là qu'elle cherchait un modèle pour la société qu'elle voulait construire. Ce modèle, elle allait le trouver dans la société européenne du Moyen Âge.

En ce sens, on peut affirmer que la conception de l'histoire de Maritain a eu sur les rédacteurs de La Relève une influence beaucoup plus forte que celle de l'abbé Groulx. Chez Maritain, l'histoire est régie par des principes. C'est ainsi qu'au Moyen Âge l'organisation de la société s'appuie sur un humanisme théocentrique qui « reconnaît que Dieu est le centre de l'homme », qui « implique la conception chrétienne de l'homme pécheur et racheté, et la conception chrétienne de la grâce et de la liberté » (Maritain, 1936b : 35). L'époque moderne, au contraire, s'appuie sur une conception anthropocentrique de l'homme et l'histoire prend un autre cours à partir du moment où cette conception remplace la conception théocentrique, soit à l'époque de la Renaissance. Pour Maritain, il ne fait aucun doute que la société du Moyen Âge est infiniment supérieure à la nôtre.

Toute l'histoire de l'humanité sera jaugée à l'aune de ce Moyen Âge, décrit comme l'âge d'or de l'humanité, celui où s'est réalisée de façon harmonieuse la liaison du temporel et du spirituel. Ainsi l'époque connue sous le nom de Miracle grec, époque de « plénitude de la raison et splendeur de la lumière intellectuelle purement humaine », n'en a pas moins finalement abouti au « syncrétisme religieux le plus désordonné […] parce qu'il manquait à l'intelligence l'appui ontologique du Dieu personnel révélé » (Le Moyne, 1940a : 105).

La Renaissance, période de créativité intense, n'en a pas moins « donné lieu à notre déplorable civilisation pragmatique [...] pour avoir méconnu dans ses principes la primauté du spirituel » et pour avoir prôné le « primat du faire sur l'être » (Le Moyne, 1940 : 105). Jean-Marie Parent écrit : « La Renaissance fut fatale aux personnes humaines, au destin de l'homme qui est de se réaliser intégralement et librement, par-delà les exigences du siècle, dans la révolution permanente » (1937b : 222). Révolution permanente qui est bien sûr la révolution sur soi, qui s'accomplit dans l'amour de Dieu sous la direction de l'Église. Abandonné à lui-même, l'homme de la Renaissance devait donc faillir à la tâche de se réaliser intégralement.

Le XIXe siècle n'est guère plus prisé. Il est vu comme un des fruits de l'individualisme qui s'impose à partir de la Renaissance. Avec son positivisme, son matérialisme, il est considéré comme le siècle antispiritualiste par excellence. Mounier écrira : « On a dit que le dix-neuvième siècle était stupide, ce qui était sans aucun doute injuste, alors qu'il fut peut-être pire : médiocre » (1940 : 102).

Le XXe siècle, par comparaison, sera considéré comme « un siècle de grandeur » (Mounier, 1940 : 102). Pourquoi ? Parce qu'il marque la fin d'une époque, celle commencée à la Renaissance. Bien sûr, le monde actuel est pourri. Et les rédacteurs de *La Relève* le rejettent carrément. Mais justement, il est tellement pourri qu'il ne peut plus durer : il appelle un changement radical. En ce sens, il est riche de possibilités. Si l'humanité sait les exploiter, ce siècle peut être l'aube d'une nouvelle civilisation.

Robert Élie, étudiant notre histoire dans cette perspective, en arrive à la conclusion que celle-ci suit une courbe descendante. À partir du Régime français, la situation de la société québécoise, selon lui, n'a cessé de se dégrader. Sous le Régime français, il y avait une union profonde du spirituel et du temporel : « L'Église avait voix aux conseils et la justice se rendait selon son esprit » (1936 : 172). Par la suite, après la Conquête, cette union allait être brisée : la collaboration de l'Église et de l'État n'allait plus être qu'intermittente et progressivement le temporel allait acquérir une autonomie de plus en plus grande par rapport au spirituel.

Pour notre peuple, cette rupture fut un grand malheur et le désarroi actuel en témoigne. À ce malheur, il n'est qu'un remède : rompre à tout prix pour retrouver le centre du temporel : « le Christ, et sa chair : la patrie, pour rayonner du centre à la chair de Celui dont les Noms sont toutes réalités ».

L'histoire, malgré l'utilité qu'on s'accorde à lui reconnaître dans la vie d'un peuple, n'est guère utilisée pour éclairer des situations présentes ou comme justification des comportements actuels. Les rédacteurs de *La Relève* n'y recourent donc pas souvent. Dans la mesure où le Moyen Âge fournissait aux rédacteurs de la revue un modèle de société à créer, on peut dire que l'histoire a été pour eux, selon l'expression de Fernand Dumont, une « technique d'action ». Mais seulement en ce sens très général.

L'ART, LA LITTÉRATURE

À l'endroit de l'art, les rédacteurs de *La Relève* manifestèrent une attitude ambivalente, pour ne pas dire contradictoire. D'une part, ils considèrent que l'art a une fin en soi, ne renvoie à rien d'autre qu'à lui-même, d'autre part, ils lient son sort au problème plus large de la civilisation et ils auront tendance à le subordonner aux valeurs spirituelles de la même façon qu'ils subordonnaient le temporel au spirituel.

À l'exception des œuvres de quelques écrivains dont Paul Claudel, François Mauriac, Georges Bernanos, l'art contemporain est le meilleur témoignage de la Crise dans laquelle se trouve l'humanité. Plaidant pour une nouvelle forme d'expression et de culture, Jean-Marie Parent constate amèrement :

> *Le plus péremptoire témoignage de notre carence morale à nous et de notre désaxement spirituel est bien l'aspect présent de la littérature moderne, et aussi la position où est tenue la culture. Qui voudra, au crépuscule de notre agonie, approfondir la misère de nos âmes à nous, humains de 1937, n'aura qu'à analyser la montée désordonnée et fébrile de l'histoire littéraire et culturelle de notre siècle* (1937a : 181).

La Crise est aussi dans l'art. Robert Élie écrit pour sa part : « Cet anéantissement, cette perte du sens de l'être, cette disparition du souci métaphysique et spirituel se manifeste plus absolu et plus inquiétant dans le procès de la poésie, et même, de l'art » (1935 : 205).

Pourquoi l'art moderne est-il ainsi condamné ? C'est qu'il a oublié la véritable hiérarchie des valeurs et, pour autant, souffre lui-même d'un manque d'harmonie. Or, « l'art est harmonie, il est vérité ordonnée parfaitement » (Saint-Denys Garneau, 1934 : 40). L'art véritable est révélation du côté divin des choses, est manifestation de la vérité :

> *La réalité artistique, si vraiment elle est telle, est une création aussi belle qu'elle est vivante. Mais vivante de quoi ? d'une pensée universelle, qui est un reflet de la pensée divine : l'homme la cueille et la réalise par ses propres moyens ; et ainsi chaque œuvre est une révélation de la vérité* (Sturzo, 1944 : 213).

Dans le même ordre d'idées, Jacques Leduc définira la poésie comme « Une extase devant l'unité de la Création » (1937 : 111), et il voudra la mettre au service de ce qu'il appelle l'utilitarisme spirituel : « Le poète sera utilitaire, par essence : mais divinement, comme les saints mettent à profit toute seconde et tout événement : Il extraira, jusqu'à la dernière goutte, le spirituel des créatures. Il prouvera le spirituel » (1937 : 112).

L'art, en somme, doit favoriser la révolution spirituelle dont l'époque a besoin. Pour cela, il devra lui-même être spiritualiste : « Dans la grande révolution qui s'ébauche et qui devra être le retour de l'humanité au spirituel, écrit Saint-Denys Garneau, il s'impose que l'art, cette couronne de l'homme, l'expression suprême de son âme et de sa volonté, retrouve son sens perdu et soit l'expression splendide de cet élan vers le haut » (1934 : 43). L'art est ainsi subordonné à une tâche qui le dépasse et en même temps lui donne son sens.

Le critère d'appréciation pour juger de la valeur d'une œuvre d'art sera donc son plus ou moins grand degré de proximité des valeurs spirituelles et non ses qualités plus proprement formelles.

Henri Girard reconnaît par exemple que le surréalisme possède des qualités, mais, malheureusement, celles-ci « tiennent uniquement de la facture » (1948 : 424). De même, le Parnasse français et de façon plus générale toutes les doctrines de l'art pour l'art seront condamnés. Pour Saint-Denys Garneau, « les théories funestes de l'art pour l'art qui ressortent du prétendu réalisme et naturalisme sont la plaie mortelle de l'art contemporain » (1934 : 40). Et le naturalisme lui-même sera condamné par Henri Ghéon pour avoir trop mis l'accent sur « les impulsions de la chair » (Hurtubise, 1938 : 165).

Au-delà de ces refus, leur attitude première à l'égard des expériences artistiques se veut d'accueil et d'aventure. Ainsi Le Moyne, dans un article sur les frères Marx, sera rien moins que tendre à l'endroit de la censure, « cet avorton de la critique, toujours incapable de juger une œuvre d'art en elle-même puisque son jugement porte généralement ailleurs, c'est-à-dire à côté de l'essentiel » (1940 : 188). Et Charbonneau, dans une note sur Gide, écrira, en réponse à deux religieux qui lui avaient reproché d'avoir parlé de cet auteur dans sa revue, que ce qui l'a toujours guidé dans ses critiques, c'est une « compréhension sympathique, le désir de découvrir non pas ce qu'une œuvre comporte de déficiences ou d'obscurité mais ce qu'elle apporte de révélations sur l'homme, de clartés, de leçons » (1941-1942 : 193). En somme, si les rédacteurs de *La Relève* opposent un refus catégorique à certaines conceptions de la littérature, ils demeurent toujours accueillants lorsqu'il s'agit d'étudier une œuvre particulière, même lorsque celle-ci renvoie à une théorie qu'ils désapprouvent par ailleurs.

Le fait, pour un artiste, d'être catholique implique-t-il qu'il est condamné à ne produire que des œuvres à fin « édifiante » ? Que certains sujets pour lui sont tabous ? Les rédacteurs de *La Relève* ne le pensent pas : « Il n'y a pas de zones défendues ou de zones commandées pour l'artiste chrétien, écrit Jean C. de Menasce. Il a droit au cinéma, au ballet, au roman, à l'architecture, il a droit à tous les sujets […] L'artiste a même le droit de descendre dans les abîmes à condition qu'il n'y ait pas en lui de complaisance et de connivence » (1941 : 204-205).

Cependant, précisera Daniel-Rops, le romancier chrétien a, à l'égard de ses personnages, un devoir de pudeur et de charité. Aussi il doit « ménager dans chacun de [ses] personnages, même le plus horrible et le plus abandonné, assez de réserve intérieure pour que la toute puissante charité y puise poser la main du pardon » (1935 : 73). Le romancier chrétien, ajoutera pour sa part Charbonneau, ne peut se borner à étudier ses personnages sous le seul angle de la psychologie ; il doit toujours se demander à propos de chacun de ses personnages si « celui-là sera sauvé ou si les ténèbres éternelles le happeront. La grande, la terrible difficulté du romancier chrétien est donc de maintenir en équilibre les nécessités rigoureuses de la psychologie et ces nécessités plus graves que multiplie la vision chrétienne de l'homme et du monde » (1935b : 71).

Cette conception spiritualisante de la littérature sera mise en forme dans les œuvres de Saint-Denys Garneau, Charbonneau et Élie. À titre d'exemple, j'évoquerai très schématiquement un roman de Charbonneau, *Fontile,* qui me paraît représentatif de l'ensemble de cette production analysée plus longuement, et de manière fort perspicace, par Jean-Charles Falardeau dans *Notre société et son roman* (1967 : 121-234).

L'« histoire » du roman, très simple, peut être résumée en quelques lignes. Le héros, Julien Pollender, est né à Fontile, une petite ville de province dominée par une élite clérico-politique ignorante et bête. Il sera successivement élevé par sa belle-mère (sa mère étant morte lorsqu'il avait à peine trois ans), femme autoritaire et sèche, puis par une de ses tantes et par une bonne. Son enfance se déroule donc sous les jupes des femmes, si l'on peut dire. Julien, encore très jeune, commet une faute qui le laissera bourré de remords jusqu'à la fin de ses jours : il dénonce, en effet, les pratiques « vicieuses » d'une petite fille, ce qui attirera sur celle-ci un lourd châtiment. Par la suite, Julien demeurera, durant toute son enfance, un garçon timide, solitaire, préoccupé par des scrupules religieux : une conscience malheureuse, dirait Sartre. Il fait ses études collégiales dans un établissement local, puis il se rend étudier en ville. À Montréal, il se découvre une vocation d'écrivain, fait de la littérature ésotérique, que seuls quelques initiés peuvent apprécier, puis, déçu par la littérature et par la ville, il revient à Fontile. Pour sortir de son marasme intérieur, il décide de travailler pour les entreprises de son père, un industriel local, mais cela ne le comble guère. Il ne réussit pas à s'intéresser vraiment au travail et à s'y donner à fond. Il fait la connaissance d'une jeune femme, Armande Aquinault, dont il s'éprend follement, mais celle-ci mourra avant que leur amour ait été consommé. Et Julien se retrouvera seul avec lui-même.

On peut, à la suite de la lecture du roman, formuler les remarques suivantes. Le héros est un bourgeois d'une petite ville de province, petite ville qui ne nous est guère décrite d'ailleurs, et cela se comprend, car l'action du héros est intérieure et n'a pas de prise sur la réalité qui l'entoure. Le temps de l'action non plus n'est guère précisé. On sait que celle-ci se déroule pour une bonne part durant la période de la Crise, mais la Crise elle-même n'est guère décrite : elle est à peine évoquée. L'amour du héros pour Armande demeure platonique : il est rêvé plus que vécu. Le héros analyse son existence plus qu'il ne la vit ; « je vivais en dehors de la réalité », avoue-t-il lui-même. Enfin, le héros ne parvient pas à rompre sa solitude. Il demeure refermé sur lui-même, imperméable aux autres, incapable d'ébaucher une communication authentique avec autrui. D'une certaine façon, il souffre d'un mal qui s'apparente un peu au « mal du siècle » romantique qui se traduisait, on le sait, par une espèce de vague à l'âme mal défini. Le « mal du siècle » se développait dans le cœur du héros lorsque celui-ci se rendait compte que le monde, limité, fini, mesquin, ne pourrait jamais combler les aspirations infinies de son âme. C'est un peu de cela que souffre Julien Pollender ; ajoutons que dans *Fontile,* le sentiment de déréliction du héros baigne dans un climat de culpabilité et nous comprendrons tout le tragique de sa condition qui ne pouvait guère donner lieu à autre chose qu'à des conduites d'échec.

Ces remarques pourraient s'appliquer à tous les romans de Charbonneau. Bien sûr, il y aurait lieu, selon le cas, d'apporter des nuances à ces observations, mais elles caractérisent assez bien l'univers romanesque de cet écrivain. Et on pourrait en dire autant de celui d'Élie.

Dans chacune de ces œuvres, c'est une même vision du monde qui est mise en forme. Vision du monde fondée sur la primauté des valeurs spirituelles sur les valeurs temporelles, de la vie contemplative sur la vie active, de la révolution intérieure sur l'action dans le monde. Il n'est donc pas surprenant que les héros de ces romans demeurent fermés sur eux-mêmes, prisonniers d'eux-mêmes, incapables de communiquer avec le monde extérieur, condamnés, selon la belle expression de Falardeau, à naviguer à courant et à contre-courant dans un « aquarium intérieur » dont ils ne peuvent s'échapper. La connaissance de la vision du monde des rédacteurs de *La Relève* nous aide donc à comprendre leur œuvre romanesque, de la même façon qu'à l'inverse, leur œuvre romanesque nous fournit un exemple concret des conséquences pratiques dans un champ déterminé d'une telle vision du monde.

LES AUTRES THÈMES

La réflexion des rédacteurs de *La Relève* porte sur un assez grand nombre de thèmes autres que ceux présentés ici. Cependant, leur réflexion sur ces thèmes est beaucoup moins soutenue que celle qu'ils consacrent aux thèmes principaux. Aussi il ne me paraît pas nécessaire de m'attarder à analyser leur pensée là-dessus comme je l'ai fait dans les sections précédentes. Je me contenterai de la résumer très brièvement.

La solution corporatiste, nous l'avons vu, paraît très séduisante aux rédacteurs de la revue. Aussi leur attitude à l'égard du fascisme qui s'en réclame, est-elle, durant les premières années, faite de compréhension et de sympathie. J'ai déjà cité un passage d'un article de Duhamel (1934b) dans lequel ce dernier considérait le fascisme avec beaucoup de bienveillance. Cette sympathie sera marquée à nouveau lors des événements d'Éthiopie. Hurtubise, sans justifier l'expédition italienne dans ce pays, soutiendra cependant qu'il ne fallait pas qu'on se saisisse de ce prétexte pour écraser le fascisme. Car « il faudrait savoir, écrit-il, si, à côté d'erreurs doctrinales et pratiques indéniables, tout est à rejeter dans ce régime qui a sauvé l'Italie et dont la disparition jetterait le pays dans le chaos » (Hurtubise, 1935b : 82). Le fascisme, de fait, ne sera condamné par les rédacteurs de la revue que lorsque ses tendances autoritaires deviendront trop évidentes et que son côté belliqueux se sera manifesté trop clairement. Cette attitude tranche avec celle qu'ils entretiennent à l'égard du communisme qui, dès le début, est rejeté énergiquement.

À l'égard du national-socialisme lui-même, la position de la revue, du moins dans les commencements, sera marquée au coin de la bienveillance. C'est ainsi qu'Hurtubise pourra écrire en toute sérénité :

> *Le mouvement national-socialiste n'est pas à condamner dans son but immédiat. Il établit l'autorité là où régnait l'anarchie, il réveille un peuple endormi. Mais pourquoi commet-il tant de fautes ? Parce qu'il n'est pas dirigé par une pensée catholique. On ne le dira jamais assez, la vérité ne se trouve que dans le catholicisme, toute œuvre qui veut être humaine doit s'appuyer sur lui. Une autre doctrine n'a de vérité qu'en tant qu'elle s'accorde avec lui* (1934 : 30).

Le régime national-socialiste est donc tenu en haute estime en tant que régime d'ordre. À ce titre, il constitue un modèle à imiter. Malheureusement, cet ordre n'est pas fondé sur le catholicisme et, pour cela, ne peut être approuvé sans réserves. Par la suite, bien sûr, le fascisme allait être condamné, surtout en raison de son aspect totalitaire. *La Relève,* en effet, éprouve une méfiance instinctive à l'égard de l'État. Et tout régime, fondé sur la prépondérance de celui-ci, lui paraît immédiatement suspect. Dans la mesure où le fascisme donne dans ce travers, il est condamnable, mais dans cette mesure seulement. Aussi longtemps que *La Relève* crût qu'il pouvait éviter cet écueil, elle se montra très sympathique à son endroit.

Sachant que la revue désire une révolution spirituelle qui soit une révolution de la personne, on pourrait s'attendre à ce que ses rédacteurs consacrent une part importante de leur réflexion au problème de l'éducation. Celle-ci n'est-elle pas le meilleur moyen, le plus efficace, pour créer un homme nouveau ? Or, les rédacteurs de *La Relève* se montrent très discrets sur ce sujet. Georges Turcot, dans un article sur l'œuvre de Dom Bosco, montrera bien qu'une école centrale de métiers est nécessaire au Québec (Turcot, 1937 : 169). La revue publiera même un numéro spécial sur l'enseignement spécialisé dans lequel elle ne fera toutefois guère preuve d'originalité : tous les articles de ce numéro ne constituent qu'une sorte d'inventaire des cours dispensés dans les écoles spécialisées de la province. On n'y retrouve pas d'article de fond, ni sur la situation générale du Québec à cet égard, ni sur ce qu'il conviendrait de faire pour l'améliorer. On se contente tout simplement de souligner l'importance d'un bon enseignement spécialisé. La revue, de même, ne consacrera aucune analyse sérieuse au système scolaire québécois, à la façon dont l'enseignement est dispensé, à la philosophie qui l'inspire. Sa contribution, sur la question de l'éducation, se bornera à demander que l'« éducation nationale » dans les collèges soit donnée jusqu'à la fin du cours classique et à vanter les mérites du scoutisme comme méthode d'éducation complémentaire.

Reprenant à son compte la phrase de Claudel, « On dit que la jeunesse est l'âge du plaisir : ce n'est pas vrai, c'est l'âge de l'héroïsme », *La Relève* attendra de la jeunesse la régénération du monde actuel. Hurtubise écrit : « La génération qui part, je parle de celle qui est au pouvoir, ne laisse que des ruines, que des inventions saugrenues qui ont fait faillite » (1934a : 29). Si bien qu'il faut que cette génération décampe, en bloc, emportant tout ce qui n'est pas une « tradition », et laisse la place aux jeunes. Guy Frégault reprendra la même idée qu'il résume dans la phrase suivante : « Pour tout dire, ces gens [la génération précédente] se sont fait un onzième commandement de vivre en marge du réel. C'est pour cela que seuls des jeunes ont pu prendre conscience du réel ; prise de conscience qui ne peut se traduire autrement que par un refus » (1938a : 27). Le salut du monde est donc entre les mains de la jeunesse, ainsi investie d'une lourde responsabilité. La revue, dans cette perspective, consacrera des articles à des mouvements de jeunes comme la JOC (Jeunesse ouvrière catholique), la JOCF (Jeunesse ouvrière catholique (filles), les Jeune-Canada et rendra compte de leurs activités. Ce refus des aînés s'inscrit logiquement dans la ligne de pensée des rédacteurs de *La Relève*. Dans la mesure où ils condamnent le monde actuel, ils doivent rejeter ceux qui l'ont édifié et mettre leur confiance dans la génération montante. Les rédacteurs de *La Relève* consacreront aussi plusieurs articles au thème du travail. Le travail, pour un Guy Frégault, est tout à la fois une œuvre de charité et un moyen pour l'homme de se perfectionner et d'entrer en communication avec ses semblables. Œuvre de charité, parce que produisant des biens, il contribue au bien-être général de la société. Moyen pour l'homme de se perfectionner « en ce sens qu'en incrustant dans la matière la poésie de l'homme, le travailleur prend plus étroitement conscience de sa réalité personnelle » (1938 : 76). Moyen d'entrer en communication avec ses semblables, car l'homme, dans le travail, rencontre d'autres hommes avec qui il partage la joie d'un même effort créateur. Dans le monde industriel moderne, où le travail est fragmenté en une multitude d'opérations, où, à toute fin pratique, il ne requiert plus la créativité de l'homme, sa valeur humaine (et divine) est largement compromise. Et Frégault, dans un article sur le problème du machinisme, rendra le capitalisme responsable de cette situation. Le capitalisme, qui est, selon lui, une « force de désintégration et de dissociation sociale» (1938c : 206), a produit le machinisme comme conséquence fatale. Comment affronter le problème du machinisme, comment rendre un sens humain au travail, lui redonner sa créativité ? Frégault là-dessus n'est guère bavard. Il se contente de dire qu'il faudra mettre la machine au service de la personne humaine. Retenons donc de la pensée des rédacteurs de *La Relève* sur ce thème leur souci de redonner au travail, dans le monde nouveau à créer, une place d'honneur car c'est encore par le travail que l'homme peut le mieux s'épanouir.

En terminant cette section, je rappelle que la revue, durant ses premières années d'existence, a entretenu à l'endroit de la France un véritable culte. On peut presque dire, sans exagérer, qu'elle parla plus, durant toute son existence, de la France que du Canada français. Elle s'intéresse aux mouvements d'idées qui surgissent en France durant les années 1930, aux publications et à la politique de ce pays. Les responsables de la revue, durant la guerre, non seulement ouvrent leurs colonnes toutes grandes aux écrivains français, mais publient encore aux Éditions de l'arbre plusieurs dizaines de livres écrits par ceux-ci. Cette idylle s'assombrira cependant à la fin de la guerre, au moment de la Libération ; des discussions orageuses auront alors lieu entre Charbonneau et plusieurs écrivains français au sujet du statut de la littérature canadienne-française. Charbonneau, ulcéré par l'attitude condescendante de certains écrivains français, brûlera alors ce qu'il n'avait cessé jusque-là d'adorer, décrétera qu'il ne se fait plus rien de valable sur le plan littéraire en France et qu'il faut maintenant se tourner vers les États-Unis. Mais cela ne se produit qu'après la guerre. Si bien qu'on peut affirmer que, durant toute son existence, la revue accorda une place privilégiée à tout ce qui était français.

PETITE SYNTHÈSE PROVISOIRE

La réflexion des rédacteurs de *La Relève* s'est faite en quelque sorte en marge et au-dessus de la société québécoise de l'époque. À cette société, les rédacteurs de la revue ne consacrent aucune analyse le moindrement sérieuse. Leur réflexion est diluée dans le cadre d'une méditation beaucoup plus générale sur le monde actuel. Et cette méditation est d'abord d'ordre moral. Il est significatif à cet égard que *La Relève* ne parle jamais des classes sociales : c'est là une réalité qu'elle ne connaît pas. Elle définit par exemple le bourgeois, à la suite de Flaubert, par des traits de caractère, comme quelqu'un qui manque d'élévation de pensée, de grandeur, et non pas comme un individu occupant une place déterminée à l'intérieur du processus de production de la société. On ne s'étonnera pas, en l'occurrence, que les rédacteurs de la revue n'aient jamais publié leur « Manifeste pour la patrie ». La rédaction d'un tel manifeste exigeait une analyse de la société qué-bécoise, une définition d'objectifs à poursuivre et la formulation d'une stratégie permettant de les atteindre. Or, les rédacteurs de *La Relève* ne réussirent pas à remplir une seule de ces trois conditions.

De même, elle ne consacrera aucune étude en profondeur au phénomène religieux et au système d'éducation québécois. Toujours, ses analyses se situeront très loin de l'actualité. Sa réflexion demeurera abstraite et le deviendra même de plus en plus dans les dernières années, si l'on excepte les inévitables chroniques d'actualité sur la guerre alors en cours.

Comment expliquer que la pensée de ces jeunes gens ait pu atteindre un tel degré de déréalisation ? Pour répondre à cette question, il faudra interroger l'histoire des années 1930 et examiner la position sociale du groupe à l'intérieur de celle-ci.

DE L'IDÉOLOGIE À L'HISTOIRE

En octobre 1929, a lieu à New York la célèbre chute des cours qui allait influencer de façon décisive toute la vie économique, sociale et politique de la décennie à venir. Cette chute est le résultat d'une crise de confiance des spéculateurs américains à l'endroit des entreprises de leur pays. Richard Lewinston (1934), un économiste, estime que la Crise doit être attribuée au décalage de plus en plus accentué qui s'établit durant les années de prospérité de l'après-guerre entre la courbe du développement économique et celle de la Bourse, la première connaissant une accélération beaucoup moins rapide que la seconde.

Quoi qu'il en soit, ce qui m'intéresse ici, ce sont les conséquences de cette Crise. Elles furent désastreuses. La consommation générale diminua. La production s'ajusta à la consommation et connut une baisse importante. L'industrie automobile, notamment, diminua ses activités du tiers, ce qui entraîna la faillite de plusieurs industries de petite importance. Au total, la fabrication industrielle de produits durables baissa de 70 %, celle des produits non durables de 33 1/3 %. Par ailleurs, dans l'agriculture, la Crise se présenta sous l'aspect d'une surproduction. Les agriculteurs, en très grand nombre, vinrent se réfugier dans les villes où ils contribuèrent à grossir le nombre des chômeurs. La masse des salaires qui était de 45 milliards de dollars en 1929, n'était plus que de 25 milliards en 1932. Le produit national brut, pour sa part, qui représentait une valeur de 104 milliards en 1929, ne valait plus que 58 milliards en 1932.

La société tout entière est donc secouée par la Crise et une agitation sociale dangereuse pour l'ordre établi se développe durant quelques années. John Steinbeck nous en a laissé un témoignage saisissant dans des romans comme *Les raisins de la colère* (1939) et *En un combat douteux* (1936). Le communisme américain connaît son âge d'or et, si la Crise ne s'était résorbée peu à peu, sans doute serait-il devenu une force politique importante de ce pays.

En 1932, Franklin Delano Roosevelt parvient au pouvoir. Le *New Deal* commence. La remontée sera progressive mais sûre. En 1934, la Crise, aux États-Unis, si elle n'est pas encore un mauvais moment à oublier, n'en est pas moins jugulée : l'industrie de la construction reprend ses activités sur une haute échelle, celle du fer et de l'acier repart sur un bon pied, la production automobile augmente de 30 % par rapport à l'année précédente, le chômage diminue du tiers. Ce n'est pas encore la prospérité. Mais la situation est meilleure et l'avenir peut être envisagé avec confiance.

Des États-Unis, la Crise se déplace en Europe où elle frappe successivement l'Autriche, l'Allemagne, la Pologne, la France, l'Angleterre, etc. Le chômage et la misère deviennent des problèmes d'envergure internationale. Certains pays sont frappés plus durement que d'autres. L'Allemagne, entre autres, qui demandera à un Adolf Hitler de la tirer du pétrin. La France, par contre, sera moins touchée, mais n'en connaîtra pas moins des troubles sociaux très sérieux. Aucun pays, à vrai dire, n'est totalement épargné.

Voisin immédiat des États-Unis, le Canada sera l'un des pays les plus directement affectés par la Crise. Lorsque, à la façon d'un cyclone, celle-ci s'abat sur le Québec, la province, rappelons-le, car cela constitue une donnée essentielle de la situation, n'est plus une province agricole. En 1931, on ne compte plus que 225 agriculteurs par 1 000 travailleurs alors qu'en 1871, selon Everett C. Hughes (1945), on n'en comptait pas moins de 471. La population active se répartit comme suit : 27 % d'agriculteurs,

36,7 % de travailleurs industriels, 36,3 % de travailleurs répartis dans les activités commerciales et les services. C'est donc en tant que société industrielle et urbaine que la province de Québec est affectée par la Crise.

Dès 1930, la Crise fait sentir ses effets. Les industries minières et forestières réduisent leurs activités, diminuent à la fois leur main-d'œuvre et les salaires qu'elles lui paient. En agriculture, les prix baissent et la condition de l'agriculteur devient intolérable. C'est par milliers que ceux-ci désertent la terre et viennent s'installer à la ville où le chômage les attend. Jean Hulliger (1959) écrit, dans sa thèse sur l'enseignement social des évêques canadiens, qu'on ne compte pas moins de 471 000 chômeurs sur 2 565 000 travailleurs salariés au Canada en 1931. De 7,17 % qu'il était chez les travailleurs syndiqués en 1929, le chômage au Québec passe à 14 % en 1930, à 17,3 % en 1931 et à 26,4 % en 1932. Et le chômage total était sans doute plus important, puisqu'on sait que les travailleurs syndiqués sont dans l'ensemble toujours mieux protégés que les autres. En 1932, 100 000 personnes vivent du « secours direct » à Montréal. Et Hulliger écrit qu'en avril 1933, 513 738 personnes vivent d'allocations de chômage au Québec.

La misère, au début des années 1930, est donc très généralement répandue. Comment elle fut vécue, éprouvée concrètement par les gens de l'époque, on dispose malheureusement de trop peu de témoignages pour le savoir vraiment. Rumilly, dans son tome de l'*Histoire de la province de Québec* consacré à ces années, nous laisse cependant pressentir ce qu'a pu être cette misère lorsqu'il rapporte un avis public, publié par la ville de Port-Alfred, alors aux prises avec une situation économique intenable :

> *Avis public est donné à toutes les personnes résidant dans les limites de la ville de Port-Alfred qu'après le 15 avril 1931, il ne restera plus au Conseil de Ville de Port-Alfred aucun moyen d'aucune sorte d'aider aucune personne, ni avec l'argent du chômage, ni avec l'argent du secours direct.*
>
> *Le présent avis est une suggestion pour que tous et chacun fassent l'impossible pour se procurer de*

l'emploi en dehors de la Ville, parce que pour un temps illimité il ne semble y avoir aucune possibilité de gagner l'argent nécessaire à la subsistance dans Port-Alfred (1959 : 141-142).

Ce cas ne dut pas être unique. Le chômage et la misère au Québec ne donnèrent toutefois pas lieu à une agitation sociale très intense. Les communistes, qui étaient très peu nombreux dans la province[5], et encore en majorité de langue anglaise, ne réussirent pas à transformer cette misère en instrument politique. L'élite traditionnelle du Canada français consacra à la Crise une partie de sa réflexion et proposa quelques réformes plus ou moins efficaces. Le peuple, quant à lui, la subit avec résignation : du moins, elle ne donna lieu ni à un éveil politique en profondeur des classes populaires ni à des accès de révolte tels que l'Histoire ait jugé bon de les enregistrer.

Lorsque la Crise débute en 1930, Bennett est au pouvoir à Ottawa. Pour y mettre fin, il recourt à certains moyens qui, selon lui, devraient ramener la situation à la normale à brève échéance : aide aux cultivateurs de l'Ouest, programme de travaux publics, aide aux chômeurs, protections douanières, etc. Ces initiatives, quoique nécessaires, ne réussirent pas à normaliser la situation et la misère continua à être générale. En 1935, Bennett décide de « mettre le paquet » et propose un programme complet de réformes sociales et économiques audacieuses dont, entre autres, la réduction de la journée de travail à huit heures, la réduction de la semaine de travail à quarante-huit heures, l'établissement d'un salaire minimum, d'assurances sociales, la création d'un service national de placement, d'une commission sur le commerce et l'industrie pour contrôler les monopoles, d'un office du blé, d'un conseil économique national. Ce programme cependant ne sera pas totalement appliqué. La même année, les libéraux prennent le pouvoir et rejettent certaines lois proposées par Bennett, jugeant qu'elles sont inconstitutionnelles. L'autre fait marquant de la vie

---

5. Sur le mouvement communiste au Québec durant les années 1930, voir Fournier, 1969a : 69-78.

politique fédérale de ces années est la création, en 1932, du parti CCF. Celui-ci, qui sera condamné par l'Église du Québec par la bouche de l'archevêque de Montréal, Mgr Georges Gauthier, sous le prétexte qu'il offrait « une forme de socialisme qui ne mérite pas l'adhésion des catholiques » (cité dans Hulliger, 1959 : 175), n'aura guère d'influence sur la vie politique de cette période dans la province.

Au Québec, au début des années 1930, les libéraux, dirigés par Alexandre Taschereau, sont au pouvoir. L'opposition est alors formée par les conservateurs, dirigés par Camilien Houde. Ce dernier, en 1932, sera remplacé à la direction du parti par Maurice Duplessis. En 1934, Paul Gouin crée l'Action libérale nationale et entreprend une croisade, avec René Chaloult et Philippe Hamel, contre la « dictature économique » qui, selon lui, règne sur la province, et est responsable de la Crise. Quelle solution propose-t-il pour y remédier ? La colonisation : « Nous croyons fermement comme beaucoup d'autres, écrit-il dans le manifeste du parti, que l'œuvre de restauration économique se ramène principalement à une œuvre de restauration rurale, basée sur l'agriculture familiale et la coopération » (cité dans Équipe du Boréal Express, 1968 : 515). Cette solution sera la panacée universelle présentée par tous les penseurs de l'école nationaliste et traditionaliste du Canada français. Aux élections de 1934, Gouin et Duplessis unissent leurs forces et viennent bien près de renverser les libéraux. Le résultat du vote, en effet, se lit comme suit : 48 libéraux, 24 de l'Action libérale nationale et 16 conservateurs élus. À ce moment, le parti de Gouin est donc plus fort que celui de Duplessis. En 1936, a lieu une célèbre enquête sur les comptes publics. Le gouvernement Taschereau, dans son ensemble, est traîné dans la boue et le Premier ministre lui-même juge bon de démissionner. Adélard Godbout le remplace à la tête du gouvernement. En août 1936, de nouvelles élections ont lieu. L'Union nationale, nouveau nom du parti conservateur, bien dirigée par Duplessis, qui a su se rallier la plupart des membres importants de l'Action libérale nationale, remporte les élections haut la main. Les libéraux ne sont plus représentés que par 14 députés et l'Action libérale nationale se retrouve en pleine débandade, n'ayant aucun élu.

L'élite professionnelle et cléricale canadienne-française consacrera une part importante de ses réflexions à la Crise. Cette pensée est formulée dans des revues comme *L'Action nationale*, dans les tracts de l'École sociale populaire et dans les actes des *Semaines sociales du Canada*. Pierre Elliott Trudeau, qui en a fait l'objet d'une étude fameuse (1956), après avoir fait remarquer que l'axe principal de celle-ci était le nationalisme, a montré que ses promoteurs estimaient que la Crise pourrait être réglée par le recours aux moyens suivants : le retour à la terre, le développement de la petite entreprise, le développement de la formule coopérative, l'action du syndicalisme catholique et le corporatisme.

Le premier point du programme de restauration proposé était donc le retour à la terre. Des hommes politiques en feront aussi l'article premier de leur programme. Ainsi Maxime Raymond, le futur fondateur du Bloc populaire, celui qui ne cessera à Ottawa de dénoncer la « dictature économique », prétendra, dès 1928, que l'agriculture est la base de la vie économique d'un pays et, dans un discours prononcé en 1934, rappellera que

> *la campagne fournit l'eau pour rien, le logement, le bois pour se chauffer, l'alimentation, et même en partie les vêtements qui sont des dérivés des produits agricoles transformés. C'est le principal pour la vie. Elle contribue aussi à augmenter le pouvoir d'achat et aide toutes les branches de l'activité économique, qui doivent à l'agriculture la raison même de leur existence* (1943 : 36-37).

Cette solution du retour à la terre était proposée comme solution pratique, bien sûr, mais avec tout un appareil de justifications théoriques qui la rendait éminemment souhaitable. Il ne s'agissait pas seulement de régler par ce moyen un problème économique, mais bien de reconstruire une société, la société canadienne-française traditionnelle, que la civilisation industrielle et urbaine désintégrait pour son plus grand malheur, croyait-on. Il est significatif d'ailleurs que cette solution ait été proposée par une élite professionnelle et cléricale qui sentait bien que son pouvoir était mis en question dans la société industrielle et urbaine. D'où cette nostalgie d'une société centrée sur la paroisse et dépendante de son élite traditionnelle (médecins, avocats, notaires). La ville détruisant l'homogénéité de la société canadienne-française, diminuant le pouvoir de son élite professionnelle, réduisant la prépondérance de la paroisse comme centre de vie communautaire, il était normal que cette élite ne la prise guère et lui préfère la paroisse traditionnelle où son prestige et son pouvoir étaient intacts.

Un excellent témoignage de cette hostilité de l'élite clérico-politique à l'endroit de la ville et de ses valeurs est fourni dans un passage du mémoire présenté par la SSJB (Société Saint-Jean-Baptiste) de Montréal à la Commission royale d'enquête sur les relations fédérales-provinciales en 1938 :

> *La législation ouvrière demeure un palliatif dangereux en accentuant la tendance trop prononcée de tout attendre de l'État, et d'autre part, à créer une situation privilégiée aux travailleurs des villes. Dans le premier cas, c'est l'acheminement vers le socialisme d'État. Dans le second cas, le contraste ville-campagne, industrie-agriculture accentuera le mouvement de centralisation urbaine. Une législation qui vise à améliorer le sort de l'ouvrier, bonne en soi, ne peut qu'attirer vers la ville le rural. Or, notre population est, par tradition, rurale, et la législation qui peut paraître bonne en d'autres milieux, risque dans notre province de causer des perturbations sociales très grandes* (cité dans Trudeau, 1956 : 40).

« Le mouvement de centralisation urbaine », on sent bien que les rédacteurs du mémoire ne l'acceptent qu'à contrecœur. Les témoignages sur cette attitude de l'élite clérico-politique ne manquent pas. Ainsi, les évêques de la province, dans une lettre sur le problème rural du point de vue de la doctrine sociale de l'Église, écriront que « l'exode vers les villes, qui résulte naturellement du souci pour les paysans d'améliorer leur sort, en expose un grand nombre à s'en aller en des milieux nouveaux et mêlés, pour lesquels ils ne sont point préparés, au grand péril de leur esprit chrétien et de leurs mœurs. L'expérience, hélas !, ne le prouve que trop » (Évêques du Québec, 1938). Derrière le choix de cette solution du retour à la terre, il y avait donc un choix plus fondamental portant sur ce que devait être la société canadienne-française.

Le refus du monde actuel des rédacteurs de *La Relève* ne peut être expliqué de la même façon. Les rédacteurs de la revue, par leur origine et par leur formation, appartenaient bien sûr à la petite et à la moyenne bourgeoisie urbaine canadienne-française. Charbonneau, dans son dernier ouvrage, *Chronique de l'âge amer,* confesse que la crise économique les avait touchés, lui et ses camarades, « mais d'une façon oblique, surtout en retardant le moment de leur entrée dans le *struggle for life* » (1957 : 9-10). Cependant, l'attitude qu'ils adoptèrent ne peut être qualifiée tout simplement, comme si cela allait de soi et n'exigeait pas plus de précision, d'attitude petite-bourgeoise.

Aussi, lorsque l'on affirme que leur idéologie était une idéologie petite-bourgeoise, on n'a pas encore dit grand-chose. Car elle ne fut pas l'élaboration de n'importe laquelle petite bourgeoisie, mais bien celle d'un groupe particulier à l'intérieur de celle-ci : un groupe de jeunes gens qui fit des études chez les jésuites, au Collège Sainte-Marie, qui se passionna plus pour les questions artistiques, littéraires et philosophiques que pour les questions financières et boursières, qui n'embrassa pas les carrières traditionnelles des collégiens canadiens-français (soit la prêtrise, la médecine et le droit), mais trouva emploi dans des domaines comme le journalisme, l'édition, la radio. Un groupe donc qui appartenait à l'élite traditionnelle par son origine et sa formation, mais qui s'en distingua par les choix qu'il fit parvenu à l'âge adulte.

Le modèle de la société nouvelle à créer, les collaborateurs de *La Relève* ne le prirent pas dans la société traditionnelle canadienne-française, mais dans la société chrétienne féodale du Moyen Âge. Il est très significatif que les rédacteurs n'aient, tout au long de l'existence de leur revue, fait montre d'aucune insistance particulière sur le thème du retour à la terre qui était l'obsession des idéologues traditionnels. Ne s'identifiant pas avec cette élite, les rédacteurs de *La Relève* ne partagèrent pas leur nostalgie de la société rurale canadienne-française.

Par ailleurs, malgré leur sympathie pour le prolétariat, ils ne purent jamais se confondre avec lui et épouser vraiment sa cause. Leur idéologie est donc différente de l'une et l'autre de ces classes sociales et elle est le fruit d'une recherche relativement « désintéressée », dans la mesure où ces jeunes gens n'avaient pas d'intérêts de classe proprement dits à défendre. Que leur idéologie ait été à la fois personnaliste et communautaire me semble un témoignage éloquent de cela.

L'idéologie de ces jeunes gens fut, en somme, on ne peut plus déréalisante : en tant que lecture de la situation, elle ne réussit pas à produire une analyse sérieuse de la société canadienne-française et des problèmes qui la confrontaient alors. Leur propos se maintint toujours au niveau d'une réflexion théorique sur le monde actuel considéré de façon générale. Il est remarquable, à cet égard, qu'on trouve dans la revue très peu de commentaires sur l'actualité politique du Canada français. De sorte que celui qui étudierait l'histoire politique, sociale et économique du Canada français à partir de *La Relève* pourrait penser qu'il ne s'est strictement rien passé au Canada français durant toutes ces années.

Les rédacteurs de *La Relève* ne réussirent pas non plus à formuler d'objectifs concrets susceptibles de déboucher sur une action politique. Le seul objectif qu'ils proposèrent fut un retour au Moyen Âge dont ils ne précisèrent jamais la signification, ni les voies d'accès. Leur analyse ne déboucha sur aucune action de transformation radicale de la société et n'exerça aucune influence réelle, du moins dans le domaine social et politique, sur la société canadienne-française.

*   *   *

Une étude comme celle-ci permet d'apporter des nuances à certaines affirmations plus générales sur l'évolution des idéologies au Canada français. Ainsi, Marcel Rioux, dans son livre sur *La question du Québec* (1969), prétend que, jusqu'en 1939, a prédominé au Québec ce qu'il appelle l'idéologie de conservation, dans laquelle la société canadienne-française est définie comme une culture qui a un héritage à transmettre (religion catholique, langue française, mode de vie rural), idéologie qui, selon lui, prit naissance à la suite des troubles de 1837-1838. À cette idéologie a succédé, après la guerre, une idéologie de rattrapage, prétend Rioux. En gros, celui-ci a raison ; cette étude permet cependant de préciser que cette idéologie dominante ne fut pas la seule, qu'à côté d'elle, en marge d'elle, d'autres idéologies furent mises en forme qui proposaient une lecture différente de la situation et des objectifs autres que ceux proposés par l'idéologie dominante. Et *La Relève* n'en fut qu'une parmi bien d'autres.

Ainsi donc, et je terminerai là-dessus, revenant en quelque sorte au point de départ, l'étude de *La Relève* permet de montrer comment les années 1930, et en particulier la Crise, ont été perçues et vécues par un groupe bien déterminé à l'intérieur de la population canadienne-française ; et l'analyse de l'histoire de ces années suggère une hypothèse concernant la genèse de l'idéologie des rédacteurs de la revue. Ainsi, l'histoire et l'idéologie s'éclairent l'une l'autre. J'ajoute que cette hypothèse, pour être confirmée de façon définitive, exigerait de longues recherches sur chacun des rédacteurs, tâche impossible dans les cadres de ce travail.

(1969 – revu à l'automne 1993)

CHAPITRE VIII

Jean Le Moyne, témoin essentiel
Une relecture de Convergences[1]

Qu'en est-il aujourd'hui des *Convergences,* cet ouvrage salué et célébré comme un acte de liberté lors de sa publication dans les débuts de la Révolution tranquille ? Fait-il partie de ces livres de polémistes, liés trop directement à des controverses historiquement datées, qui, pour reprendre l'expression de Le Moyne lui-même, « laissent généralement peu de traces ? » ([1962] 1992 : 211) ? Ou, au contraire, parle-t-il toujours aux lecteurs contemporains que nous sommes ? Et, si oui, en quoi nous rejoint-il dans cette fin de siècle qui s'avance à grands pas ? Comment et par quoi, en somme, Le Moyne est-il toujours notre contemporain et sa pensée, encore vivante et actuelle ?

LA « CONSIDÉRATION THÉOLOGALE »

L'ouvrage, on s'en rappellera, réunit en un volume édité en 1962 des textes écrits au cours des vingt années antérieures, le

---

1. Ce texte a été écrit à l'été 1991. Il devait servir d'introduction à la réédition des *Convergences* de Jean Le Moyne dans la collection « du Nénuphar ». À la suite de certaines difficultés rencontrées avec les textes des introductions des premiers ouvrages de la collection relancée sous la direction de Maurice Lemire, la direction de Fides a décidé d'abandonner cette pratique éditoriale. En ce qui concerne plus particulièrement mon texte, il semble que Jean Le Moyne, à qui on l'a fait lire, ait montré quelque irritation. Cela ne me surprend pas vraiment, compte tenu de la lecture critique que je propose de son ouvrage. Je publie ici ce texte tel quel, à quelques corrections mineures près.

premier (« Un prophète sans titres ») ayant été publié en 1943 dans *La Nouvelle Relève,* les autres dans diverses revues durant la deuxième moitié des années 1940 et les années 1950, notamment à *Cité libre,* la grande revue d'opposition au duplessisme animée par Gérard Pelletier et Pierre Elliott Trudeau.

On a donc ici affaire à des textes écrits au fil des circonstances et des conjonctures, et non à un projet d'ensemble concerté. Le Moyne aborde plusieurs sujets, de la religion au Canada français à la littérature et à la musique en passant par la philosophie, la politique (la question du nationalisme) et la situation de la femme dans la société québécoise. Le domaine qu'il couvre est étendu, diversifié et ce n'est que rétrospectivement, avec la réunion de ces textes en un volume, qu'on a pu attribuer une unité à un matériel de prime abord fort disparate. L'auteur aborde en effet la question religieuse dans deux parties de son ouvrage (la deuxième et la quatrième), étudie la condition de la femme canadienne-française dans la troisième partie, traite de musique et de littérature dans près de la moitié du livre (cinquième, sixième et dernière parties) et évoque l'ancrage autobiographique de sa réflexion dans une première partie très personnelle sous la forme du témoignage. Tout le livre, d'ailleurs, se situe sur ce registre du discours comme manifestation du vécu, fruit et expression d'une expérience vitale, par quoi il tient de l'essai beaucoup plus que de la démonstration scientifique.

S'il y a convergences, comme l'indique le titre du recueil, ce n'est donc pas par le caractère homogène des objets traités mais par le regard unifié que l'auteur jette sur les situations, les êtres et les choses, ce qu'il appelle la « considération théologale », perspective globale, vision du monde à partir de laquelle il aborde l'ensemble des questions que couvre son ouvrage.

Dans cette perspective, tout est considéré, analysé, jugé du point de vue divin, comme se déroulant sous le regard du Christ, foyer de la création. Cela est très sensible lorsque Le Moyne aborde la question pour lui cruciale du catholicisme québécois, mais également lorsqu'il traite de questions plus particulières. C'est ainsi que, parlant du journalisme qu'il a longtemps pratiqué, il écrit que le « regard spirituel [du journaliste] lui permet de découvrir dans les événements des signes de la lente édification du monde selon l'homme et de l'homme selon Dieu » ([1962] 1992 : 166) ou, encore, qu'il affirme, dans un texte consacré au retour des juifs en Israël : « Quoiqu'on en ait, Israël échappe toujours aux mesures ordinaires, politiques, économiques et sociales, et nous demeure incompréhensible si nous n'empruntons quelque chose du *regard de Dieu.* Or, à ce sujet, seule la Bible nous place dans la juste perspective » ([1962] 1992 : 189)[2]. On ne saurait mieux dire ici que l'auteur lui-même : c'est en effet du point de vue de Dieu, à partir de la conception judéo-chrétienne du monde, que sa réflexion embrasse ses objets.

Il y a donc surdétermination de l'analyse concrète, empirique des phénomènes par une interprétation, une lecture transhistorique qui trouve ses principes dans une vision profondément idéaliste du monde. Cette vision du monde on en trouve les fondements dans la revue *La Relève,* créée durant les années 1930 par des amis de Le Moyne – Robert Charbonneau, Robert Élie, Claude Hurtubise, etc. –, revue dont il sera l'un des principaux animateurs jusqu'à sa disparition, en 1948.

OUVERTURE ET RÉFORME : INTÉRÊT ET LIMITES D'UNE ANALYSE

Si la vision du monde et les analyses de *La Relève* constituent incontestablement l'humus, le terreau de la pensée de Le Moyne, il serait toutefois imprudent de la rabattre sur celles-ci et de l'y réduire. Les textes réunis dans *Convergences,* en effet, ont été écrits pour l'essentiel après la disparition de la revue, répondent à des problèmes contemporains des années 1950 et 1960 et portent les traces d'une nouvelle et importante influence sur le plan idéologique, celle de la revue *Cité libre,* fondée en 1949.

Cette revue, animée par des intellectuels politisés d'âge mûr, véhicule un point de vue différent de celui de *La Relève,*

---

2. Je souligne.

étant impliquée très activement dans les débats concrets, empiriques qui agitent la société canadienne-française d'alors. *Cité libre,* en effet, tout en étant d'orientation profondément chrétienne comme la revue des années 1930, ne se définit pas d'abord sur le plan métaphysique, mais sur le terrain social et politique. Elle défend une perspective réformiste, très critique par rapport au régime conservateur et étroitement nationaliste de l'Union nationale, le parti au pouvoir dirigé par Maurice Duplessis.

C'est donc à une double appartenance, à un double horizon idéologique que les textes de Le Moyne renvoient ; c'est ce qu'ils éclairent et ce par quoi, en retour, on peut les expliquer. Il ne saurait être question ici d'évoquer chacune des analyses soumises dans *Convergences.* Je me propose plus simplement de retracer les grandes lignes d'un parcours, d'en dégager la logique, de mettre en lumière ses fondements et d'indiquer enfin ce qui me paraît être ses limites.

On notera d'abord que c'est par son père que Le Moyne a été introduit très tôt à l'univers de la culture et de la spiritualité. Il estime que l'influence paternelle a été l'expérience « capitale et inépuisable » de sa vie, expérience qui devait le marquer pour toujours. Or le monde auquel il est initié est essentiellement « étranger » : c'est celui de la Bible, des grandes synthèses philosophiques médiévales, de la littérature internationale (Cervantes, Rabelais, Proust, James, etc.). Il est important de signaler cette ouverture ; elle permet de distinguer, dès l'origine, Le Moyne de la petite bourgeoisie cléricale et nationaliste d'alors, frileuse, repliée sur elle-même, fermée aux apports extérieurs.

Cette ouverture, toutefois, comporte son envers ; elle s'accompagne d'une dénégation vigoureuse, et parfois rageuse, de la culture québécoise, tenue pour moins que rien. Posture intransigeante, orgueilleuse, méprisante qu'on retrouve partout dans l'ouvrage et qui est de nature à agacer le lecteur contemporain, qui serait ignorant du caractère étouffant du contexte culturel du Québec duplessiste qui peut seul expliquer une telle hargne.

Cette prise de position critique par rapport à l'univers culturel local se retrouve aussi dans son attitude à l'égard de la question nationale québécoise. Le nationalisme en général, et au

Québec en particulier, est pour Le Moyne synonyme de xénophobie et d'isolement, « manifestation de primitivité », pour reprendre l'une de ses formules les plus colorées. Il le refuse en tant qu'expression de l'irrationnel, des pulsions inconscientes, primaires et sauvages d'une humanité aveugle, encore dans l'enfance, insoucieuse d'une fraternité universelle à établir, à construire au-delà des particularismes ethniques et régionaux. Il le rejette également pour des raisons plus circonstancielles : il le croit trop souvent porté par des forces politiques conservatrices, réactionnaires, ce qui est d'ailleurs le cas du Québec de son temps. Il adopte donc une perspective fédéralisante qui le rapproche des positions de *Cité libre* pour qui le nationalisme, en soi, par essence, est un projet conservateur, traditionnel, à combattre sans relâche et sans merci.

Sur le plan religieux, Le Moyne, profondément chrétien et catholique, est violemment anticlérical, tenant le clergé québécois pour une force obscurantiste, entretenant une conception infantilisante de la foi. Le clergé, selon lui, méprise les laïcs, qu'il traite en citoyens de seconde zone de l'Église, et se met au service, sur le plan politique et social, des « éléments réactionnaires et autoritaires » du Québec. Il tient le pouvoir ecclésiastique responsable du développement et de la domination d'une morale fondée sur la peur, les interdits, et notamment la crainte et le refus de la femme et de la sexualité. La femme est réduite à une hypostase de la mère – personnage intouchable – et la sexualité, à une opération répugnante ne méritant rien moins que le feu de l'enfer, cette menace planant en permanence sur la tête du catholique canadien-français, le tenant courbé sous le poids d'une crucifiante culpabilité.

Cette critique impitoyable d'une religion et plus largement d'une société qu'elle reproduit et incarne de manière exemplaire ne provient pas, j'y insiste, d'un incroyant en rupture de ban, jugeant de l'extérieur une pratique aliénante, mais bien de l'intérieur même par un croyant se réclamant d'un christianisme authentique reposant sur une foi adulte et sur la liberté.

Cette description, Le Moyne l'effectue en partie sur le mode du témoignage, illustrant par son exemple comment cette religion morbide était vécue sur le mode du renoncement et du sacrifice dans un contexte de drame et de tragédie. Pour qui a connu de l'intérieur cette période, ses textes les plus marquants, les plus célèbres (« L'atmosphère religieuse au Canada français », « Saint-Denys Garneau, témoin de son temps ») contiennent des accents de vérité qui témoignent admirablement de la profondeur d'une aliénation qui recouvrait la société québécoise d'une chape de plomb dont elle se débarrassera au cours des années 1960. Ses critiques, sur ce plan, apporteront de l'eau au moulin de ceux qui réclameront des réformes majeures pour le système scolaire au début de la Révolution tranquille.

L'analyse de Le Moyne ne se borne pas au constat d'un état de faits, elle ne se contente pas de dresser un inventaire, de porter un diagnostic. Elle propose une lecture, une interprétation du malheur canadien-français qui serait une conséquence d'une vision du monde dualiste structurant la psyché nationale, scindant l'individu en deux parties – l'âme et le corps – perpétuellement en guerre, et valorisant l'âme au détriment du corps condamné comme matière impure.

S'il y a une thèse dans son ouvrage, s'il y a un propos central, c'est bien celui-là. Le Moyne y revient à plusieurs reprises, peu importe le sujet abordé, qu'il s'agisse de littérature, de religion ou du drame personnel de Saint-Denys Garneau par exemple. Le dualisme apparaît comme une clef universelle par laquelle on peut comprendre et expliquer le Canada français. Cette société pratiquerait un catholicisme hanté par l'univers de la faute, par la culpabilité et privilégierait des conduites dictées par la peur (de la damnation, de l'enfer). Si bien, conclut l'auteur dans une formule choc, que « la névrose apparaît chez nous à l'état culturel ».

Cette névrose, Le Moyne ne l'appréhende pas comme une pure production du terroir québécois. Elle possède, bien entendu, des caractéristiques qui tiennent à l'histoire et à l'essence du peuple canadien-français. Mais elle prend son origine ailleurs, dans le dualisme, hérésie apparue selon lui au début de l'ère moderne, plus précisément lors de la dislocation de la société médiévale. Ainsi perçu, le dualisme apparaît comme un phénomène transhistorique, et la forme qu'il a prise ici, comme une manifestation particulière, exacerbée jusqu'au délire, d'un mal plus radical. Ce qui se passe sur le plan local est ainsi projeté sur un horizon plus global, tenu pour déterminant, et évalué en fonction de cette perspective universalisante. On retrouve ici encore un écho de ce que je serais tenté d'appeler la vision déréalisante de *La Relève*.

Saint-Denys Garneau, dans cette perspective, est une victime de cette vision du monde crucifiante qui l'a littéralement assassiné. Il était lui-même traversé, possédé par un sentiment de culpabilité qui l'a progressivement miné et conduit à l'autodestruction. En cela il est un témoin privilégié de cette névrose qui est le trait le plus caractéristique, selon Le Moyne, de la société dans laquelle le poète a vécu.

Ce texte est sans doute le plus célèbre de l'auteur des *Convergences,* le plus rageur, le plus violent aussi, relevant autant, sinon plus, du réquisitoire, du pamphlet que de l'analyse et de la démonstration scientifiques. En cela il apparaît extrêmement révélateur de la posture, des positions et de la « méthode » de Le Moyne, de ses avancées comme de ses limites, et pour autant il mérite un examen particulier et attentif.

La thèse centrale avancée par Le Moyne est que Saint-Denys Garneau a été tué par la société canadienne-française. Il reconnaît toutefois prudemment qu'il s'agit d'une victime prédisposée, en quelque sorte, par une hypersensibilité qui le rend plus vulnérable que d'autres aux influences de l'époque ; par une faible constitution physique ; par son appartenance à une communauté dont la vie culturelle est pauvre ; enfin par le manque de vigilance de ses amis qui n'ont pas su intervenir à temps pour le sauver.

Mais le facteur déterminant, décisif de sa perte aura été le dualisme et la culpabilité (subjective et objective) qu'il engendre. Saint-Denys Garneau n'aura pas su démonter, déconstruire cette problématique infernale dont il était inconsciemment prisonnier. C'est ainsi qu'il aura exprimé jusqu'à sa conséquence ultime, la mort par automutilation suicidaire, la « profondeur de l'aliénation canadienne-française [...] après en avoir été la plus haute conscience » ([1962] 1992 : 246). Aussi est-ce bien cette société, dévoyée par le dualisme, qui l'a « tué ».

Cette thèse, brillamment défendue, suscite cependant des questions que la problématique privilégiée par Le Moyne lui interdisait d'aborder. Le dualisme, par exemple, fondement de son interprétation, imprègne-t-il bien l'ensemble de la collectivité ? Ne serait-il pas plutôt le fait de certains secteurs à l'intérieur de celle-ci ? Et pourquoi Saint-Denys Garneau en est-il mort ? Pourquoi lui plutôt qu'un autre ?

Je reviendrai plus loin sur ces questions décisives qui pointent, à mon sens, les limites, sinon les impasses de la pensée de Le Moyne. Les critiques contemporains, pour leur part, ne les ont guère mises en relief, préférant voir dans l'auteur des *Convergences* un précurseur de la Révolution tranquille alors en gestation.

L'ACCUEIL CRITIQUE : UNE CÉLÉBRATION

Gérard Pelletier, dans *Cité libre,* salue avec enthousiasme un livre qu'il trouve « vivant », « robuste », « riche en rêve » (1962 : 2-3). Il estime que l'auteur fait montre d'une pensée vigoureuse dans un style lumineux qui rappelle rien de moins que Claudel, Chesterton et Bernanos !

L'ouvrage constitue pour lui un « extraordinaire témoignage, une éclatante démonstration, comme quoi une pensée religieuse fortement enracinée dans la foi peut assumer en profondeur toute la réalité d'aujourd'hui ». Et il conclut son analyse en rappelant :

> *Nous appelions une pensée religieuse alliée à une grande intelligence dotée d'une culture riche : nous souhaitions une démarche audacieuse et libre, dénuée de toute peur, capable d'aborder de face toutes les questions qui nous confrontent. Avec* Convergences, *la certitude nous est donnée que nous possédons cet homme indispensable ensemble, cet écrivain nécessaire* (1962 : 3).

Il s'agit en somme d'une critique de reconnaissance, Pelletier faisant siennes les analyses de Le Moyne qu'il n'évoque guère par ailleurs et qu'il discute encore moins. Critique de célébration s'il en est, se contentant de signaler ce que l'on considère un événement : la publication d'un essai libre.

Critique qui contraste avec l'accueil distant réservé naguère à *Refus global* par le même Pelletier. Il est vrai que Borduas et ses amis se livraient à une critique radicale de la société québécoise à partir d'un point de vue autre que celui valorisé par *Cité libre,* mettant de l'avant une perspective matérialiste, célébrant le surréalisme, la magie, le hasard objectif, l'amour libre et montrant de la sympathie pour le mouvement ouvrier organisé.

C'était là une problématique qui excédait les cadres finalement assez limités du réformisme libéral défendu par *Cité libre* qui se retrouvait plus aisément dans le personnalisme chrétien d'un Le Moyne qui deviendra incidemment rédacteur des discours du codirecteur de la revue et Premier ministre du Canada, Pierre Elliott Trudeau, durant le règne du « monarque intellectuel ».

Tout en admettant que *Convergences* est un « fort beau livre », René Dionne (1963), rédacteur à *Relations*, revue chrétienne d'actualité, discute la position de Le Moyne sur la nature foncièrement américaine de la société québécoise et par conséquent sur son inéluctable américanisation.

Dionne s'oppose à ce qu'il qualifie de « vue trop pessimiste », rappelle que, si notre appartenance spatiale, géographique, est américaine, notre histoire, elle, est française à l'origine et qu'elle est par la suite autonome et indépendante de celle de l'ensemble étasunien. Il croit donc toujours à une vocation particulière du Canada français que Le Moyne, à ses yeux, questionne.

Il critique également l'interprétation de notre littérature soumise par l'auteur de *Convergences,* réduisant celle-ci à une pâle manifestation du malheur canadien-français. Il estime que certaines œuvres, non prises en compte par Le Moyne – celle de Rina Lasnier notamment – « ne laissent quand même pas d'exister comme reflets de notre âme », bien qu'elles soient « optimistes ». Et il déplore l'agressivité du chapitre consacré à

Saint-Denys Garneau sans remettre en question toutefois les principes d'analyse qui la sous-tendent.

Germain Lesage (1962), dans la *Revue de l'Université d'Ottawa,* accueille aussi l'ouvrage favorablement. Il y décèle une « thèse véritable, fortement charpentée » qu'il résume de la manière suivante : le livre contient un « programme de vie, d'éducation, de culture ou de civilisation ! Il comporte quatre éléments : l'équilibre humain, la foi adulte, la pensée intégrale, l'éducation esthétique ».

Il voit bien l'os que constitue l'interprétation du drame de Saint-Denys Garneau et il se demande s'il s'agit là d'une « interprétation valable ». Mais, prisonnier d'un cadre d'analyse au fond semblable à celui de Le Moyne, il se montre incapable de déconstruire la lecture de ce dernier, d'en contester la cohérence et la légitimité et il finit par la considérer comme une « exagération » d'un « vrai penseur et d'un croyant à toute épreuve ».

Seul Jean-Charles Falardeau, tout en reconnaissant que l'ouvrage de Le Moyne est capital, qu'il contient des « propossitions essentielles qui sont les données de base d'une *psychopathologie spirituelle* du Canada français » (1962), discute, au fond, de la théorie du dualisme comme facteur d'explication de la tragédie de Saint-Denys Garneau : « Je ne suis pas du tout sûr, écrit-il, que le drame de Saint-Denys Garneau comporte toutes les composantes sociologiques auxquelles Jean Le Moyne veut nous forcer à croire ».

Il questionne la pertinence du recours à la catégorie transhistorique d'« hérésie dualiste » pour expliquer la psychologie collective du Canada français et en appelle à une meilleure connaissance de notre histoire qui permettrait de mettre en lumière très concrètement le contexte dans lequel cette mentalité puritaine s'est développée. Bref il propose de substituer une approche sociologique à l'interprétation théologique de Le Moyne tout en admettant le très grand intérêt de sa contribution pour l'histoire des idées au Canada français.

On ne retrouvera pas la pertinence et la rigueur des propos d'un Falardeau par la suite. Patrick Imbert, par exemple, relisant

Convergences en 1976, se contentera d'énoncer quelques généralités sur la « modernité étonnante » du livre qui « rejoint le grand rêve d'unification universelle tel que, jadis, au Moyen Âge, l'Église l'imaginait » (1976 : 26). Le comparant aux *Mythologies* de Barthes, il le tient pour une « tentative (réussie) de comprendre nos mythes, nos échelles de valeurs (ou pseudovaleurs), notre système de pensée et nos contradictions » (1976 : 23). Laurent Mailhot, dans le *Dictionnaire des œuvres littéraires du Québec,* trouve qu'il y a chez lui une « résonance à la Bossuet, un rythme à la Péguy, des accents à la Bernanos, à la Bloy » (1984 : 214). Il estime qu'il s'agit d'un « livre inclassable suivant les catégories habituelles », d'un « essai polyvalent » dont la composition est « polyphonique, symphonique » (1984 : 214). Il fait partie avec d'autres ouvrages – le *Journal d'un inquisiteur* de Gilles Leclerc, *L'homme d'ici* d'Ernest Gagnon – d'une constellation d'essais qui annoncent la Révolution tranquille.

Somme toute ce rappel rapide suggère que c'est encore aux intuitions de Falardeau qu'on est le plus justifié de recourir pour prendre une nouvelle mesure des *Convergences.* Ses doutes et ses hypothèses constituent assurément les pistes les plus suggestives pour rendre à terme une lecture centrée sur la problématique qui encadre les analyses et les conclusions de Le Moyne.

LES IMPASSES DE L'IDÉALISME

En ce qui me concerne, j'ai proposé, voici une dizaine d'années (Pelletier, 1985), une interprétation qui me paraît toujours valable, du moins de manière générale. Ce qui me paraît plus discutable aujourd'hui, c'est le caractère polémique que je lui avais donné dans le contexte d'une lutte à finir avec ce que j'appelais alors les « pièges de l'idéalisme ».

La question que je me pose est la suivante : comment peut-on expliquer le caractère déréalisant de la pensée des animateurs de *La Relève,* et plus particulièrement de Jean Le Moyne ? Comment rendre compte d'une réflexion qui semble, pour une large part, s'être faite en marge et au-dessus de la société québécoise ?

Les animateurs de *La Relève* appartiennent, pour la plupart, aux petite et moyenne bourgeoisies urbaines, couches sociales peu touchées par la crise économique des années 1930 sinon, comme l'écrira plus tard Robert Charbonneau, « d'une façon oblique, surtout en retardant le moment de leur entrée dans le *struggle for life* » (1967 : 9-10).

Épargnés par la Crise, ces jeunes gens innovent en effectuant des choix professionnels modernes (dans le journalisme, l'édition, le fonctionnarisme) liés à l'expansion de l'appareil d'État québécois et canadien alors en plein développement. En cela ils se singularisent, se distinguent de la petite bourgeoisie traditionnelle des villes moyennes et des zones rurales qui, face à la Crise, privilégie le maintien, voire le retour, à la terre ; la formule coopérative ; le syndicalisme catholique centré sur la collaboration de classes ; le corporatisme comme modèle social.

Les animateurs de *La Relève* sont à la recherche d'une « troisième voie » entre un capitalisme fondé sur l'individualisme et un communisme matérialiste. Ils croiront un temps l'avoir trouvée dans le corporatisme, puis dans le personnalisme communautaire d'un Emmanuel Mounier inspiré d'un christianisme social idéalisé.

Leur pensée, dans cette perspective, relève par certains aspects de l'idéologie de conservation dominante, notamment par le privilège qu'elle accorde au catholicisme comme pivot de toute éventuelle réorganisation sociale. Elle s'en distingue toutefois par sa critique et son refus du catholicisme conservateur pratiqué au Québec et de son programme social et économique valorisant le retour à la terre et la colonisation.

Leur réflexion est résolument moderne et urbaine, ouverte sur le plan culturel et artistique et « modérée », « centriste » sur le plan politique : elle finira d'ailleurs par s'accommoder d'un capitalisme « civilisé ». En cela elle n'échappe pas aux contraintes, aux impératifs dictés par l'appartenance de classe de ses membres.

Que penser enfin de la théorie du dualisme, fondement des analyses de Le Moyne ? D'où vient-elle et qu'explique-t-elle ?

Il faut voir dans le dualisme, à mon sens, une expression conceptuelle et affective d'une dépossession économique et politique ; le spirituel y est valorisé en quelque sorte « par défaut », comme activité symbolique compensatoire d'une absence sur le terrain concret des activités sociales et économiques. Cette « théorie » est une production des élites traditionnelles, des fractions dominantes de la bourgeoisie québécoise dans les petites villes et les campagnes.

Ce discours est repris et partiellement intériorisé par les milieux populaires sous la forme notamment d'une religion dégradée, ramenée à des pratiques superstitieuses. Dans les milieux intellectuels, le dualisme apparaît comme une variante d'une attitude philosophique plus générale, l'idéalisme, courant dominant dans la petite bourgeoisie traditionnelle (et même « montante », comme en témoigne la pensée de *La Relève* et de Le Moyne qui n'y échappe pas).

L'idéalisme est le fondement épistémologique commun, le territoire philosophique conjoint, le lien de rencontre et de convergence des discours et pratiques tant de l'élite clériconationaliste traditionnelle que de l'élite urbaine en émergence, en ascension rapide dans une société en mouvement. Il sert de toile d'horizon, sous-tend aussi bien les lectures statiques de la société, privilégiant l'ordre et la tradition, que ses interprétations plus modernes. Le personnalisme de *La Relève,* par exemple, relève lui-même de principes abstraits, transcendants : le modèle social retenu et privilégié par la revue découle d'un christianisme idéalisé, mythifié et mystifiant, le lieu de l'homme étant conçu comme réplique du royaume de Dieu.

Que penser alors de l'interprétation du drame de Saint-Denys Garneau proposée par Le Moyne ? Il me semble qu'il est incontestable que le poète a été d'abord « victime » de lui-même, de sa faible constitution physique, de sa fragilité psychologique. Qu'il a été ensuite « victime » du manque de vigilance de ses amis, ce qu'admet d'ailleurs l'auteur de *Convergences*. Qu'il a été « victime » indirectement d'une vision du monde culpabilisante qu'il tenait de la petite bourgeoisie à laquelle il appartenait. Qu'enfin il a été « tué », dans une moindre mesure, par la communauté canadienne-française prétendument homogène des années 1930 et 1940 qui ne saurait donc être tenue globalement responsable de cet « assassinat », comme le suggérait d'ailleurs Falardeau, lors de la parution de l'ouvrage en 1962.

En somme, le dualisme (et l'idéalisme dont il dérive et relève) est lui-même une production culturelle à interpréter en fonction de la société québécoise dans laquelle il prend naissance. Et s'il permet de décrire certaines réalités, certains comportements, d'établir des constats, il ne peut que servir d'explication partielle à des phénomènes spécifiques qui appellent un mode d'analyse plus global.

Le livre de Le Moyne, dans cette perspective, est d'une certaine manière aussi révélateur et riche d'enseignements dans ses méprises que dans ses explications congruentes, dans ce qu'il ne dit pas que dans ce qu'il dit, dans ce qu'il pointe à son insu que dans ce qu'il signale explicitement. Son témoignage, en dépit de ses limites, et en cela même, est capital comme voie d'accès à la connaissance d'une partie de notre histoire culturelle et comme signe (en 1962) que celle-ci change.

En lisant (en relisant) *Convergences,* on prendra donc conscience des profonds changements intervenus dans la société québécoise au cours des trente dernières années. Le Québec actuel ne correspond plus guère, en effet, à l'image de la société canadienne-française dressée par Le Moyne. Toute l'infrastructure économique, sociale et culturelle de cette société a été substantiellement modifiée au cours du processus de modernisation qui l'a transformée depuis l'après-guerre.

Les manières de comprendre et d'expliquer cette évolution ont également connu une mutation décisive. Si bien qu'on ne peut sûrement plus lire cette société à la lumière du cadre d'analyse privilégié par Le Moyne. On peut cependant se servir de sa contribution – et ce n'est pas un mince mérite – comme point de départ, élément indispensable à une interprétation renouvelée de l'histoire sociale et culturelle du Québec du XXᵉ siècle.

(1979, 1991)

BIBLIOGRAPHIE

ANGENOT, Marc (1989), *1889, Un état du discours social,* Montréal, Le Préambule. (Coll. « L'Univers des discours ».)

AQUIN, Hubert (1949), « Pèlerinage à l'envers », *Quartier latin,* vol. 31, n° 30 (15 février), p. 3. Repris dans *Blocs erratiques,* Montréal, Quinze, 1977, p. 21-24.

AQUIN, Hubert (1959), « Les rédempteurs », *Écrits du Canada français,* vol. V, p. 45-114.

AQUIN, Hubert (1962a), « L'existence politique », *Liberté,* vol. 4, n° 21 (mars), p. 67-76. Repris dans *Blocs erratiques,* Montréal, Quinze, 1977, p. 55.

AQUIN, Hubert (1962b), « La fatigue culturelle du Canada français », *Liberté,* vol. 4, n° 23 (mai), p. 299-325. Repris dans *Blocs erratiques,* Montréal, Quinze, 1977 p. 88-89.

AQUIN, Hubert (1964), « Profession : écrivain », *Parti pris,* vol. 1, n° 4 (janvier), p. 23-31. Repris dans *Point de fuite,* Montréal, Le Cercle du livre de France, 1971, p. 47-59.

AQUIN, Hubert (1965), *Prochain épisode,* Montréal, Le Cercle du livre de France.

AQUIN, Hubert (1991), *L'invention de la mort,* Montréal, Leméac. [Bernard Beugnot signe l'avant-propos intitulé « Premier crayon ».]

AQUIN, Hubert (1992), *Journal,* édition critique établie par Bernard Beugnot, Montréal, Leméac. (Coll. « Bibliothèque québécoise ».)

BAKHTINE, Mikhaïl (1984), *Pour une esthétique de la création verbale,* Paris, Gallimard.

BARBEAU, Victor (1936), « Mesure de notre taille », Montréal, *Le Devoir.*

BARBÉRIS, Pierre (1980), *Le prince et le marchand,* Paris, Fayard.

BAYARD, Caroline (1989), *The New Poetics in Canada and Quebec,* Toronto, University of Toronto Press.

BEAUCHEMIN, Yves (1974), *L'enfirouapé,* Montréal, La Presse.

BEAULIEU, Paul (1934a), « Prédicateur de jeunesse : le père Doncœur », *La Relève,* vol. 1, n° 1, p. 4-9.

BEAULIEU, Paul (1934b), « Camp avec le Christ, carnet de route », *La Relève,* vol. 1, n° 3 (mai), p. 49-55.

BEAULIEU, Paul (1935), « Charles Péguy », *La Relève,* vol. 1, n° 7, p. 157-164.

BEAULIEU, Victor-Lévy (1968), *Mémoires d'outre-tonneau,* Montréal, Édition de l'Estérel.

BEAULIEU, Victor-Lévy (1969), *Race de monde,* Montréal, Éditions du Jour.

BEAULIEU, Victor-Lévy (1970), *Jos Connaissant,* Montréal, Éditions du Jour.

BEAULIEU, Victor-Lévy (1972), *Un rêve québécois,* Montréal, Éditions du Jour.

BEAULIEU, Victor-Lévy (1973), *Oh Miami, Miami, Miami,* Montréal, Éditions du Jour.

BEAULIEU, Victor-Lévy (1974a), *Don Quichotte de la démanche,* Montréal, Éditions de l'Aurore.

BEAULIEU, Victor-Lévy (1974b), *Manuel de la petite littérature du Québec,* Montréal, Éditions de l'Aurore.

BEAULIEU, Victor-Lévy (1976), *N'évoque plus que le désenchantement de ta ténèbre, mon si pauvre Abel,* Montréal, VLB éditeur.

BEAULIEU, Victor-Lévy (1978), *Cérémonial pour l'assassinat d'un ministre,* Montréal, VLB éditeur.

BEAULIEU, Victor-Lévy (1978), *Monsieur Melville,* Montréal, VLB éditeur.

BEAULIEU, Victor-Lévy (1980), *Una,* Montréal, VLB éditeur.

BEAULIEU, Victor-Lévy (1981), *Satan Belhumeur,* Montréal, VLB éditeur.

BEAULIEU, Victor-Lévy (1985), *Steven le hérault,* Montréal, VLB éditeur.

BEAULIEU, Victor-Lévy (1987), *Discours de Samm,* Montréal, VLB éditeur.

BERDIAEV, Nicolas ([1938] 1963), *Les sources et le sens du communisme russe,* Paris, Gallimard. (Coll. « Idées ».)

BOURDIEU, Pierre (1980), *Le sens pratique,* Paris, Éditions de Minuit. (Coll. « Le sens commun ».)

BOURDIEU, Pierre (1992), *Les règles de l'art. Genèse et structure du champ littéraire*, Paris, Éditions du Seuil. (Coll. « Libre examen ».)

BRUNELLE, Dorval (1978), *La désillusion tranquille*, Montréal, Hurtubise HMH.

BRUNET, Berthelot (1944), « Primaires et doctrinaires ou l'École des dupes », *La Nouvelle Relève*, vol. 3, n° 4 (mai), p. 219-226.

BÜRGER, Peter (1984), *Theory of the Avant-Garde*, Minneapolis, University of Minnesota Press.

CALINESCU, Marian (1974), « Avant-garde. Some terminological consideration », *Year Book of Comparative and General Literature*, vol. XXIII, p. 61-68.

CHAPDELAINE, Jean (1934), « L'abbé Groulx », *La Relève*, vol. 1, n° 4 (septembre), p. 76-82.

CHARBONNEAU, Robert (1935), « Jeunesse et révolution », *La Relève*, vol. 2, n° 1 (septembre), p. 3-6.

CHARBONNEAU, Robert (1936), « Réponse à Jean-Louis Gagnon », *La Relève*, vol. 2, n° 6 (février), p. 163-165.

CHARBONNEAU, Robert (1941-1942), « Note sur Gide », *La Nouvelle Relève*, vol. 1, n° 4, p. 193-195.

CHARBONNEAU, Robert (1945), *Fontille*, Montréal, Éditions de l'Arbre.

CHARBONNEAU, Robert (1967), *Chronique de l'âge amer*, Montréal, Éditions du Sablier.

CHARRON, François (1972), « L'entrée », *Stratégie*, n° 1 (hiver), p. 65.

CHARRON, François (1973a), « Littérature et lutte de classes », *Stratégie*, n°s 5-6 (automne), p. 113-121.

CHARRON, François (1973b), *Littérature/obscénités*, Québec, Éditions Danielle Laliberté.

CHARRON, François (1973c), « [Note précédant la publication de "Deux modèles d'assaut"] », *Stratégie*, n°s 3-4 (hiver), p. 7.

CHARRON, François (1973d), *Projet d'écriture pour l'été '76*, Montréal, Les Herbes rouges, n° 12.

CHARRON, François (1973e), « [Texte de présentation de *Littérature/obscénités*] », *Stratégie*, n°s 5-6 (automne), p. 164.

CHARRON, François (1974), *Interventions politiques,* Montréal, L'Aurore. (Coll. « Lecture en vélocipède ».)

CHARRON, François (1975), « Comment ça s'écrit », *Chroniques,* n° 2 (février), p. 8-11.

CHARRON, François (1976a), *Enthousiasme,* Montréal, Les Herbes rouges, n° 42-43.

CHARRON, François (1976b), « La lutte idéologique dans le champ culturel », *Chroniques,* n° 23 (novembre), p. 38-65.

CHARRON, François (1976c), « Quelle révolution ? », *Chroniques,* n° 22 (octobre), p. 56-65.

CHARRON, François (1977a), *Du commencement à la fin,* Montréal, Les Herbes rouges, n° 47-48.

CHARRON, François (1977b), *Propagande,* Montréal, Les Herbes rouges, n° 55.

CHARRON, François (1978a), *Blessures,* Montréal, Les Herbes rouges, n° 67-68.

CHARRON, François (1978b), *Feu,* Montréal, Les Herbes rouges, n° 64.

CHARRON, François (1979a), *Peinture automatiste,* précédé de *Qui parle dans la théorie ?,* Montréal, Les Herbes rouges. (Coll. « Lecture en vélocipède ».)

CHARRON, François (1979b), *Le temps échappé des yeux, notes sur l'expérience de la peinture,* Montréal, Les Herbes rouges, n° 75-76.

CHARRON, François (1981a), *1980,* Montréal, Les Herbes rouges. (Coll. « Lecture en vélocipède ».)

CHARRON, François (1981b), *Mystère,* Montréal, Les Herbes rouges, n° 95.

CHARRON, François (1982a), *La passion d'autonomie, littérature et nationalisme,* Montréal, Les Herbes rouges, n° 99-100.

CHARRON, François (1982b), *Toute parole m'éblouira,* Montréal, Les Herbes rouges, n° 104-105.

CHARRON, François (1983a), *D'où viennent les tableaux ?,* Montréal, Les Herbes rouges, n° 110-112.

CHARRON, François (1983b), *Je suis ce que je suis,* Montréal, Les Herbes rouges. (Coll. « Lecture en vélocipède ».)

COMEAU, Robert, et Bernard DIONNE (1989), *Le droit de se taire. Histoire des communistes au Québec de la première guerre mondiale à la Révolution tranquille,* Montréal, VLB éditeur. (Coll. « Études québécoises ».)

CHRONIQUES (1976), « Stratégie : un exemple de dogmatisme », n° 13 (janvier), p. 20-43.

DANIEL-ROPS (1935), « Le romancier chrétien », *La Relève,* vol. 2, n° 3 (novembre), p. 67-73.

DANIEL-ROPS (1938), « Lettre de France », *La Relève,* vol. 4, n° 4, p. 110-111.

DANSEREAU, Pierre Mackay (1936), « Lettre à Robert Charbonneau », *La Relève,* vol. 3, n° 2, p. 58-62.

DECOTRET, Claude (1971), *Mourir en automne,* Montréal, L'Actuelle.

DESFORGES, Louise (1976-1977d), « Le féminisme et ses impasses ; l'exemple des *Têtes de pioche* », *Stratégie,* n°s 15-16 (automne-hiver), p. 89-97.

DIONNE, René (1963), « Notre différenciation nord-américaine », *Relations,* vol. XXIII, n° 272 (août), p. 234-236.

DONCŒUR, Paul (1934), « La jeunesse chrétienne dans la crise mondiale », *La Relève,* vol. 1, n° 2, p. 6-14.

DUHAMEL, Roger (1934a), « Profils d'épopée », *La Relève,* vol. 1, n° 2, p. 22-26.

DUHAMEL, Roger (1934b), « Pour un ordre nouveau », *La Relève,* vol. 1, n° 4, p. 83-85.

DUHAMEL, Roger (1935a), « L'ordre corporatif sous le signe du fiasco », *La Relève,* vol. 1, n° 8, p. 198-202.

DUHAMEL, Roger (1935b), « Une initiative anglaise », *La Relève,* vol. 2, n° 1 (septembre), p. 22-27.

DUMAS, Évelyn (1979), *Un événement de mes octobres,* Montréal, le Biocreux.

DUMONT, Fernand (1963), « Notes sur l'analyse des idéologies », *Recherches sociographiques,* vol. 4, n° 2 (mai-août), p. 155-165

DUMONT, Fernand (1971), *La vigile du Québec. Octobre 1970 : l'impasse ?,* Montréal, Hurtubise HMH.

ÉLIE, Robert (1935a), « Le sens poétique », *La Relève,* vol. 1, n° 3 (mai), p. 205-207.

ÉLIE, Robert (1935b), « Communion », *La Relève,* vol. 2, n° 2 (octobre), p. 42-49.

ÉLIE, Robert (1936), « Rupture », *La Relève,* vol. 2, n° 6 (février), p. 172-177.

ÉLIE, Robert (1937), « Espérance pour les vivants », *La Relève,* vol. 3, n° 3 (janvier-février), p. 74-81.

ÉLIE, Robert, Claude HURTUBISE, Paul BEAULIEU et Robert CHARBONNEAU (1936), « Préliminaires à un manifeste pour la patrie », *La Relève,* vol. 3, n° 1 (septembre-octobre), p. 7-31.

ÉQUIPE DU BORÉAL EXPRESS (1968), *Histoire de 1534-1968,* Montréal, Éditions du Renouveau pédagogique.

ÉVÊQUES DU QUÉBEC (1938), « [Lettre sur] Le problème rural au regard de la doctrine sociale de l'Église », *Cahiers de l'École sociale populaire,* janvier.

FALARDEAU, Jean-Charles (1962), « [Compte rendu de *Convergences*] », *Recherches sociographiques,* vol. 3, n° 3 (septembre-décembre), p. 392-394.

FALARDEAU, Jean-Charles (1967), *Notre société et son roman,* Montréal, Éditions HMH.

FANON, Frantz (1961), *Les damnés de la terre,* Paris, François Maspero.

FERRON, Jacques (1965), *La nuit,* Montréal, Parti pris.

FERRON, Jacques (1968), *La charrette,* HMH.

FERRON, Jacques ([1969] 1979), *Le ciel de Québec,* Montréal, VLB éditeur.

FERRON, Jacques (1970), *Le salut de l'Irlande,* Montréal, Éditions du Jour. (Coll. « Les romanciers du jour ».)

FERRON, Jacques ([1972] 1977), *Les confitures de coings,* Montréal, Parti pris.

FERRON, Jacques (1975), *Escarmouches. La longue passe,* Montréal, Leméac, 2 tomes.

FORTIN, Gérald (1956), « An Analysis of the Ideology of a French Canadian Nationalist Magazine ». Thèse de doctorat, Ithaca, Cornell University.

FORTIN, Gérald (1963), « Changements sociaux et transformations idéologiques : deux exemples », *Recherches sociographiques,* vol. 4, n° 2, p. 224-227.

FOURNIER, Marcel (1969a), « Histoire et idéologie du groupe canadien-français du parti communiste (1925-1945) », *Socialisme 69,* janvier-mars, p. 69-78.

FOURNIER, Marcel (1969b), « Idéologie et société technique », *Anthropolitique,* vol. I, n° 1 (avril).

FOURNIER, Roger (1974), *Moi, mon corps, mon âme, Montréal, etc.,* Montréal, Les éditions La Presse.

FRÉGAULT, Guy (1938a), « Deux réponses à notre enquête. Lettre », *La Relève,* vol. 4, n° 1, p. 26-29.

FRÉGAULT, Guy (1938b), « Le travail et l'homme », *La Relève,* vol. 4, n° 3 (mars), p. 74-76.

FRÉGAULT, Guy (1938c), « Au-delà du machinisme », *La Relève,* vol. 4, n° 7 (novembre-décembre), p. 204-209.

GAGNON, Alain-G., et Mary Beth MONTCALM (1992), *Québec : au-delà de la Révolution tranquille,* Montréal, VLB éditeur. (Coll. « Études québécoises ».)

GAGNON, Jean-Louis (1936a), « Lettre à Charbonneau », *Les Idées,* janvier, p. 43-54.

GAGNON, Jean-Louis (1936b), « Deuxième lettre à Robert Charbonneau », *Les Idées,* septembre, p. 159-168.

GAGNON, Madeleine (1974), *Pour les femmes et tous les autres,* Montréal, L'Aurore. (Coll. « Lecture en vélocipède ».)

GAUVIN, Lise (1975), *Parti pris littéraire,* Montréal, Presses de l'Université de Montréal, p. 55-74.

GÉLINAS, Pierre (1955), « Lettre à Jeanne Lapointe », *Cité libre,* n° 12, p. 27-34.

GÉLINAS, Pierre (1959), *Les vivants, les morts et les autres,* Montréal, Le Cercle du livre de France.

GÉLINAS, Pierre (1962), *L'or des Indes,* Montréal, Le Cercle du livre de France.

GIRARD, Henri (1948), « Aspects de la peinture surréaliste », *La Nouvelle Relève,* vol. 6, n° 5 (septembre), p. 418-424.

GODBOUT, Jacques (1962), *L'aquarium,* Paris, Éditions du Seuil.

GODBOUT, Jacques (1965), *Le couteau sur la table,* Paris, Éditions du Seuil.

GODBOUT, Jacques (1972), *D'Amour, P.Q.,* Paris, Éditions du Seuil.

GOLDMANN, Lucien (1952), « Thèse sur l'emploi du concept de vision du monde en histoire de la philosophie », dans *L'homme et l'histoire*. Actes du VIᵉ congrès des Sociétés de philosophie de langue française, Paris, Presses universitaires de France, p. 399-403.

GOLDMANN, Lucien (1956), *Le dieu caché*, Paris, Gallimard.

GOLDMANN, Lucien (1966), *Sciences humaines et philosophie*, Paris, Éditions Gonthier. (Coll. « Médiations ».)

GRENON, Hector (1967), *Notre peuple découvre le sport de la politique*, Montréal, Éditions de l'Homme.

GURVITCH, Georges (1963), « La sociologie de Karl Marx », dans *La vocation actuelle de la sociologie*, t. II, Paris, Presses universitaires de France.

HUGHES, Everett C. (1945), *Rencontre de deux mondes. La crise d'industrialisation au Canada français*. Traduit de l'anglais par Jean-Charles Falardeau, Montréal, Parizeau.

HULLIGER, Jean (1959), *L'enseignement social des évêques canadiens de 1791 à 1950*, Montréal, Fides. (Coll. « Bibliothèque économique et sociale ».)

HURTUBISE, Claude (1934a), « Compassion pour une jeunesse catholique », *La Relève*, vol. 1, n° 2, p. 27-30.

HURTUBISE, Claude (1934b), « Primauté de la souffrance », *La Relève*, vol. 1, n° 7, p. 172-176.

HURTUBISE, Claude (1935a), « Saint Thomas d'Aquin de Chersterton », *La Relève*, vol. 2, n° 1 (janvier), p. 17-21.

HURTUBISE, Claude (1935b), « De la révolution spirituelle, préliminaires », *La Relève*, vol. 2, n° 3 (novembre), p. 78-83.

HURTUBISE, Claude (1936), « La misère et nous », *La Relève*, vol. 2, n° 7 (mars), p. 199-201.

HURTUBISE, Claude (1938), « Un entretien avec Henri Ghéon », *La Relève*, vol. 4, n° 6 (octobre), p. 161-169.

IMBERT, Patrick (1976), « Les livres à revisiter : *Convergences* », *Lettres québécoises*, septembre, p. 22-26.

LACOURSIÈRE, Jacques (1972), *Alarme, citoyens*, Montréal, La Presse.

LA DIRECTION (1934), « Position », *La Relève*, vol. 1, n° 1, p. 1-2.

LADOUCEUR, Pierre (1971), *L'escalade*, Montréal, Éditions K.

LANCTÔT, Jacques (1979), *Rupture de ban*, Montréal, VLB éditeur.

LANCTÔT, Louise (1981), *Une sorcière comme les autres,* Montréal, Québec/Amérique.

LANGEVIN, André (1951), *Évadé de la nuit,* Montréal, Le Cercle du livre de France.

LANGEVIN, André ([1953] 1988), *Poussière sur la ville,* Montréal, Le Cercle du livre de France.

LANGEVIN, André (1956), *Le temps des hommes,* Montréal, Le Cercle du livre de France.

LARUE-LANGLOIS, Jacques (1971), *Plein cap sur la liberté,* Montréal, Éditions K.

LAURENDEAU, André (1935), « Préliminaires à l'action nationale », *La Relève,* vol. 2, n° 2 (octobre), p. 35-39.

LAURENDEAU, Marc (1974), *Les Québécois violents,* Montréal, Boréal Express.

LE MOYNE, Jean (1940a), « L'intelligence et le monde incarné », *La Relève,* vol. 5, n° 4 (décembre), p. 105-112.

LE MOYNE, Jean (1940b), « Les Frères Marx », *La Relève,* vol. 5, n° 6 (mars), p. 186-189.

LE MOYNE, Jean (1953), « La messe ici », *La Nouvelle Relève,* vol. 2, n° 5 (mars), p. 306-310.

LE MOYNE, Jean ([1962] 1992), *Convergences,* Montréal, Fides. (Coll. « du Nénuphar ».)

LEBEL, Michel (1975a), « La charte des droits de l'homme : une manœuvre sociale-démocrate », *Stratégie,* n° 12 (automne-hiver), p. 36-40.

LEDUC, Jacques (1937), « Cette momie, le Parnasse français », *La Relève,* vol. 3, n° 4 (mars), p. 107-114.

LEFEBVRE, Gordon (1977-1978), « Réflexions sur l'autocritique de *Mobilisation* », *Chroniques,* n°s 29-32 (automne-hiver), p. 66-143.

LEMAY, Michel (1974), *L'affaire,* Montréal, L'Aurore.

LESAGE, Germain (1962), « *Convergences* de Jean Lemoyne », *Revue de l'Université d'Ottawa,* vol. XXXII, n° 3 (juillet-septembre), p. 342-346.

LÉTOURNEAU, Jocelyn (1992a), « La mise en intrigue, configuration historico-linguistique d'une grève célébrée : Asbestos, P.Q. 1949 », *Recherches sémiotiques/Semiotic Inquiry,* vol. XII, n°s 1-2, p. 53-71.

LÉTOURNEAU, Jocelyn (1992b), « Le Québec moderne : un chapitre du grand récit collectif des Québécois », *Discours social/Social Discourse,* vol. IV, nᵒˢ 1-2 (hiver), p. 63-88.

LEWISTON, Richard (1934), *Histoire de la Crise (1929-1934),* Paris, Payot.

L'HÉRAULT, Pierre (1980), *Jacques Ferron, cartographe de l'imaginaire,* Montréal, Les Presses de l'Université de Montréal. (Coll. « Lignes québécoises ».)

LOUREAU, René (1972), « Sociologie de l'avant-gardisme », *L'homme et la société,* nᵒ 26 (octobre-décembre), p. 45-68.

MAILHOT, Laurent (1984), « *Convergences,* essai de Jean Le Moyne », dans Maurice LEMIRE (dir.), *Dictionnaire des œuvres littéraires du Québec,* tome IV : *1960-1969,* Montréal, Fides, p. 212-215.

MAJOR, André (1975), *Une soirée en octobre,* Montréal, Leméac.

MAJOR, Robert (1979), *Parti pris : idéologies et littérature,* Montréal, Hurtubise HMH.

MARCOTTE, Gilles (1989), *Littérature et circonstances,* Montréal, L'Hexagone. (Coll. « Essais littéraires ».)

MARINO, Adrian (1975), « Essai d'une définition de l'avant-garde », *Revue de l'Université de Bruxelles,* p. 64-120.

MARITAIN, Jacques (1936a), « Nature de la politique », *La Relève,* vol. 2, nᵒ 5 (janvier), p. 131-139.

MARITAIN, Jacques (1936b), *Humanisme intégral. Problèmes temporels et spirituels d'une nouvelle chrétienté,* Paris, F. Aubier.

MARX, Karl ([1846] 1968), *L'idéologie allemande.* Première partie : « Feuerbach », Paris, Éditions sociales. (Coll. « Classiques du marxisme ».)

MENASCE, Jean C. de (1941), « Variation sur un thème, le Christ et l'artiste », *La Relève,* vol. 5, nᵒ 7 (avril), p. 201-207.

MICHON, Jacques (dir.) (1979), *Structure, idéologie et réception du roman québécois de 1940 à 1960,* Sherbrooke, Université de Sherbrooke. (Coll. « Cahiers d'études littéraires et culturelles ».)

MICHON, Jacques (1979), « Esthétique et réception du roman conforme, 1940-1957 », dans *Structure, idéologie et réception du roman québécois de 1940 à 1960,* Sherbrooke, Université de Sherbrooke, Cahiers d'études littéraires et culturelles, p. 4-31.

MONETTE, Guy (1983), « Les poètes de la Confédération dans *Les confitures de coings* de Jacques Ferron », *Voix et images,* vol. VIII, n° 3 (printemps), p. 421-427.

MOUNIER, Emmanuel (1936), « Le Mouvement "Esprit" », *La Relève,* vol. 2, n° 8 (avril), p. 227-233.

MOUNIER, Emmanuel (1940), « Lettre de France », *La Relève,* vol. 5, n° 4 (décembre), p. 92-104.

NEPVEU, Pierre (1988), *L'écologie du réel,* Montréal, Boréal. (Coll. « Papiers collés ».)

PARENT, Jean-Marie (1937a), « Vers une nouvelle forme d'expression et de culture », *La Relève,* vol. 3, n° 7, p. 181-184.

PARENT, Jean-Marie (1937b), « Victimes du destin d'une époque », *La Relève,* vol. 3, n° 8, p. 220-222.

PELLETIER, Gérard (1962), « Jean Lemoyne : écrivain nécessaire », *Cité libre,* vol. XXIII, n° 44 (février), p. 2-3.

PELLETIER, Gérard (1971), *La crise d'octobre,* Montréal, Éditions du Jour.

PELLETIER, Jacques (1981a), « André Major et langagement : *les Histoires de déserteurs* 1970-1976 », *Canadian Literature,* n° 88 (hiver), p. 61-70. Repris dans *Le roman national,* Montréal, VLB éditeur, 1991, p. 210-225.

PELLETIER, Jacques (1981b), « La problématique nationaliste dans l'œuvre romanesque de Jacques Godbout », *Voix et images,* printemps, p. 435-451.

PELLETIER, Jacques (1982), « La crise d'Octobre 1970 et la littérature québécoise », *Conjoncture,* n° 2 (automne), p. 107-123.

PELLETIER, Jacques (1984), « Renaissance du roman social » dans *Lecture politique du roman québécois contemporain,* Montréal, Cahiers du département d'études littéraires, n° 1, UQAM, p. 135-142.

PELLETIER, Jacques (1985), « Jean Le Moyne : les pièges de l'idéalisme », dans Paul WYCZYNSKI, François GALLAYS et Sylvain SIMARD (dir.), *L'essai et la prose d'idées au Québec,* Montréal, Fides, p. 697-710. (Coll. « Archives des lettres canadiennes ».)

PELLETIER, Jacques (dir.) (1986), *L'avant-garde culturelle et littéraire des années 1970 au Québec,* Montréal, UQAM. (Coll. « Cahiers du département d'études littéraires ».)

PELLETIER, Jacques (1991), *Le roman national, néo-nationalisme et roman québécois contemporain,* Montréal, VLB éditeur.

PELLETIER, Jacques (1993), « V.L.B. : l'intertextualité généralisée », *Tangence*, n° 41 (automne), p. 7-32.

PERRAULT, Pierre (1971), *En désespoir de cause. Poèmes de circonstances atténuantes*, Montréal, Parti pris.

PIOTTE, Jean-Marc (1965), « Où allons-nous ? », *Parti pris*, vol. 3, n° 1-2 (août-septembre), p. 64-85.

PIOTTE, Jean-Marc, et collaborateurs (1971), *Québec occupé*, Montréal, Parti pris.

PIZARRO, Narcisso (1972), « Reproduction et produits signifiants », *Stratégie*, n° 1 (hiver), p. 7.

POPOVIC, Pierre (1992), *La contradiction du poème. Poésie et discours social au Québec de 1948 à 1953*, Candiac, Les Éditions Balzac. (Coll. « L'Univers des discours ».)

POTVIN, Diane (1980), « Sémiologie de la variante chez Jacques Ferron *(La nuit* et *Les confitures de coings)* ». Mémoire de maîtrise ès arts, Québec, Université Laval.

PROVENCHER, Jean (1974), *La grande peur d'octobre 1970*, Montréal, L'Aurore.

RAYMOND, Gilles (1979), *Pour sortir de nos cages*, Rimouski, Les gens d'en bas.

RAYMOND, Gilles (1982), *Un moulin, un village, un pays*, Montréal, VLB éditeur.

RAYMOND, Maxime (1943), *Politique en ligne droite*, Montréal, Éditions du Mont-Royal.

RAYNAULD, André (1961), *Croissance et structures économiques de la province de Québec*, Québec, Ministère de l'Industrie et du Commerce.

RELÈVE, LA (1934), « Les problèmes spirituels et temporels d'une nouvelle chrétienté », vol. 1, n° 5, p. 118-122.

RELÈVE, LA (1935), « Un nouveau Moyen Âge », vol. 1, n° 8, p. 210-214.

RIOUX, Marcel (1969), *La question du Québec*, Paris, Seghers.

ROBIN, Régine (1993), « Le sociogramme en question. Le dehors et le dedans du texte », *Discours social*, vol. V, n°s 1-2 (hiver-printemps), p. 1-5.

ROSE, Paul (1981), *Dossier Paul Rose*, Montréal, Éditions CIPP.

ROY, Jean-Pierre (1972), « Sur l'objet de la sémiologie », *Stratégie*, n° 2, (printemps-été), p. 15.

RUMILLY, Robert (1959), *Histoire de la province de Québec.* Tome XXXII : *La Dépression,* Montréal, Fides.

RYAN, Claude, et collaborateurs (1971), Le Devoir *et la crise d'octobre,* Montréal, Leméac.

SAINT-DENYS GARNEAU, Hector de (1934), « L'art spiritualiste », *La Relève,* vol. 1, n° 3 (mai), p. 39-43.

SAVARD, Louis (1962), « *Cité libre* et l'idéologie monolithique du vingtième siècle au Canada français ». Mémoire de maîtrise en sociologie, Québec, Université Laval.

SIMON, Pierre-Henri (1969), *Histoire de notre temps,* n° 5 (printemps), p. 29.

STRATÉGIE (1972), « Un champ d'activité », n° 1 (hiver), p. 5.

STRATÉGIE (1973), « Lutte idéologique et sémiologie », n°s 5-6 (automne), p. 8.

STRATÉGIE (1974a), « Opportunisme et marche arrière (dans le champ culturel) », n° 9 (été), p. 7-18.

STRATÉGIE (1974b), « Pour une littérature de libération », n° 9 (été), p. 51-68.

STRATÉGIE (1974c), « Pratiques littéraires : rapports artistique, politique, linguistique », n° 8 (printemps), p. 10.

STRATÉGIE (1975b), « *Chroniques* : contribution à une analyse concrète de leur situation concrète », n° 11 (printemps-été), p. 58-66.

STRATÉGIE (1975c), « Dossier réalisme socialiste », n° 12 (automne-hiver), p. 4-27.

STRATÉGIE (1975d), « L'hystérie réactionnaire : "Le drame de l'enseignement du français" et "Les réactions au Manuel du 1er mai" », n° 11 (printemps-été), p. 25-30.

STRATÉGIE (1975e), « Notre champ d'intervention », n° 11 (printemps-été), p. 2-11.

STRATÉGIE (1976a), « La contre-culture : un néo-libéralisme », n°s 13-14 (printemps-été), p. 77-82.

STRATÉGIE (1976b), « Nos divergences profondes avec *Chroniques* », n°s 13-14 (printemps-été), p. 83-94.

STRATÉGIE (1976-1977a), « À propos de la situation actuelle de la revue », n°s 15-16 (automne-hiver), p. 3-10.

STRATÉGIE (1976-1977b), « Démasquer la psychanalyse "subversive" avec les armes du marxisme-léninisme », n°s 15-16 (automne-hiver), p. 73-88.

STRATÉGIE (1976-1977c), « Des livres d'images chinois pour les jeunes », n°s 15-16 (automne-hiver), p. 33-72.

STRATÉGIE (1977), « Pourquoi *Stratégie* se dissout (bilan critique) », n° 17 (automne), p. 4-18.

STURZO, Luigi (1944), « La poésie dans *La divine comédie* », *La Nouvelle Relève*, vol. 3, n° 4 (mai), p. 210-218.

SZABOLCSI, Marian (1975), « Avant-garde, néo avant-garde, modernité : question de suggestion », *Revue de l'Université de Bruxelles*, p. 38-63.

TRUDEAU, Pierre Elliott, et collaborateurs (1956), *La grève de l'amiante*, Montréal, Cité libre.

TRUDEAU, Pierre Elliott (1962), « La nouvelle trahison des clercs », *Cité libre*, avril, p. 3-16.

TURCOT, Georges (1937), « L'œuvre de Dom Bosco », *La Relève*, vol. 3, n° 7, p. 167-169.

VADEBONCŒUR, Pierre (1970), « Les forces de la liberté se retrouveront-elles dans une gauche semblable à celle de la Résistance ? », *Le Devoir*, mercredi 30 décembre, p. 11.

VADEBONCŒUR, Pierre (1972), *Indépendances*, Montréal, L'Hexagone et Parti pris.

VALLIÈRES, Pierre (1971), *L'urgence de choisir*, Montréal, Parti pris.

Vallières, Pierre (1977), L'exécution de Pierre Laporte, Montréal, Québec/Amérique.

VAULT, Carole de (1981), *Toute ma vérité*, Montréal, Stanké.

WADE, Mason (1966), *Les Canadiens français de 1760 à nos jours*. Traduit de l'anglais par Adrien Venne, Montréal, Le Cercle du livre de France.

WEINMANN, Heinz (1987), *Du Canada au Québec. Généalogie d'une histoire*, Montréal, L'Hexagone.

INDEX DES NOMS

INDEX DES ŒUVRES

TABLE DES MATIÈRES

ACHEVÉ D'IMPRIMER
SUR LES PRESSES DES ATELIERS MARQUIS
MONTMAGNY (QUÉBEC)
EN OCTOBRE 1995
POUR LE COMPTE DE NUIT BLANCHE ÉDITEUR